P♡SITIVE DISCIPLINE
A Teacher's A-Z Guide

正面管教
教师指南 A-Z

学生行为问题的 *1001* 个解决方案

[美] 简·尼尔森 琳达·埃斯科巴 凯特·奥托兰
罗丝琳·安·达菲 黛博拉·欧文-索科奇 ◎著

郑淑丽◎译

北京联合出版公司
Beijing United Publishing Co.,Ltd.

图书在版编目（CIP）数据

正面管教教师指南 A－Z／（美）简·尼尔森
（Jane Nelsen）等著；郑淑丽译 .—北京：北京联合
出版公司，2017. 12（2021. 3 重印）
　ISBN 978-7-5502-9996-2

　Ⅰ . ①正⋯　Ⅱ . ①简⋯ ②郑⋯　Ⅲ . ①家庭教育
Ⅳ . ①G78

中国版本图书馆 CIP 数据核字（2017）第 063453 号

Positive Discipline：a Teacher's A－Z Guide
Copyright ⓒ 2001 by Jane Nelsen，Linda Escobar，Kate Ortolano，Roslyn Duffy and Deborah
Owen-Sohocki
This translation published by arrangement with Three Rivers Press，an imprint of the Crown
Publishing Group，a division of Penguin Random House LLC.
Simplified Chinese edition copyright ⓒ 2017 by Beijing Tianlue Books Co.，Ltd.
All rights reserved.

正面管教教师指南 A－Z

作　　者：［美］简·尼尔森　琳达·埃斯科巴　凯特·奥托兰
　　　　　罗丝琳·安·达菲　黛博拉·欧文－索科奇
译　　者：郑淑丽
选题策划：北京天略图书有限公司
责任编辑：喻　静
特约编辑：阴保全
责任校对：高雪鹏

北京联合出版公司出版
北京市西城区德外大街 83 号楼 9 层　　100088
北京联合天畅发行公司发行
北京彩虹伟业印刷有限公司印刷　　新华书店经销
字数 336 千字　787 毫米 × 1092 毫米　1/16　27.5 印张
2017 年 12 月第 1 版　2021 年 3 月第 6 次印刷
ISBN 978-7-5502-9996-2
定价：55.00 元

我们感谢阿尔弗雷德·阿德勒、鲁道夫·德雷克斯，以及很多其他的先行者。

我们把本书献给所有那些在与学生相处中运用这些原理，发现它们有效，然后分享他们的故事的老师、校长、学校辅导员和心理学家们。

我们与你分享的是一个关于教室的梦想——在那里，人们相互尊重，并且学习面对现在和未来的人生技能。

译者的话

正面管教（Positive Discipline）在美国已有近40年的历史，目前已经确认在全球60个国家进行传播。自从《正面管教》一书的中文版于2009年出版后，正面管教的理念和方法就被中国的父母以及教育工作者接受并广泛传播。

自从我接触正面管教以来，我就一直在反思和感悟，是什么样的魅力让它如此受欢迎，在中国得以迅速传播？真的只是因为其体验式的授课方式以及实操性的方法工具吗？直到我去年翻译了美国正面管教协会给中国正面管教年会的一封祝贺信，我才找到真正的原因：正面管教（或者说阿德勒心理学），研究的是如何让每个人找到归属感与自我价值感，而归属感和价值感是一个具有普遍意义的信息，它超越了所有的语言和文化，因为它传达了每个人的希望——得到尊重。

曾经有人问过正面管教创始人简·尼尔森博士，正面管教就是让老师和父母们学会如何管教孩子，让孩子听话吗？她的回答意味深长，她说：正面管教是教成年人如何用鼓励性的态度和方法帮助孩子感受到归属感与自我价值感，当孩子感受到归属感与自我价值感的时候，他会自愿选择配合成年人，从而表现出在成年人看来听话的行为，所以，听话是正面管教的附属产品。这里面其实有"相互尊重"的意味。正面管教强调的尊重，包含了三个方面：尊重自己，尊重他人，尊重情形。所以，在美国正面管教协会的官网，你会看到它对正面管教的诠释已经超越了养育孩子，而是"建立尊重的关系"（Developing respectful relationship）。

对于美国正面管教协会来说，正面管教，意味着世界和平！

1

是啊，当我们成年人感受到内心的爱、尊重与和平，再把这一份爱、尊重与和平传递给孩子，代代相传，终将会汇集成一股强大的尊重的力量，最终能够实现世界和平。这也是为什么无论是在正面管教课堂中还是在班级会议上，讲师和学员都一起坐着围成一个圆圈的原因。

所以，作为一名正面管教专业讲师，我觉得正面管教是越学越有味道，越学越深，它让我们反思自我、反思人性、反思人与人之间的关系、反思人与地球的关系。而我们正面管教的老师和父母们，包括孩子，通过学习和践行正面管教，都能够收获更多的爱与和平，我们都将是和平的使者。

非常荣幸能够担任这本书的翻译，这本书涵盖了全球各地教师在学校中运用正面管教理念和方法的实践案例，以不同的主题为线索，每个主题都有讨论、建议、激发灵感的故事等模块。无论你是一位新教师或者是经验丰富的教育工作者，相信你都能与这本书产生很多共鸣和火花；对于你心中的各种疑惑，相信通过阅读这本书，将能够得到一个全面、生动的答案。

最后，借此机会分享几句阿德勒曾经说过的话，也是一直鼓励我前行的话。他说：

家庭是孩子的第一道防线，学校是孩子的第二道防线；衡量教育是否成功，关键在于我们与孩子的每一次互动是否都让他感受到了归属感与自我价值感；而我们，永远不要低估自己对另外一个生命的影响。

希望通过阅读这本书，你和我一样收获满满！

郑淑丽

目　录

译者的话

引　言

第 1 部分　正面管教的基础

鼓　励／1

错误目的／10

自　尊／20

控　制／24

奖励和惩罚／29

坚定而和善／34

限　制／38

坚持到底／42

社会责任感／45

给每个人分派班级事务／47

花时间训练／51

错　误／53

解决问题／59

积极的暂停 / 65

特别时光 / 70

班　会 / 73

家长会 / 80

第 2 部分　正面管教解决方案

班会（如何对待混乱）/ 85

班会（如何对待拒绝参与）/ 87

搬　家 / 90

帮　派 / 93

贬损（一般性的）/ 100

贬损（年龄大的学生）/ 103

不及格 / 107

不交作业 / 112

不　听 / 116

不尊重的行为 / 121

残忍行为 / 125

餐厅里的行为 / 129

操场上的行为 / 133

操　纵 / 139

迟　到 / 142

传纸条 / 146

打断老师讲课 / 148

打　架 / 153

打扰别人 / 157

打　人 / 161

打扫卫生 / 164

大声说话 / 167
代课老师 / 171
捣　乱 / 174
对　抗 / 181
发脾气 / 185
父母们的参与 / 190
父母们的沟通 / 194
告　状 / 198
公　平 / 202
害　羞 / 205
“好”学生 / 208
哼　唧 / 211
话匣子 / 214
忌　妒 / 217
家庭作业（非传统的）/ 219
家庭作业（传统的）/ 222
嚼口香糖 / 229
节假日 / 234
接吻和其他的公开示爱 / 237
纠　缠 / 240
噘嘴生气 / 243
哭　泣 / 245
邋遢（凌乱和马虎）/ 248
离　婚 / 252
轮　流 / 256
骂人和脏话 / 259
黏　人 / 263
尿裤子 / 265

虐 待／268

排 队／272

偏 爱／275

歧 视／277

缺乏积极性／281

丧失信心（功能失调）的家庭／285

生病和假装生病／291

恃强凌弱／294

受害者／298

说 谎／302

说闲话／306

四处走动／309

死 亡／314

逃课与旷课／320

特殊需求与包容／323

体育精神／328

替罪羊／331

偷东西／335

吐 痰／338

涂 鸦／342

拖 延／344

卫生间问题／347

威 胁／351

戏 弄／356

校车上的行为／360

消 沉／365

校外考察旅行／369

性／374

遗　忘 / 378

友谊问题 / 381

杂乱无章 / 385

噪　音 / 388

责　备 / 393

争　吵 / 396

注意力缺乏症与注意力缺乏多动症 / 399

作　弊 / 405

做鬼脸 / 408

第 *1* 部分

正面管教的基础

鼓 励

讨 论

当人们感觉更好时才会做得更好。正面管教（以及阿德勒心理学）的一个核心思想是：一个行为不良的孩子是一个丧失信心的孩子。对于行为的改变来说，最强大的动力就是鼓励。如果一个孩子——或成年人——由于丧失信心而做出不良行为，就有理由相信，当他或她感受到鼓励时，不良行为的动机就会消除。

在正面管教的字母表里，E 排在第一位，因为鼓励（Encouragement）是教室里的正面管教的基础。下面这个摘自丹尼尔·埃克斯坦的《人生发展中的鼓励过程》[1] 一书的故事，就体现了鼓励的精髓：

---

[1] Daniel Eckstein, The Encouragement Process in Life-Span Development, Kendall-Hunt, 1995。——作者注

1962 年的春天，我在马里兰州巴尔的摩的乔尼凯中学上学，确切地说，是 7 年级的 7B 班。在早些年，是用"红鸟"和"蓝鸟"来区分班级的，徒劳地试图避免给聪明学生的班级和"笨蛋"班级贴标签。但是，根据红鸟和蓝鸟的区分，我们都知道谁属于哪个等级。所以，在 7 年级，这种做作的区分便被弱化成了更受赞同的 7A 和 7B。

我所有的邻居朋友都在令人向往的"A"班；而我的主业则在操场上。我也是一个"荣誉"学生……因为我总是说："是的，阁下；不，阁下；我再也不会这样做了，阁下。"①

我是一个典型的左撇子，过度活跃并有阅读困难症的男孩，总是得到"不令人满意"的行为评分。我总觉得上课时间太长，课桌太小，户外活动时间太短。

教我们"7B"班，同时也教"7A"班的那位老师，对我来说就像是一棵红杉树，一个高大的巨人，他身高一米八八，从我毫无优势的位置看上去，更加令人畏惧。金先生②作为我们这位老师的名字真是恰如其分。他和善，知识渊博，并且同时得到了"A"班和"B"班的崇敬，这对于任何一位老师来说都是一种罕见的本领。

有一天，金先生很意外地到我的"7A"班朋友们面前，并且说："……7B 班有一个人和你们任何一个人一样聪明；问题是，他自己还不知道。我不会告诉你们他的名字，但我会给你们一个提示……他就是那个跑得比你们都快，并把球打到右外场的孩子。"

---

① 荣誉学生（Honor Student）是指学习成绩优秀的学生，而"阁下"（Your Honor）是一种尊称，作者在此运用了 Honor 的一词多义。——译者注

② 这位老师姓 King，与国王（King）同音同字，所以，该文作者说"作为我们这位老师的名字真是恰如其分"意指这位老师像国王一样。——译者注

　　金先生的话在当天下午我们上校车时传到了我的耳朵里。我记得当时有一种晕眩、麻木、震惊得难以置信的感觉。"好吧，当然，你们肯定是在开玩笑！"我若无其事地回答我的朋友们；但是，在一种更深、更微妙的层面上，我记住了在我的心灵深处已经被点燃的一支蜡烛的小火苗所发出的温暖的光。

　　两个星期后，到了在全班同学面前做读书报告的时间。仅仅是将读书报告交给金老师看并评分，就已经够糟糕的了。唉，到口头读书报告的时候根本就没有地方躲啊！

　　当轮到我的时候，我严肃地站在同学们面前。我开始缓慢而笨拙地讲述詹姆斯·费尼莫尔·库柏①的史诗般的作品《探路者》。当我开口说话时，18世纪美国西部边疆独木舟的影像，与茂密的森林和悄无声息地在湖面以及水流上划过的美国原住民撞在了一起。7月4日的焰火没有哪次能超过那天发生在我头脑里的爆炸；这让人激动不已。

　　兴奋中，我开始努力和同学们分享我的体验。可是，就在我刚开始说独木舟时，另外一个关于陆地的景象就与关于美国原住民的场面发生了冲突。我在一句话说到一半时就跳到了另一句。我在喜悦中变得很"亢奋"，而我那些不完整的句子完全没有意义。我的同学们对我的"古怪"的大笑声很快就粉碎了我内心的焰火。我感到既尴尬又丢脸。我多么想痛打那些嘲笑我的人，或者跑回家在我妈妈的怀里大哭……可是，我早就学会了如何掩饰这些感受……所以，为了尽量变得不引人注目并消失掉，我开始返回我的座位。

　　大笑声在金先生深沉而富于同情心的嗓音中停止了……"你知道，丹尼，"他继续说道，"……你有一种独特的天赋：就是你

---

　　①　James Fenimore Cooper，1789～1851年，美国作家，主要因其描写印第安人和边疆居民的作品《皮袜子故事集》而受到推崇，此外，他还创作了一些关于大海和其他题材的作品。库柏是第一位蜚声欧洲的美国作家。——译者注

拥有一种说话和思考同时进行的能力。但是，有时候你的头脑中有太多的喜悦，以至于你的话语无法跟上。你的兴奋很有感染力，这是一种极好的天赋，我希望有一天你能好好运用。"出现了一阵似乎会持续到永远的短暂的停顿，我站在那里，被金先生的话又一次震惊得目瞪口呆……然后，我的同学们开始鼓掌和欢呼，我的内心在 7 年级的那一天发生了一个神奇的改变。

30 年后，轮到我向那些作为所有孩子的老师们的无名的金先生或金女士说"谢谢"了。我现在有了一些很别致的说法——比如"鼓励"或"把一个被认为是减号的变成加号"——来描述金先生曾如何永远地重塑了我的人生。尽管他们常常所得报酬过低，并且要面对过多的学生却只有很少的资源，但我要通过感激所有的老师以很多巧妙的方式给学生带来了改变，而向他们致敬！

你可能有兴趣知道埃克斯坦博士现在是一位大学教授、一个研习班的负责人和七本书的作者。

当一个人感觉受到鼓励时，他或她纵身一跃就能跳过高楼——当然，这是一种比喻。人们经历的障碍、所犯的错误或不足，并不能最终定义他们。能够定义他们的是他们回应这些挑战的方式，而其中最不可或缺的要素就是他们从鼓励中所学到的态度和技能。

鼓励有很多种形式。正面管教众多原则中的每一种，都是为帮助孩子感觉更好（受到鼓励），从而有动力做得更好而设计的。

鼓励（encouragement）一词的词根，当然是"勇气"（courage）。当我们努力鼓励别人和我们自己时，我们实际上是在帮助培养面对人生挑战和困难的勇气。

当今，有那么多老师丧失了信心，相信自己无能为力。他们哀叹："如果父母们能够负起责任，如果学生们能够懂得尊重并在意他们学的东西，如果学校的行政部门能支持我们，如果我能够专心教学而不是把我的时间都花在管教上，如果……"

这些老师相信，因为他们受到所有这些问题的牵扯，已经没有余力做出反应。这也消耗了他们的精力。对于他们能做什么、哪些事情仍在他们的影响范围之内，他们需要感受到鼓励。当你专注于你能做的事情时，很少会缺乏勇气和精力。每个老师在自己的教室里都是有影响力的。无论你是幼儿园、小学或中学老师，你每天都有几分钟时间影响你遇到的学生。一旦你关上教室的门，你的班级就成了一个你能带来改变的系统，即便只有45分钟。

发生在家里和教室里的很多事情，尽管本意是为了鼓励，但却不会培养出勇气。大人们试图通过惩罚和奖励来促使孩子改变。其积极效果是暂时的，而且通常会包含一种严重的沮丧。孩子们可能会为了避免惩罚或得到奖励而做得更好，但是，他们付出的代价是内在控制点①的丧失、自信的丧失，以及学习人生技能的机会的丧失。

合作能鼓励每个人。运用班会过程的学生们，能学会相互帮助并一起寻找解决办法。这是一种双赢的环境。竞争会造成赢-输或双输的结果。

赞扬和鼓励是不同的。赞扬是给予那些取得成就或成功的人的。鼓励是无条件的，因为它接纳并支持一个人，而无论其努力的结果如何。

---

① 控制点是心理学的一个概念，最初是 1954 年由美国社会学习理论家朱利安·罗特（Julian Bernard Rotter）提出，旨在对个体的归因差异进行说明和测量。具有内在控制点的人相信，自己能够对事情的发展与结果进行控制，其生活中多数事情的结果取决于个体在做这些事情时的努力程度。具有外在控制点的人相信社会的安排，相信命运和机遇等因素决定了自己的状况，认为个人的努力无济于事，其生活中多数事情的结果是个人不能控制的各种外部力量作用造成的，他们倾向于放弃自己对生活的责任。——译者注

老师可以学会对任何一种努力给予鼓励性的回应。鼓励那些带来了一项成就的努力，通常是比较容易的："这张成绩报告单表明了你这个学季有多么努力。把这么高的分数带回家，你一定有一种真正的满足感。"当关注的焦点是努力时，就是真正的鼓励。一句赞扬的话，比如"这张成绩报告单真棒，你太令人赞叹了"，暗示的是如果你的分数变差，你可能就不再令人赞叹了。赞扬对如何成为一个可接受的人设置了条件。

当一种努力的结果不那么杰出时，也可以给予鼓励性的回应。要通过问开放式问题，让孩子们参与评估和解决问题："关于你的这个科学项目，你有什么想法？想谈一下做这个项目的感受吗？尽管没有出现你预期的结果，你从中学到了什么？"类似这样的问题能把丧失信心变为鼓励，即便努力的结果并没有改变。

你可能想认可学生的失望："如果你感到沮丧，我能理解，我相信你能想清楚自己需要怎么做。"这句话表达的是共情，意味着老师理解学生有什么样的感受，而不是居高临下的同情。此外，表达对学生处理问题能力的信任，能够提升学生克服障碍的内在力量。

建 议

1. 教给学生并示范正面管教的各个方面：合作，相互尊重，和善而坚定，提供选择，以及让学生参与制定决策的过程；在帮助人们培养有助于促进改善的技能和心态的同时，尊重他们原本的样子。

2. 非语言沟通可以是非常好的鼓励。从房间的另一头眨一下眼或者竖起大拇指，能由一个人向另一个人传递一缕温暖和情感连接。这是在说："我对你有信心。我知道你能做到！"

3. 找出每个学生做得好的地方，并予以认可。鼓励是具体的。在一份报告上，可以这么写评语："萨丽，你在这份报告中引用的哈丽特·塔布曼的诗让我非常感动。我可以把它分享给我的一位朋友吗?"想一想，如果你是这个学生，当你读到这个评语时会有什么感受。与此形成对比的是在报告上盖一个笑脸并说："非常棒。"真正的鼓励来自于具体的、真诚的反馈。

4. 用鼓励让学生知道你认可他为练习一种新行为所付出的努力："我注意到今天早上当艾迪不停地戳你时，你站起来把自己的椅子挪到了另一个地方。我很欣赏你如此平静地处理这件事情所表现出来的主动性。"这句话是具体而体贴的，并且关注的是学生的努力。

5. 与其想通过说"要更努力"来鼓励一个学生，不如计划花些时间和学生度过一段特别时光。(见第 70 ~ 72 页"特别时光")要利用这个机会让学生做头脑风暴，想出"要更努力"对他来说是什么样子。要对采取的第一步达成一致，帮助学生搞清楚第一步是什么样子。要让他知道你会在一个特定的时间再和他一起检查。

6. 坚持到底对学生来说是一种鼓励，因为这向他们表明了我们对他们的能力有信心，并且表达了一种尊重。(见第 42 ~ 45 页"坚持到底")

7. 花时间训练也被认为是一种鼓励，因为这能让学生看到整体中的各个部分。对于有些学生来说，这会增强他们对自己能力的认识，进而给予他们前行的勇气。(见第 51 ~ 53 页"花时间训练")

提前计划，预防未来的问题

1. 在教室里挂一个横幅，写上"人们在感觉更好时，才会做得更好"。讨论鼓励与这句格言的关系。让学生们谈谈他们在生活中自我感觉良好的那些时候，以及他们在那些时候是怎么做的。

2. 改变你的评分办法。不要标出不正确的答案，而要标出正确的答案。关注一个学生答对了多少个问题，而不是他犯了多少错误。

3. 在你的班级里消除惩罚和奖励。（见第 29～34 页"奖励和惩罚"）

4. 通过召开班会，在你的班级中创建一种双赢的环境，让学生们在班会上学会给与和接受致谢，相互帮助解决问题，并一起计划有趣的活动。

5. 培养一种鼓励的氛围。要向你的学生指出，相互之间说一些有帮助的事情在任何时候都是恰当的，而不仅是在开班会的时候。

6. 要记住通过理解行为背后的信念来破解不良行为的目的；运用鼓励来激发行为的改善。（见第 10～19 页"错误目的"）

激发灵感的故事

发自内心的讯息

从华盛顿州西雅图市的圣马修学校 8 年级毕业的学生们，投票让他们 4 年级的老师玛格丽特·史蒂芬在他们的毕业典礼上演讲。在演讲过程中，当玛格丽特一个接一个地提到每个毕业生的一个故事或一件事情时，他们选择她的原因就变得很明显了。她以简单的故事表明了每个学生所具有的良好品质。

她提到了一个在 7 年级一整年都去 1 年级老师的教室里清理垃圾筐的男孩："没有人要求或告诉你这么做，你就这么做了。你就是这样的人。你让世界变得更美好。"

另外一个孩子，玛格丽特解释道，总是用一声充满热情的

"嗨!"和她打招呼,她说:"我相信不会有什么比听到一句愉快的'嗨,你好吗?'能让我感觉更好了。明年我会非常怀念那句不可思议的'嗨!'。"

当她讲到一个获得"荣誉毕业生"的女孩时,玛格丽特没有提学业成绩。相反,她说:"你那么爱你的父亲,并且总是随时向他表达这种爱。很多很多次,我都看见当你父亲来接你时,你的脸上总是挂着大大的笑容。从你的脸上我们看到了那些围绕在我们周围的奇妙的爱。"(想象一下这个女孩和她的父亲听到这些话时感受到的鼓励。)

一个孩子又一个孩子,玛格丽特·史蒂芬让毕业生们看到了他们自己,不仅包括他们的过去也包括他们的未来。她让他们看到,他们的小小行为如何揭示了他们内在的价值。喜悦的泪水和微笑弥漫着整个房间。她的演讲是一个鼓励的祝福。

语言的力量

来自加拿大安大略省滑铁卢市5年级老师德洛雷斯·亚历山大(Delores Alexander)的故事

我一直认为,我的教室里的这个小世界会给有些孩子造成成功或失败。一位母亲对我说:"我不知道你做了什么,但是,我儿子认为他有一天会成为总理。"我立即回答:"我希望你告诉他这是有可能的。他是一个很棒的孩子。"

这时,她哭了,并说他直到今年才不厌恶学校。你做了什么?我邀请她来参加一次班会,或随时来教室看看他在干什么。他是最棒的。我还告诉她,如果她想来,请让我知道,因为我需要得到班级的允许才能接受一位来访者。她微笑着离开了。偶尔有人放过来一条绳子,我们就会紧紧地抓住,因为我们确信在不远处会有一条救生船。

错误目的

讨　论

每一个行为背后都有一个信念。太多的时候，老师们只处理学生的行为，当他们不同时努力理解驱动行为的信念时，这么做就是无效的。精神病学家鲁道夫·德雷克斯教给我们，一个行为不良的孩子是一个丧失信心的孩子。无论是哪种形式的丧失信心，都基于孩子认为自己缺乏归属和自我价值的信念。孩子是否真的有归属，以及成年人是否认为他重要，都无关紧要。重要的是孩子相信什么，因为这是他行为的基础。

在德雷克斯研究儿童行为的过程中，他发现了孩子们作为不良行为依据的四种不当或错误的目的。它们被称作"错误目的"，因为它们是建立在如何获得归属和自我价值的错误信念基础之上的。德雷克斯确认的这四种错误行为目的是寻求过度关注、寻求权力、报复和自暴自弃（或放弃）。作为老师，你有三条线索帮助你理解一个学生的目的：（1）你的感受；（2）你做出的反应；以及（3）学生对你的反应的回应。（见 18～19 页"错误目的表"中的例子）一旦你理解了错误目的，你就能用各种方式来鼓励学生改变信念，并进而改善行为。惩罚是无效的，因为这会强化学生的沮丧，并因而保持其不良行为。

在正面管教工作坊，我们用几种帽子来帮助父母和老师们记住在不良行为背后隐藏着一个密码信息。（所有不良行为背后隐藏的一个总的密码信息是："我是一个学生，我只是想有归属"；第二层次的密码信息在下面会讲到。）到培训结束时，老师看到一个学生做出一种行为，就能想象出这个学生头上戴着四顶帽子中的哪一顶。这有助于老师用恰当的鼓励做出回应。

在每种错误目的之后列出的建议，只是可以用来鼓励学生的纠正措施的几个可能的例子。更多的鼓励方法见错误目的表的最后一栏。

寻求过度关注

代表寻求过度关注的帽子，是一顶装饰着花朵和铃铛的大草帽，上面有一句话："注意我！让我参与并发挥作用。"当你对这个信息做出回应时，你会找到很多积极的方法来鼓励那些错误目的是寻求过度关注的学生。

促使一个学生寻求过度关注的令其沮丧的信念是："只有在你给我持续的关注时，我才有归属。"每个人都想得到关注，但是，想要得到关注与需要关注来证明你的价值是不同的。而且，获得关注的方式可以是有用的和建设性的，也可以是无用的和烦人的。

一个老师可能会对一个学生的行为感到心烦、恼怒、担心或内疚。（这是学生的目的是寻求过度关注的第一条线索。）老师往往会以提醒、哄劝或替这个学生做他自己能做的事情来作为反应。（这是第二条线索。）学生对老师反应的回应，通常是暂时停止寻求过度关注，但很快又会回到老样子。（这是第三条线索。）

处理建议

1. 鼓励寻求过度关注的学生的一种方法，是通过有益的活动来帮助他们得到关注。要给他们分派任务，让他们教课，或者邀请他们辅导别人。

2. 给学生们安排时间分享他们的感受、想法和观点。在出现不良行为时要对其视而不见，但是，可以冲那个学生眨一下眼睛，或者把你的手放在他的肩膀上。这样，你忽视的是学生的行为，而不是这个学生。

3. 和善而坚定是有效地结合在一起的。和善是说："我在乎你，并且会给你尊重的关注。"坚定是说："我不认同你需要过度关注的信念。"

寻求权力

代表寻求权力的学生戴的是一顶安全帽，上面写的是："让我帮忙！给我选择。"当你针对这个信息做出回应时，你会找到很多方法来鼓励这个运用权力去干扰或伤害别人的学生。

每个人都想要权力，学生们可以学会以建设性的方式运用权力。不幸的是，当老师们对渴望权力的学生的行为做出反应而不是理解促成其行为的信念时，他们会感到愤怒、受到了挑战、受到了威胁或被击败了（线索一）。他们会以应战、让步、坚持认为自己是对的或者努力控制学生作为反应（线索二）。学生的回应是更激烈的挑衅行为，或者变得消极对抗（线索三）。

处理建议

1. 鼓励寻求权力的学生的一个办法，是请他们帮忙。不要低估这对寻求权力的学生有多么大的吸引力。

2. 要向这个学生承认你曾试图控制他，申明你再也不想这么做了，并告诉他你需要他的帮助来停止这种模式。

3. 给想要权力的学生们提供选择。邀请他们与班里的其他同学一起制定规则、限制和惯例。

4. 要鼓励学生们把他们关切的问题放到班会议程上，或者，如果他们感到不安或生气，要鼓励他们用积极的暂停冷静下来（见第65～69页"积极的暂停"）。

5. 帮助寻求过度关注的学生的很多建议，对于帮助渴望权力的学生以建设性的方式运用其权力也有效。他们可以辅导其他学生、教课并承担有益的班级事务。

6. 和善与坚定并行。和善是在说："我在乎你，并且欣赏以尊重的方式使用权力。"坚定是在说："我不会让你用权力去控制他人。"（很多老师必须学会自己不以这种方式运用权力，然后他们才能教给学生们知道控制不是一种可接受的使用权力的方式。）

7. 通过寻找非惩罚性的解决方案的过程，班会可以帮助每个人以建设性的方式运用权力。

报　复

代表报复的是一项向后反戴着的棒球帽，上面写的是："我很伤心。认可我的感受。"当你针对这个信息做出回应时，你会找到很多方法减轻这个学生的痛苦感受，并将其用在报复上的精力转移到其他方面。

促使一个学生寻求报复的信念是："我没有归属，这让我很伤心，但至少我能扳平。"当人们感到伤心时，他们本能的反应似乎就是想报复。棘手的地方在于，学生们有时候会因为一些本意不是要伤害他们的事件或行

我很伤心。认可我的感受

为而感觉受到伤害。比如，当有新弟弟或妹妹出生时，孩子们常常会感觉受到了伤害。学生们甚至会因为老师请假去参加一个工作坊而感觉受到了伤害。有时候，原因会更明显一些。很多被收养的孩子会感觉被自己的父母抛弃了，并且会通过试图伤害自己的养父母或老师而为自己的痛苦进行报复。

当老师不理解伤害行为背后的信念时，他们就会感到伤心、失望、难以置信或憎恶（线索一）。他们的反应通常是反击，要么惩罚这个学生，要么试图通过一场关于"你怎么能这么干？"的说教来使学生感到内疚（线索二）。学生的回应是通过再次伤害你、伤害别人或破坏公物来使战争升级（线索三）。

处理建议

1. 要以不反击来打破报复循环。做出伤害行为的学生们可能习惯了被不尊重地对待，并且已经学会了预期某种形式的报复。通过不反击，我们可以开始改变一种模式，让学生知道伤害并不需要招致更多的伤害。

2. 鼓励寻求报复的学生的一个方法，是处理他们伤心的感受。有时候，你不得不猜测他们痛苦的根源。你可以说："发生这样的事情，让我感到很伤心，所以，我猜你一定也很伤心。你愿意告诉我什么事情让你伤心吗？"重要的是，不要老是想着你自己的伤心，而要只将其作为了解这个学生感到伤心的一个线索。要运用反射式倾听（认真倾听，说出这个学生的感受，并将其解释给他，并问他你的理解对不对），如果伤害是由你造成的或与你有关，要做出弥补，并要表达你的关心。要说一说你感到自己被别人伤害的一些经历。

3. 和善而坚定地做出回应。和善是在说："我不想伤害你，也不想为了别人伤害你。"坚定是在说："我不想让你伤害我或其他任何人。"

4. 这个学生会从在班会上听到的致谢中受益（像所有学生那样）。可以给做出伤害行为的学生安排一个秘密伙伴，让他找出这个学生的一些正面的事情，用来作为致谢。

5. 如果一个学生总是对其他学生做出伤害行为，对他做一些交朋友技巧的辅导可能会让他受益。这可能表明需要向学校的心理老师进行咨询，以寻求帮助。

自暴自弃

当一个学生的目的是自暴自弃时，他寻求的是向老师表明他没有能力做到像其他学生那样，或达到老师和父母的期望。这个信念可能会以不同的方式表现出来。有些学生会转移话题，有些学生会安静地坐着并尽量不让别人注意自己，而有些学生的行为举止可能像班里的小丑，以掩盖自己在学业上能力不足的感觉。代表自暴自弃（放弃）的帽子，是一顶拉下来遮住了眼睛的滑雪帽，上面写的是："不要放弃我。让我看到如何迈出一小步。"当你对这个信息做出回应时，你会找到很多方法来鼓励认为自己能力不足并想放弃尝试的学生。

不要放弃我……

驱使一个学生想要放弃尝试的令其沮丧的信念是："我无法得到归属。我唯一的选择是放弃，并让其他人别打扰我。"（有时候，寻求过度关注的学生的行为好像是自暴自弃，但两者的区别在于，他们不想让你留下他们自己一个人待着。）

当老师不理解这些绝望的学生的信念时，他们会感到沮丧、失望、无助和无能为力（线索一）。他们做出的反应往往是，要么像这个学生一样放弃，要么试图解救或过度帮助这个学生（线索二）。这个学生会因而更加退缩、消极并逃避回应（线索三）。

处理建议

1. 鼓励想放弃尝试的学生的一种方法，是以每次迈出一小步的方式重新教他们。把任务分解成一些小的步骤。不要放弃。要坚持。抱有这种目的的学生可能会做一些事情，以便让你别打扰他。然而，如果他在这个过程中体验到一些成功，他就会感受到鼓励。（见第 51 ~ 53 页 "花时间训练"）

2. 停止所有的批评，避免怜悯，关注优点。

3. 邀请这个学生选择一个辅导同伴。

4. 着眼于这个学生的兴趣。让他参与教学计划，以便激励他。

5. 和善与坚定并行是非常有效的。和善是在说："我理解你的沮丧。"坚定是在说："我拒绝为你感到难过，也不会替你做作业，因为我知道你自己能做。我会帮助你，直到你在这些小步骤中体验到成功。"

6. 在与一个显现出无望和无助感的学生打交道时，我们最后通常也会感到自己无能。这时，你应该向其他人咨询，以寻求建议和支持。

激发灵感的故事

参加工作坊的学员被要求角色扮演老师在面对一个学生的不良行为时的感受和行为，然后，再角色扮演老师在理解了学生的目的并对想象的帽子上的信息做出回应时的有效行为。

在角色扮演的第一部分，当老师正与一个学生做着事情时，另一个学生不断地打扰他。这个老师对每次打扰的反应都是让这个学生回到座位上等着。随着角色扮演的进行，老师感到自己被激怒了。在角色扮演的第二部分，这位老师对寻求过度关注的帽子信息"注意我，让我参与并发挥作用"做出回应。老师做出的回应是交给学生一个计时器，让他在10分钟过去时告诉老师。这个学生拿着计时器回到了座位上，并设定了10分钟的计时。他安静地做着课堂作业，不时地看看计时器，瞥一眼老师。在铃声快响起之前，老师来到他的座位旁，这个学生说："你还有两分钟。"老师说："谢谢你。过两分钟我再来找你。"

另一个角色扮演是关于寻求权力的。在第一部分，一个学生不停地踢自己前面学生的椅子。当老师说教并用惩罚威胁他时，他踢得更厉害了。在第二部分，这个学生刚开始踢椅子，老师就说："斯图，我需要你的帮助。能请你过来帮我把这些问题写到黑板上吗？"斯图从以破坏性的方式使用权力被转向了用他的权力去帮助别人。

对报复的角色扮演，是一位老师无意中听到一个学生对另一个学生说贬损她的话。在角色扮演的第一部分，这个老师咆哮着冲向这个学生，并说："你怎么敢这么说我！"她的整个人都是在威胁和羞辱。在角色扮演的第二部分，这个老师对帽子上的信息"我很伤心，认可我的感受"做了回应。她克制着自己攻击的欲望，说："我能看出来你感觉受到了伤害。如果你愿意，我很乐意在下课后跟你谈谈。"这个学生显得很惊讶，并且看上去松了一口气。他放弃了对抗行为，低下了头，好像在尽量控制着不让眼泪流下来。老师离开了，留下他一个人处理自己的感受，并在下课后找到他，以和善而尊重的方式讨论了发生的事情。

最后一个角色扮演关注的是自暴自弃的错误目的。这一次，老师感到既无望又无助，想要放弃并让其他人来处理这个学生。这一次的角色扮演是让一个老师努力说服一个学生相信他实际上能尝试写连笔草书，但最终这个老师走开了。在第二部分，这个老师向这个学生保证她信任他的能力。随后，她留意了这个学生能做到什么程度，并向他指出来，然后和这个学生继续下一小步。

错误目的表

孩子的目的	如果家长或老师的感觉是：	而且想采取的行动是：	如果孩子的回应是：	孩子行为背后的信念是：	密码信息	家长/老师主动的、鼓励性的回应，包括：
寻求过度关注（让别人为自己忙忙碌碌或者得到特殊服侍）	心烦；恼怒；担心；愧疚。	提醒；哄劝；为孩子做他或她自己能做的事情。	暂停片刻，但很快又回到原样或换成另一种打扰别人的行为。	唯有得到关注或得到特别服侍时，我才重要（有归属感）。	注意我，让我参与并发挥作用。	"我爱你，而且_____。"（例如：我关心你，一会儿陪你）通过给孩子安排一个任务来转移他的行为，以便他能获得有益的关注；避免特殊服侍；安排特别时光；制定日常惯例表；让孩子参与解决问题；鼓励孩子；召开家庭会议/班会；默默地爱抚孩子；忽视孩子的行为；设定些无言的信号。
寻求权力（我说了算）	被激怒；受到挑战；受到威胁；被击败。	应战；让步；心想"你想休"或"想逃脱"；"瞧我怎么收拾你"；希望自己正确。	变本加厉；屈从但内心不服；看家长或老师生气而觉得自己赢了；消极对抗。	唯有当我说了算或我主导，或证明没有谁能主导了我的时候，我才有归属感。"你制伏不了我。"	让我帮忙；给我选择。	通过请孩子帮忙，引导孩子把权力转向积极的方面；提供有限制的选择；既不要开战，也不要投降，而是撤离冲突；坚定而和善；不说，只做，决定你要做的事情；让日常惯例说了算；培养相互的尊重；离开并让自己冷静下来；设立一些合理的限制；练习坚持到底；运用家庭会议或班会。

续表

孩子的目的：	如果家长或老师的感觉是：	而且想采取的行动是：	如果孩子的回应是：	孩子行为背后的信念是：	密码信息：	家长/老师主动的、鼓励性的回应，包括：
报复（以牙还牙）	伤害；失望；难以置信；憎恶。	反击；以牙还牙；心想"你想怎么能这样对我？"	反击；变本加厉；行为升级或换另一种武器。	我觉得我没有归属感，所以受到伤害以牙还牙；没人喜欢我，没人爱我。	我很伤心，认可我的感受。	承认孩子受伤的情感；避免受伤害的感觉；避免惩罚和还击；说出你的感受；反射式倾听；做出弥补；表现你的关心；不说，只做；鼓励其长处；不要偏袒任何一方；运用家庭会议或班会。
自暴自弃（放弃，且不愿别人介入）	绝望；无望；无助；无能为力。	放弃；替孩子做；过度帮助。	更加退缩；消极；毫无改进；毫无响应。	我没办法归属，因为我不完美，所以我要让别人知道不能对我奇望任何希望；我无助且无能，既然我怎么做也没有用。	不要放弃我，让我看到如何迈出一小步。	把任务分解成小步骤；停止批评；鼓励任何一点点的积极尝试；相信孩子的能力；关注孩子的优点；不要怜悯；不要放弃；教给孩子技能，示范该怎么做，但不要替孩子做；以孩子的兴趣为基础；真心喜欢孩子；运用家庭会议或班会。

自　尊

讨　论

对很多人来说，自尊是一种心境，会随着自己当前的境况或者自己对当前境况的信念而不断变化。想一想，你有一天对自己感觉相当好，但然后你犯了一个错误，受到了一个人的批评，或者听到了你的内心对自己的批评，说你有一件事做得不够好。这时，你的自尊会怎么样？

一些培养孩子自尊的方法可能会事与愿违。当人们告诉孩子们他们很特别时（甚至唱一些关于自己很特别的歌），孩子们学会的是依赖外界的认可或一些肤浅的话来对自己感觉良好。那么，当有人说他们并不特别时，会发生什么呢？而且，当他们因为更关注自己内心的批评而不相信别人说他们很特别的保证时，会发生什么呢？

健康的自尊的一个基础，是通过那种能帮助孩子们把错误看作是学习的机会、学习帮助他们处理生活中的起伏的技能、体验他们自己的能力和培养社会责任感的鼓励来建立的。当孩子们发展出"七项重要的感知力和技能"中的三种感知力和四种技能时，他们会形成一种更稳定和全面的自我概念。

1. 对个人能力的感知力——"我能行。"
2. 对自己在重要关系中的价值的感知力——"我的贡献有价值，大家确实需要我。"
3. 对自己在生活中的力量或影响的感知力——"我能够影响

发生在自己身上的事情，或决定我对环境怎样做出回应。"

4. 内省能力强：有能力理解自己的情感，并且能运用这种理解做到自律以及自我控制。

5. 人际能力强：善于与他人合作，并在沟通、协作、协商、分享、共情和倾听的基础上建立友谊。

6. 整体把握能力强：以有责任感、适应力、灵活性和正直的态度来对待日常生活中的各种限制以及行为后果。

7. 判断能力强：运用智慧，根据适当的价值观来评估局面。

说教无法教给学生七项重要的感知力和技能。学生们只有通过实际经验才能培养这些技能和感知力。要给孩子们提供机会练习他们的判断力、感觉到自我价值感以及与他人合作，等等，孩子们才能形成一种健康的自尊感，一时的挫折就不会那么容易引起自我怀疑或绝望。班会是老师帮助学生培养并学习在生活的起伏中保持稳定的自尊的心态和技能的最强有力的工具。

上面这些培养学生自尊的所有建议，都需要提前计划。

提前计划，预防未来的问题

1. 要以能帮助学生培养评价并信任自己的感知能力——通常称为内在控制点——的方式鼓励他。（见第 1～9 页"鼓励"）

2. 要积极地教给孩子"错误是学习的大好机会"的概念，并帮助学生们通过把错误当作是资源而不是灾难，来体验到这一点。（见第 53～59 页"错误"）在下面"激发灵感的故事"中，你会看到帮助学生从错误中学习的一种方法。

3. 要抱着对学生的想法、感受以及他对能学到什么和能怎样解决问题的看法真正好奇的心态，来问"什么""怎样"以及"为什么"的问题。（对"什么"和"怎样"的问题的解释，见第59~65页"解决问题")

4. 帮助学生理解，重要的是努力改善，而不是完美。

5. 定期召开班会，以便学生们能在他们所需要的解决问题、培养共情和进行良好沟通的人生技能方面获得经验。（见第73~80页"班会"）

6. 与学生共度特别时光。（见第70~72页"特别时光"）

7. 学生们培养社会责任感的机会，应该成为班级文化的组成部分。同伴咨询、同伴辅导以及班会都是这种例子，学生们可以从中学会相互帮助。（见第45~47页"社会责任感"）

激发灵感的故事

杰森是布莱德老师5年级班里新来的一个学生，他被很多成年人贴上了"低自尊"的标签。他很难与其他学生融洽相处，看上去闷闷不乐，很多作业都完不成，甚至都不尝试去做，并且常常乱发脾气。几乎从刚进入布莱德老师的班开始，杰森就经常发脾气。布莱德老师尝试过好几种方式的惩罚，但似乎只是让杰森的发作愈演愈烈了。他试过把杰森送去校长办公室，试过让杰森放学后留下来写500遍要控制自己的脾气的句子。他试过要求杰森离开教室，坐到外面的长凳上，想想自己刚才都做了什么。杰森会摔门而出。有时候，他会在教室窗前上蹿下跳，做鬼脸。当他回到教室的时候，他会怒气冲冲，而且很快会再次怒火喷发。

最后，布莱德老师决定试试鼓励，他以让杰森放学后留下来作为开始，以便他们能单独谈谈。在讨论的一开始，布莱德老师就通过说自己在杰森发脾气扰乱课堂时有多么生气，承认了自己的问题。他还承认自己一直在用惩罚试图激励杰森改善行为。

"我犯了一个错误，"布莱德老师说，"我不想再使用惩罚了，我需要你的帮助。"他问杰森，他们是否能一起找出一个解决办法。杰森还不愿意合作，并且说当其他孩子惹他生气时，他忍不住。布莱德老师说他能理解这种感觉，因为有时候别人也会让他很生气。杰森惊讶地看了老师一眼，眼睛里开始显出放松的神情。布莱德老师接着说，他注意到自己生气时身体会出现某些反应，比如胃里有个硬结，肩膀变得僵硬。他问杰森是否注意到自己生气时身体会有些什么反应。杰森想不出来。于是，布莱德老师问杰森，他是否愿意做个小实验：下次再发脾气时注意一下自己的身体出现的反应。杰森说他会的。他们约好，下次杰森发脾气的时候，放学后来找老师，告诉老师他有什么发现。

杰森在课堂上又发脾气，是在5天之后。这对杰森来说是很长一段时间了。杰森感觉到了一种归属感和价值感，就是因为布莱德老师以一种友好而尊重的方式与他度过了一段特别时光。他在这段时间里没有感到需要通过不良行为来寻求归属感和价值感。然而，这并不能持续到永远。

杰森这次大发脾气时，布莱德老师进行了干预，问他："杰森，你注意到你身体有什么反应吗？"这个问题引起了杰森的思考，从而中断了他的大发脾气。当布莱德老师补充说"放学后跟我说说"时，听上去他对此很有兴趣，并且很兴奋。

杰森放学后来找老师，说他注意到自己发怒时握紧了拳头，感觉想要打人。布莱德老师问杰森是否愿意在下一次开始生气时控制住自己，并走到教室外面，让自己冷静下来，以此承担起自己的责任。布莱德老师还说，杰森离开教室时不必征得老师的同意，因为老师知道他要去做什么，并且相信他完全能自己处理好。然后，布莱德老师问杰森，他在教室外面的时候打算做些什么来让自己感觉好起来。杰森说他不知道。老师说："数到10或者100，或者想些开心的事儿，或者干脆欣赏一下好天气，怎么样？"杰森同意试一试。

这一次，杰森过了五六天又大发脾气。同样，他从老师以尊重的态度和他谈话中感受到了鼓励。然而，这次鼓励的效果也没有持续到永远。这个星期，杰森到教室外面去了三次，每次都在外面待 3~5 分钟就回到教室，回来时明显平静多了。每一次，布莱德老师都会朝他竖起大拇指，并眨眨眼睛，以向他负责任的行为致谢。布莱德老师并不知道杰森是怎么让自己平静下来的，但他很高兴杰森没有在窗户外做鬼脸。在接下来的几个星期，杰森一直很负责地控制着自己的怒气，一个星期会离开教室四五次。

三个星期之后，杰森又一次大发脾气，冲一个同学咆哮并忘记了走出教室。在午饭休息时，布莱德老师找杰森谈了一次，并且说他最近一直做得很好。他还说，每个人在学习过程中都会犯错误，并且问杰森是否愿意继续努力改进。杰森说愿意。

在随后的一年里，杰森偶尔会走出教室，但很少发脾气了。当杰森在冷静之后回到教室时，布莱德老师会对他眨眼睛并微笑。杰森并没有变得完美，但他有了极大的改进。"杰森以前每天发几次脾气。"布莱德老师说，"现在，他每个月才失控一两次。我很满意。"尤其让这位老师感到高兴的是，随着杰森培养出对自己的行为的责任感和自我控制，他的自尊有了明显的改善。

控　　制

讨　论

掌控局面和控制他人是有区别的。当人们缺乏有效的技能时，他们会感到无能为力，并且会试图通过控制身边的每一个人和每一件事来掩盖这一点。一个人越是感到对局面失去控制，他的行为就会变得越有控制欲——即便这种行为并不管用。这是一种恶性循环。

滑雪是一个极好的类比。初学者大多数时候都在"刹车"（snowplow），因为他们还没有其他技能，并感到无法控制。滑雪高手毫不费力就能完全掌控，因为他们具备熟练的技能。

当老师感到失去控制时，他们可能会通过运用惩罚——使学生遭受某种形式的责备、羞辱或情感的痛苦——来重新获得控制。他们不喜欢这么做，而且这么做也不管用。他们只是不知道还能怎么办。

在教室里的正面管教的一个工作坊中，一所学校的教职员讨论了老师们对学生运用惩罚的各种原因。他们谈到了良好的意图以及不那么好的意图。下面是他们列出的清单：

我们受的教育教给我们这么做

控制

权力

发泄

给学生一个教训

不知道还能怎么办

人们期望老师得做些什么

需要保持前后一致

让学生看到这个世界是怎么运作的

报复他们

消灭这种行为

给其他学生做榜样

吓唬他们，让他们做得更好

这种办法管用！（至少在短期内）

这些老师参加了几个活动，活动的目的是让他们相信尽管惩罚可能在短期内管用，但长期而言是无效的。通过角色扮演和体验式活动，他们了解了学生们在受到惩罚或被老师强加的规则控制时，会有什么想法、感受以及对未来做着怎样的决定。

很多老师不愿意放弃控制行为和惩罚，因为他们认为这样做的唯一后果就是混乱。本书的一个主要目的就是要教给老师们一些技能，帮助他们掌控局面而无需以控制学生的方式行事。

建　议

1. 要信任学生。当得到尊严和尊重的对待时，他们就能够并且愿意合作，而且，他们能够学会促进自我控制的解决问题的技能。

2. 当你被一个学生的行为"勾得发怒"时，要原谅自己。要做一下暂停以便冷静下来，要做出弥补并道歉，然后以一种和善、坚定、尊严并尊重自己和学生的姿态处理问题。

3. 把问题交给全班同学。立刻寻求他们的帮助，或者把问题放到班会议程上，以便将来考虑。

4. 向其他老师寻求帮助。要知道，擅长解决别人的问题而难以解决自己的问题是很正常的。

提前计划，预防未来的问题

1. 要增强对控制行为的长期后果的理解。要对有人试图控制你的情形做一些角色扮演。要体会这使你有什么感受，以及你对将来阻止试图控制你的人做出了什么决定。

2. 学习怎样有效地召开班会。

3. 要信任有效的班会的过程，以帮助学生学会自我控制、合作、担当、负责、解决问题的技能以及社会责任感。

4. 不要低估照顾好你自己的重要性。当人们感到不堪重负时，他们常常会诉诸短期的解决方案。当我们感到能控制我们自己和我们的环境时，掌控一种情形会更容易。

激发灵感的故事

成为老师的海军士兵

在正面管教的一个工作坊，那些一直在运用班会的老师们受到邀请分享自己的经验。一位男老师说，班会挽救了他的教学生涯。他解释说，他是一名退役海军士兵，他以前认为自己在军队受到的训练在教室里会管用。相反，他激起了学生的反叛和挑战。当有人告诉他关于班会的事情时，他已经准备好要再去军队服役了。他现在很喜欢当一名老师，而他的学生们也很感激在创建一个合作班级的过程中有机会发出自己的声音。

比特夫人和吉尔伯特

比特夫人和她 9 年级的一个学生吉尔伯特之间有了麻烦。她发现自己试图用指责和羞辱来控制他漫不经心和有点捣乱的行为。她很高兴自己能有机会将他列入校内停课的名单，因为那样她就不必面对在课堂上无法控制他的情形了。

同时，吉尔伯特的行为很快就从寻求过度关注变成了权力之争，又变成了报复。他很快就指责比特夫人总是让他校内停课，以及自己在她的代数课上没有进步。

在比特夫人第二学期的代数课上，其他学生也站到了她的对立面。情况越来越糟糕，比特夫人已经认真考虑要放弃教职了。这时，一个同事跟她说起了教室里的正面管教。对班会的过程和不良行为的四种错误目的的了解，给了比特夫人看待她的学生——尤其是吉尔伯特——的一种全新方式。她意识到自己已经把他的行为看成是对她个人的一种冒犯，而不是从其背景和目的来看待。

比特夫人召开了一次班会，在这次班会上，她为自己试图通过指责、羞辱和惩罚来控制学生，向他们道了歉。她说，如果他们不学会课程的内容，她会担忧他们未来的学业，并解释说目前的不良行为让她很难教学。然后，她问学生们是否愿意和她一起创建一个这样的班级：每个人都致力于寻找解决方案，而不是责备别人，并为如何学完课程内容提供建议。

这些中学生被她的道歉和建议震惊了。他们全体一致投票同意要和比特夫人一起创建一个新型班级。他们同意给这个新型班级两个月的尝试时间，然后评估其状况。

在得到全班同学的合作后，比特夫人和吉尔伯特进行了一次单独的讨论。她为自己在两人的困难关系中应承担的责任道了歉，并且说了她对他的行为的感受。这打开了一扇门，使吉尔伯特能够告诉比特夫人，他一直认为因为他是拉丁裔，她才故意挑他的毛病，而且他认为自己被忽视了。在沮丧中，他开始计划给她找麻烦的办法。

这是吉尔伯特成为比特夫人和创建一个新型班级活动的坚定同盟的开始。事实上，当两个月的评估期结束时，全班同学都投票要继续召开班会。吉尔伯特的一个改善班会流程的建议非常重要。他感到他们班每周需要不止一次致谢和感激。比特夫人和其他同学都完全同意。

正面管教的班会过程，在这个班级造成了如此巨大的变化，以至于比特夫人在第二年将其介绍给了她所有的班级和其他同事。

奖励和惩罚

讨 论

教室里的正面管教工作坊，一开始会让参加的学员做头脑风暴，列出他们相信学生们在人生中取得成功——成为快乐的、对社会有贡献的一员——所需的品格和人生技能清单。不同工作坊列出的清单总是很相似，往往包括勇气、自信、自律、责任感、担当、合作能力、解决问题的能力、尊重自己和他人、健康的自尊、学习的动力、共情、人际交往能力、沟通能力以及幽默感。

接下来向参加工作坊的学员提出的问题是：（1）这些能力和内在力量的培养与学业同样重要吗？（2）我们如何帮助学生培养这些品格和人生技能？当给老师们机会思考时，他们对第一个问题的回答是"是的"。（事实上，大多数人都觉得品格和人生技能的培养更重要。）对第二个问题的回答是：肯定不是奖励和惩罚。

想一想包含奖励和惩罚的任何方案或办法。谁在承担责任？通常，总是由一个成年人负责捕捉学生的"好"行为并给予奖励，捕捉学生的"坏"行为并给予惩罚。当成年人不在场时，会发生什么呢？相当多的研究都表明，体验着外在控制点①的学生无法发展出我们在前面提到的那些技能和品格。事实上，以粗暴、严厉的方式教给孩子如何守规矩不仅不会有效，而且很有可能与孩子脱离家庭环境时的破坏性和攻击性的行为模式有关。

很多老师这时会问："如果不用奖励和惩罚，那用什么？"

---

① 见第 5 页脚注。——译者注

建议和提前计划

当你处理本书中强调的情形和问题时，你会看到替代奖励和惩罚的很多主意和方法。你可能会注意到，运用这些替代方法可能需要思想和行为的一种转变。最主要的转变，是要从短期的解决办法变为教给孩子长期的技能和品质。要记住，正面管教在今天的运用，会帮助学生培养将有助于他们成为成功的成年人所需的内在力量和人生技能。

阿尔菲·科恩论奖励和惩罚

很多年来，本书的作者一直在提倡消除奖励和惩罚。正面管教的书籍和工作坊，都致力于帮助父母和老师们学习以非惩罚的方式鼓励孩子发展有效的人生技能和宝贵的个人品质。

阿尔菲·科恩在其《用奖励来惩罚》[①] 一书中提供的大量研究都支持正面管教的观念。我们强烈推荐，任何想了解以奖励和惩罚来控制孩子行为的无效并且常常有害的方法的人，都读一读这本书。下面是从《用奖励来惩罚》中做的一些摘录。

阿尔菲·科恩论奖励

令人不安的消息是，对于帮助孩子培养这些价值观和能力而言，奖励和惩罚从最好的角度来看是没有价值的，而从最坏的角度来看则是有害的。它们能给我们带来顺从。孩子们会服从于我们。如果这就是我们说它们"管用"时的意思，那么是的，它们

---

① 《用奖励来惩罚》，阿尔菲·科恩著，New York：Houghton Mifflin，1993年出版。作者在书中引用了很多关于奖励和惩罚在家庭以及学校中的效果的研究。——作者注

非常管用。

但是，如果我们最关心的是我们的孩子会变成什么样的人，那就没有捷径。好的价值观必须是由内而外产生的。赞扬、特权和惩罚能够改变行为（在一段时间内），但是，它们无法改变做出这种行为的人，至少不是以我们想要的方式。从来没有哪种行为操纵帮助过一个孩子承诺变成关心他人和负责任的人。从来没有哪种因为一个孩子做了我们赞同的事情而给他奖励，能给他一个理由，使他在没有任何奖励时继续这么做。

阿尔菲·科恩论惩罚

我们说服自己相信，我们不是只把我们的意志强加给孩子，而是在教给孩子知道当他做出不良行为时会有什么后果，而这会防止他以后再做出不良行为。此外，我们把自己看作是在实施一种基本的公正：这个孩子既然已经违反了一个规则，现在就必须受到惩罚。

在第9章，我论证了上面所说的第一点理由是有致命缺陷的；惩罚教给孩子的是使用权力，而不是如何或为什么要行为恰当……惩罚孩子典型地反映了一种恐惧，那就是害怕不这样做就意味着他们"侥幸逃脱"。

如果进一步探究，我们会发现这种看法有两个原因让我们感到不安。第一，这暗示着这个孩子"赢了"。我们的权威受到了挑战，而且，我们越是把一种关系看成是一场权力的争夺，我们就越会猛烈地攻击，以保护这种权力。第二，我们担心，这个孩子逃脱后会认为他能再做自己做过的事情。反过来，这种担心暴露了我们对孩子们的动机的一种特殊假定，那就是，一个孩子倾向于做那些他能逃脱惩罚的事情，而且会一直做下去，直至受到强力的遏制。最终，我们对惩罚的需要（或者对不惩罚的恐惧）就这样建立在了一种默认的人性理论基础之上。

在我看来，一个人可以用两种完全不同的方法来回应一个做错事的孩子。一种方法是强加一个惩罚性的后果。另一种方法是把这种情形看成是一个"可教的时刻"，一个教育或一起解决问题的机会。这种回应不是"你做出了不良行为；现在我要对你这么做"，而是"有事情出错了，我们能为此做些什么呢？"……但是，这在真实的世界中管用吗？事实上，更恰当的问题是，惩罚在真实的世界中管用吗？经验和研究告诉我们，当孩子们受到惩罚时，令人恼火的行为会增多，潜在的问题没有得到解决，还给孩子做出了有问题的价值观的示范。

……

康斯坦斯·凯米从让·皮亚杰的研究中得出结论，认为惩罚会导致三种可能的结果："风险计算"（意思是孩子们会花时间去算计他们是否能逃脱惩罚），"盲目从众"（这无法教给他们负责任地做决定），或者"反叛"……[1]；皮亚杰更简洁地指出了这一点："惩罚……让自主的良知成为不可能。"[2]

激发灵感的故事

欧文夫人在德克萨斯州南部一个镇上的暑期学校教 1 年级。在开学前的教师会议上，给她发了大量的奖状、彩色铅笔和一刮就有香味的贴纸。学校鼓励她和其他老师用各种激励措施让学生们来上课，因为学生上课不是强制性的，但对于老师们保住自己的工作来说却是必须的。欧文夫人相信终身学习是人固有的一种内在动机。她悄悄地把贴纸、奖状和铅笔收进了她的抽屉里。她没有像其他老师那样在教室里张贴考勤表，也没有用冰激凌或爆

---

① 见《服从是不够的》，康斯坦斯·凯米著。——作者注
② 见《儿童的道德判断》，让·皮亚杰著。——作者注

米花在每周结束时奖励全勤的学生。

第二天，欧文夫人让她的学生们完成一个作业。她的 1 年级学生齐声问道："你要给我们什么？"

欧文夫人回答："猜猜是什么？我不会给你们任何东西！但是，你们会给自己一些东西，因为当你们完成这个作业的时候，你们的大脑里就会有钱。而且，你们知道吗？这是那种没有人能从你那里偷走的钱。现在，一个小偷能跑进我们的教室偷走我的钱包，而我就会失去钱包里的钱。但是，当你学了东西的时候，没有人能够偷走你的大脑得到的钱。而且，不仅你的大脑得到了钱，当你把你知道的分享给别人——当你分享你大脑中的钱时——你会得到更多的钱，但这次是在你的心里。"

然后，欧文夫人问："你们有多少人认为自己能当我的老师？"她的学生们都摇头，有些学生说："你上过大学。我们教不了你任何东西。"

"你们有多少人会西班牙语？"欧文夫人问。所有的孩子都举起了手。作为德克萨斯州南部的居民，他们的第二语言——如果不是第一语言的话——是西班牙语。欧文夫人出生在俄亥俄州，从未学过西班牙语。她说："我敢打赌，你们每个人都能教我一个西班牙语的难词。现在，你们务必要给我一个很难的词。我认识所有容易的词。"

孩子们想出了他们知道的一些最难的西班牙语单词。欧文夫人先尝试读出了一个词。孩子们很开心地帮助她纠正发音。然后，他们告诉了她这个词的意思。

"现在，"欧文夫人说，"我的大脑里有了以前没有的钱，谢谢我在这里的所有西班牙语老师！现在，你们的心里有了钱，因为你们把大脑中的钱分享给了我。如果你们有人知道另一个人不知道的事情，你就可以成为那个人的老师，无论你是否上过大学，也无论你的年纪有多小。"

整个夏天，欧文夫人一直在鼓励学生们通过学习让大脑得到钱，然后把这些钱分享给其他人。通过运用班会以及合作式学习，她和这些孩子们创造了一个班级之家。这些 1 年级的学生成为了彼此的老师——学校里其他孩子的老师以及欧文夫人的老师。而且，欧文夫人从来没有求助于贿赂让她的学生们来上学。

坚定而和善

讨 论

培养有能力的年轻人的方法就是要保持坚定与和善的平衡。坚定意味着，自信地运用恰当的管教原则。和善意味着，在运用这些原则时，保持对你自己以及你的学生的尊严和尊重。

和善对一些老师来说很容易做到，但他们很难做到坚定。这种方式通常会导致过度娇纵。另一些老师发现很容易做到坚定，但却忘记了和善。这种方式通常会导致过度严厉。对学生来说，这两种方式都是不健康的。和善而不坚定，会招致学生的操控和逃避责任。坚定而不和善会招致学生们的对抗和反叛。坚定与和善并行会引导学生们合作，并培养出成为幸福、有贡献和有能力的人所需的人生技能。

建 议

1. 检查一下你的面部表情、语调以及身体语言。它们应当传递出尊重。

2. 要避免借题发挥。借题发挥是指增加一些不必要和伤人的话或行为，例如"或许这会教你……"或"你可以坐下来想一想你做了什么"。借题发挥惩罚的是过去的事情，而不是解决未来的问题。它基于这样一个理念：为了让学生做得更好，我们必须让他们感觉更糟。

3. 要避免使用侮辱、责备和羞辱的管教方式。

4. 不要落入为学生感到难过的陷阱。要认识到，给学生找借口是你相信他无能。用侮辱和羞辱的方法对待学生是不尊重，这可能是显而易见的。解救学生和为他们找借口同样是不尊重，这可能就不那么显而易见了。

5. 所有的正面管教工具都以坚定与和善并行作为基础。缺乏坚定或者和善，我们就会错失帮助学生发展人生技能的机会。

提前计划，预防未来的问题

1. 要察觉到你倾向于用娇纵型的教学方式（和善而不坚定），还是独裁型的教学方式（坚定而不和善）。这种觉察会帮助你看到你可以从哪些方面开始做出改变。要专注于向更平衡的教学方式迈出一步。

2. 保持坚定与和善的平衡是一种技能。在培养任何技能的过程中，人都需要鼓励。运用本书中的理念和建议，会给你持续朝着这种平衡努力的勇气。

激发灵感的故事

保持平衡

克莱因先生是一个喜欢控制的老师。他没有意识到自己的说话方式，一直在用讽刺和骂人来控制他的学生的行为。一天上午，克莱因先生的教学顾问在观察他的课堂。她注意到了他怎样处理一个总是干扰他或其他同学的学生。在这个学生第三次干扰别人之后，克莱因先生告诉她拿上她的作业到教室后面去。在这个学生站起身离开时，他粗鲁地说她正在变成"大嘴巴"。

在接下来的课间休息时间，克莱因先生的教学顾问要求和他私下谈谈这件事情。"我注意到，当你管教萨拉时，你只做对了一半。你确实需要在你的课堂上维持秩序。但是，以不求助于羞辱的方式来做到这一点是可能的。以我的经验来看，当一个老师运用既和善又坚定的技巧时，学生关注的焦点就会是他或她自己的行为——而不是老师的行为。我鼓励你注意自己在什么时候只做到了坚定，或只做到了和善，以及你能做什么来让自己更平衡一些。"

第二天上午，克莱因先生又有一次处理萨拉的机会。她在取笑一个同学，并且大声向其他学生说着这个同学的坏话。克莱因先生注意到，他的第一本能是要说一些让萨拉安分的话。想起教学顾问的话，他谨慎地选择了用词："你的话是伤人和不尊重的。请回到你的座位上去做作业。"他没有再说别的。他克制住了在自己的话语中借题发挥以便进一步管教萨拉的诱惑。他很高兴自己没用任何羞辱就能维持秩序。几个星期后，他很惊讶自己有那么多机会运用既和善又坚定——以及学生们能那么好地学习他做出的榜样，变得对他更尊重了，同学相互之间也更尊重了。

一个调整心态的典范

来自加拿大安大略省多伦多市伍德布里奇镇圣凯瑟琳学校2年级老师斯蒂芬妮·科韦塞（Stephanie Corvese）的故事

我永远不会忘记我当老师的第一年。简直是噩梦！我有一个1、2年级合在一起的班级，并有几个有行为问题的学生。我想让这一年成为我人生中最好的一年，但不知怎么就成了最糟的。我想要做一名和善并且尊重学生的老师，但是，我不知道当孩子们对我出言不逊或干扰课堂时该怎么办，所以，我一整年都在对他们大喊大叫。事实上，我那一年有那么多问题孩子，并且缺乏经验，我每天早上都害怕醒来。每天放学后，我都会哭，因为一天下来我感到精疲力尽，并且感到很无助，不知道怎么做才能让他们听我的话。我试过小贴纸和给他们意外的惊喜，但是，从长期来看，真的一点用都没有。所以，我变得很愤怒并冲他们大声喊叫。

第二年，我换了学校，接手了一个有 28 名学生的 2 年级班级，并且决定创造最积极的班级氛围。我知道，我必须让这一年与之前不同。这么说吧，到第一周结束时，我已经清楚地认识到，这个班里的很多孩子有行为问题，并且以后的教学会很难，但是，我知道我不能再重复上一年了。我不想一整年都感到很愤怒。我希望每天早上醒来时都对工作感到很兴奋。

我立即开始了召开班会。每当在校园或班里出现问题时，孩子们就会把问题放到我们的班会议程上，我们会在一天的最后解决它。我和他们分享我自己的故事，和他们一起大笑，对他们微笑，没过多久，我就开始爱上这些孩子了，而最棒的事情是我知道他们也爱我。当然，当一个孩子经常打断我讲课或者另一个孩子骂人时，那一天也会过得很艰难，但无论如何，我始终在努力提醒自己他们是孩子，不是缩小的成年人，我的职责就是要带来我想看到的改变。如果我想让他们尊重别人，那么，我就要确保自己尊重他们。

既然我又教 2 年级了，并且运用了正面管教的原则，我知道我再也不会回到老路上去了。另一件最有趣的事情是，每当我请假时，带班的老师都会给我留纸条，说他们有多"坏"。甚至学校里的其他老师会跑过来对我说："哇，你是如何对待他们的？他们太疯狂了。"最重要的是，我关心这些孩子，我倾听他们的问题，我尊重他们，而反过来，他们为了我会做出最大努力。我认为，当孩子们知道他们的老师喜欢他们时，他们就想守规矩。

限　　制

讨　论

任何参与设立限制的人都必须考虑其长期的目的：帮助孩子们学会能让他们成为幸福的、对社会有贡献的一员的技能和心态。设立限制能够改善孩子以及大人的生活品质。知道恰当行为的界限，能提供安慰和一种安全感。尽管这对大多数成年人来说可能是显而易见的，但很多学生可能会将限制理解为只是用来控制他们的。挑战在于要帮助学生把他们对设立限制的反应看作是学习重要的人生技能——比如自律、责任感、合作和社会责任感，以及如何解决问题——的一个机会。

当学生们积极地参与设立限制时，会带来额外的好处。他们可能会更热情并更积极地遵守他们帮助设立的限制。此外，当学生们参与设立限制时，他们是在培养将让他们终生受益的技能。

建　议

1. 你做事情背后的态度比你做的事情更重要。在与学生们一起设立限制时，要维护所有相关人的尊严。你的态度应该是尊重的，而不是独裁的。

2. 设立的限制要明确。例如，当学生们以小组的形式做事时，要说明当嘈杂声让你可以轻松地与一个学生交谈时，他们可以继续。如果嘈杂声超过了让人舒适的水平，要告诉你的学生：

"我看到这种方式不管用。我们需要变成以个人的方式来完成这个项目。"多次发出警告，教给学生的是他们可以违背所设立的限制。

3. 有时候，老师必须安静、和善且坚定地领着小学生离开他们不该做的事情，或去做应该做的事情。在这样做时，要有一种友好的态度，而不是斥责、控制的态度。有时候，不说话是最有效的。要用一个友好的微笑或一个心照不宣的眨眼来替代。

4. 决定你怎么做，而不是尽力让你的学生怎么做。一个老师可以安静地坐着，直到她的学生们安静下来（她先前已经决定在学生准备好之前自己不讲课）。那些已经在教室里创造出相互尊重氛围的老师，会发现这种方法很有效。要让你的学生们提前知道在某种情况下你会怎么做，然后要按你说的坚持到底——保持平静并且不说教。

5. 当学生们违反设定的限制时，不要认为他们是在挑衅。这不是惩罚或娇纵学生的时候。当他们遵守限制或惯例遇到麻烦时，要在班会上讨论这个问题，并让他们解决问题。要让他们搞清楚为什么这个限制或惯例不管用。如果教过学生们相关的技能并且让他们自由地进行整个过程，他们就会很擅长做头脑风暴并解决问题。

6. 要让年龄大一些的学生参与设立教室里的限制。班会是让学生们参与并与他们讨论他们发现哪些限制管用以及为什么管用的一个好时机。让学生们参与制定班级规则的老师发现，他们通常会负责任地遵守这些限制。

提前计划，预防未来的问题

1. 花时间和学生们讨论限制的目的是值得的，不仅是他们在学校要遵守的限制，还包括社会中的所有限制。

2. 当我们花时间训练时，我们就给了学生和我们自己一个机会预演限制看上去是什么样子。不仅要练习理想的情况，还要练习可能出现困难的那些方面。（见第51～53页"花时间训练"）

3. 要花些时间做自我评价。要找一位同事或作为一个团队，问问你以前是如何对待设立限制的。我会反复警告学生吗？当我坚持到底时，我感觉自己像个坏人吗？我前后一致吗？

用班会解决问题

来自佐治亚州玛丽埃塔市洛基山小学幼儿园辅助员芭芭拉·伊万利斯塔（Barbara Evangelista）的故事

幼儿园的老师们决定，她们需要用一个无言的暗号来帮助提醒学生们"我们一起决定的"规矩。学生们从七个建议中选出了他们的解决方案：他们会用一个手指头轻轻敲一下头顶。这意味着"停下来想一想，并做出一个尊重的选择"。这个暗号一直很成功，不需要老师的任何指令、纠正或嘘声——只要轻轻敲一下头顶并冲学生笑一下。

激发灵感的故事

诺南夫人4年级班上的学生非常有热情。他们是一个精力旺盛的群体，教他们通常都很快乐。然而，当他们以合作小组的形式做作业时，她常常发现自己要变着方式多次提醒学生们要专心做作业，以及要把嘈杂声保持在合理的限度内。当她感到他们超出限度时，她会采用以前对她有帮助的几种技巧。她会把教室的灯关掉，并等着他们注意到。然后，5分钟后，她需要再这样做一次。她试过向那些专心做作业的小组致谢，但是，其他小组似乎注意不到。到下课时，诺南夫人感到既疲惫又恼怒，并且对自己的做法不起作用感到很失望。

有一天，在午餐休息时，诺南夫人向另一个老师说起了自己遭遇的挫折。在她们讨论后，她意识到，尽管她设立的限制总是很明确，但她因为忽略了坚持到底，实际上是在教给她的学生忽视这些限制。

那天下午，在她的数学课上，诺南夫人花时间向班上的学生们解释，只要他们能够专心做作业并且嘈杂声能让她轻松地与学生单独交谈，他们就可以采用小组的方式。她向学生们重申，如果他们不能遵守这个限制，他们就要单独完成课堂作业。学生们安静地分成了小组，但是，只过了几分钟，嘈杂声就大了起来。诺南夫人注意到，这种嘈杂声让她感觉很不舒服，她开始想只给他们一次警告。她发现自己在想，只给他们一次机会将是一种有帮助的提醒。但是，她没有回到自己的老路上去，而是安静地站了起来。她用平静的语气告诉学生们回到他们的座位上，各自单独继续完成课堂作业。他们很吃惊，并且保证，如果她再给他们一次机会，他们会安静地做作业。她保持着一种友好的态度，并且回答说他们明天会再以小组的形式做作业。诺南夫人很高兴地注意到，她感觉既自信又平静。她还注意到，自己没有任何以前那种在小组活动结束后的怨恨和沮丧。她实际上在期待着下一次的合作小组活动。

第二天，当学生们以合作小组的方式做作业时，她注意到一个小组变得越来越吵了。就在她要开始运用坚持到底时，她听到那个小组里有人说："我们需要更安静一点儿，否则我们就不能一起做作业了。"嘈杂声明显变小了。诺南夫人的脸上禁不住露出了微笑，因为她意识到运用和善而坚定的坚持到底多么容易就能教给她的学生们知道她说话算数——并且他们可以信任她会对设立的限制坚持到底。

坚 持 到 底

讨 论

坚持到底能帮助老师们变得积极主动，而不是被动反应。它是对专制或娇纵的管教方式的一种极好的替代。坚持到底意味着老师们决定他们将怎么做，然后以和善而坚定的行动来执行，而不是说教和惩罚。通过运用这一工具，老师们发现，在保持相关所有人的尊严和尊重的同时，满足情形的需要是可能的。

学生们在你坚持到底时会学到什么呢？他们会学到，他们的行为有一个逻辑后果；会知道你说话算话，并且会以和善而坚定的行动坚持到底。学生们学到的是责任感、担当和相互尊重。他们学到的是对自己感觉良好和成为对社会有贡献的一员所需的人生技能。

要做到有效地坚持到底，老师就要积极主动。这意味着老师必须知道长期的目标，以便能明确地计划好以尊严和尊重的方式达到目标所需要的各个步骤。由于这个原因，我们在这一节将把"提前计划，预防未来的问题"放到"建议"的前面。

提前计划，预防未来的问题

1. 要确保学生对最后期限、时间和后果有明确的了解。要为问问题并做出澄清，以及可能需要对一些具体情形做角色扮演留出时间。

2. 要意识到学生们有不同的优先事项。同时，要知道紧扣问题和坚持到底的重要性。学生的优先事项很容易让我们改变所关注的问题，并忘记情形的需要。然后，我们可能会为学生感到难过并接受其借口，或者，我们会感到很失望并决定报复。

3. 在可能时，要取得一致。在班会上或者在与一个学生讨论时，要让他们参与选择可能的解决方案。要挑选一个你和学生都能接受的解决方案，并且要确保每个人都清楚这个新的约定。把约定内容写下来作为参照可能是有益的。

4. 要教给孩子们知道"机会＝责任＝后果"。要帮助你的学生理解，对于他们拥有的每个机会，都有一份相应的责任。不承担责任的明显后果就是将失去这个机会。一个有参加课间活动机会的学生，就要承担尊重设施和其他人的责任。如果这个学生的行为不尊重别人或公共物品，他就会失去参加课间活动的机会。只有当后果以尊重的方式执行，并且学生们一旦表明为承担责任做好了准备就能够重新获得机会时，这个公式才会有效。

5. 坚持到底，是为学生做出榜样并做到相互尊重的一个机会。运用下面作为建议而列出的一些工具，会帮助我们保持对学生以及我们自己的尊严和尊重。

建 议

1. 在需要坚持到底时，你说的话要简洁。说的话要短——十个词或更少——并且要紧扣问题。事实上，只说一个词可能比一次说教更有效。

2. 给学生一个有限制的选择。"现在该打扫了，你是想自己做，还是想挑选一个人和你一起做？"

3. 说话要算数，并且说到做到。不要运用威胁，而要向你的学生表明你将用和善而坚定的行动坚持到底。（见第 38～41 页"限制"）

4. 当一个学生违反或者似乎忘了一个规则或一个约定时，你要问："我们的约定是什么?"或"餐厅里的行为规则是什么?"

5. 在一些情形中,用非语言的沟通是有效的。指指钟表或者停止讲课,会给学生们一个重回正轨的机会。

6. 紧扣问题。要做到紧扣问题,就要忽略出现的其他问题。这些问题可以在以后再和个别学生解决,或者将其放到班会议程上。

7. 要把坚定而和善作为坚持到底的基本要素。(见第34～38页"坚定而和善")

激发灵感的故事

在马格丽特·艾伦小学,校园的空间很有限。考虑到这种情况,以前的学生和老师们一起制定了使用校园和设施的指导原则。学生们可以在柏油路上玩儿童足球、躲避球、手球和篮球。不允许玩没有组织的、疯狂的球类游戏。

方丹老师用学年的第一次班会向她的学生们介绍了这些指导原则。他们有机会问清楚并角色扮演可能出现的情形。他们开始理解制定这些规则的原因是出于安全和尊重他人的考虑。方丹老师面对的一部分挑战,是将机会与责任之间的关系教给学生。她明确说明了,不接受遵守这些指导原则的责任的后果是他们会暂时失去使用场地和设施的机会。

在第二天中午,方丹老师看到她的三个学生无视不能乱踢球的规则,在把球从柏油路的一头踢到另一头。她走过去问他们在柏油路上玩球的规则是什么。他们承认知道这个规则,但是,当天上午高年级的学生这么做过。她很想接受他们的借口,并忽略他们的行为。然而,她意识到了坚定而和善地坚持到底的重要性。随后,方丹老师感谢他们记得指导原则,并要求他们把球交给她。这三个学生很失望。他们恳求她不要把球收走,并保证他们再也不这么做了。她保持着友好的态度，并向他们保证明天就把球给他们。

社会责任感

讨　论

本书的作者相信，如果所有的人都形成社会责任感，这个世界上的大多数问题就都能得到解决。阿尔弗雷德·阿德勒将这种对所有人、生物和场所的关心称为 Gemeinschaftsgefühl，这是他发明的一个无法很好地翻译成英语的德语词。一些能部分地抓住这个词的含义的解释是：关心并照顾我们的人类伙伴，一种群体意识，做出贡献的愿望，对环境（当地和全球）的积极关注。或许，社会责任感就是最纯粹的爱。

如果所有的孩子和成年人都有一种强烈的社会责任感，就不会有任何暴力和故意破坏的行为。人们就不会乱扔垃圾或污染环境。他们就不会偷窃。政治家将真正为人民而工作，而不是为了个人的权力和利益。人们将共同找到解决失业和饥饿问题的办法。黑帮将从事对社会有益的活动，而不是破坏活动。

这个世界永远不会完美，因为人是不完美的。但是，一个有缺陷的世界为个体不断地学习和成长创造了无数的机会。有强烈的社会责任感的人将出于对彼此、社区和环境的真正关心，而一起努力解决问题。

建　议

1. 要理解培养学生的社会责任感的重要性。社会责任感与学业同样重要（如果不是更重要的话）。

2. 要把问题看成是你和你的学生个人成长的机会。要用角色扮演和讨论来培养社会责任感。这些方法尤其会帮助学生培养共情——阿尔弗雷德·阿德勒将其形象地定义为"用另一个人的眼睛去看，用另一个人的耳朵去听，以及用另一个人的心去感受的能力"。

3. 请注意，本书中的大多数建议都旨在帮助培养孩子们的社会责任感。

提前计划，预防未来的问题

1. 用班会教给学生做决策的技能、解决问题的技能和社会责任感。

2. 用班会让学生参与讨论班级问题、社区问题和政府问题。帮助学生们看到他们有权力和责任处理世界问题、人权问题和环境问题。要鼓励他们计划并实施那些能带来变化的项目和活动。

3. 通过你自己对他人富有同情的回应，来为学生做出共情的榜样；通过你自己对所有的人和自然界的关心来为学生做出社会责任感的榜样。能共情和有社会责任感的学生，不太可能伤害他们的同学。他们知道世界不是围绕着他们自己的需要而转动的，因而更有可能找到满足每个人的需要的解决困难的办法。

激发灵感的故事

布朗尼娅·格伦沃尔德[①]运用班会已经超过 25 年了。布朗尼

---

① 布朗尼娅·格伦沃尔德和鲁道夫·德雷克斯以及弗洛伊·佩珀合著《在教室里保持理智》第 2 版，华盛顿：Accelerated Development，1998。——作者注

娅对班会的过程是如此信任，以至于她要求把所有的问题孩子都安排到她的班里。她的理念是，问题越多，教给孩子解决问题技能的机会就越多。在班会过程中，她的学生被赋予了一种强烈的社会责任感。

布朗尼娅的有些班级的学生超过 40 个。在一次采访中，她说："这么多学生使改作业的工作量增加了，并且要与更多的父母见面，但是，我也因此有更多的学生帮助解决问题。"尽管布朗尼娅的大多数学生都是问题学生，但他们的不良行为在年中总是会消失，因为他们已经学会了相互尊重、合作，以及如何解决问题。

然而，布朗尼娅并不只是平安无事地度过下半年。每当她注意到一个同事与一个学生有麻烦时，她就会在班会上问她的学生们："你们觉得邀请史密斯老师班上的简妮来我们班怎么样？她遇到了一些问题。你们有多少人认为我们能帮助她？"每一次，她班上的学生都会热情地同意邀请那个问题学生加入他们的班级，以便他们能运用自己的技能给予帮助。

给每个人分派班级事务

讨 论

在班级的集体中，归属感是极其重要的。建立这种归属感的一种极好方式，是让每个学生都参与让日常活动能顺利进行所必需的大量班级事务。班级事务给了学生们一个做出贡献的机会，他们由此会感觉到被人需要，并且培养社会责任感。

建　议

1. 用头脑风暴列出一个日常必须完成的班级事务的清单。这张清单可能包括诸如作业收发员、铅笔监督员、仓鼠饲养员和垃圾监督员的职位。要做头脑风暴，直到所有学生都有事做，无论他们是一个人做还是共担一份职责。

2. 要建立一种分派事务和轮换的办法。一种可能的办法是把学生们的名字列出来，每个星期在每个名字旁边写下一个新任务（在每个名字旁写下一个任务也可以作为一项事务）。另一种可能的办法是，把这些事务分别写在小纸条上，并把纸条放进一个盒子里；然后，每个学生从盒子里抽出一张，作为本周的任务。要运用你和你的学生的创造性，想出如何呈现你们的班级事务表。

3. 对于年龄小的学生来说，把这些事务画出来是有帮助的。让学生画出图画，或者从杂志中剪下相关的图画。把图画固定，转动学生的名字。或者，你可能想做一个"小帮手"表，在上面临摹每个孩子的手掌，并写上孩子的名字。在这只小手旁贴上任务的图画或写上文字描述。另一个主意是在公告栏上钉上写有任务的小纸袋，并在每个小纸袋里放一个学生的姓名卡片，每周轮换。

4. 每天要为某些事务留出专门的时间。这会使事务变成合作式的集体活动，并且会防止产生抱怨。

5. 要以整个学校的事务为考虑范围。年龄大一些的学生会把做这些事情看成是一种特权，而小一点的学生会期待做这些事情。

提前计划，预防未来的问题

1. 让学生们参与这些事务的所有方面。学生们可以设计任务，决定轮换时间，制作表格和标签，并宣布做这些事务的时间。

2. 要记住花时间训练。这是教给学生技能并让他们感到自己很能干的一个机会。（见第51~53页"花时间训练"）

3. 要留出一个自由人或替补人员。这个职位的学生要顶替那些缺席的学生。这个职位也应当轮换。

4. 要学会放手，并把更多的责任托付给学生。他们能做很多事情，并且会对自己感觉很棒。

5. 如果出现了一个问题，要邀请一个学生将其放到班会议程上（或者由你自己将其放到议程上），以便学生们能一起找到一个解决办法。

用班会解决问题

来自华盛顿州岸线市赛尔小学2年级老师特里尔比·科恩（Trilby Cohen）的故事

我发现，这些事务本身就能成为解决问题的一种手段。我的学生们因为教室里的衣柜里总是很乱而感到很烦恼。在班会上对这个问题进行讨论之后，他们投票在班级事务清单中增加了一个新职位。他们指定了一名衣柜助手，这个问题就解决了。

当学生们在课间休息排队过于吵闹时，类似的解决办法也会管用。设立了一个安静监督员的职位，就变平静了。

激发灵感的故事

来自加拿大安大略省多伦多市圣禧天主教学校法语老师洛雷塔·希德兰（Loretta Sedran）的故事

换教室上课是一件很难的事。去年，我幸运地有了自己的教室，学生们来我这里上课。我决定要设立一面"事务墙"。我有6个班级，每个班级都有自己的事务表。我发现，把图书馆的卡片口袋粘到光亮的纸板上对我来说最管用。每个班级用头脑风暴想出自己班需要做的具体事务，并记住每天上法语课的时间。例如，我的8年级的学生们决定，两个学生应该早点来教室把椅子放下来。这适用于他们班，但不适用于其他班，因为椅子已经放下了。擦黑板只是两个班的事务：午饭前的那个班和放学前的那个班。

今年的情况困难得多了。我转到了另一所学校，没有了自己的教室。我不得不从一个班跑到另一个班。用头脑风暴解决班级事务变得困难多了，因为你不得不记住你是在别人的教室里。我确保自己做的第一件事情，就是请班主任给我找一个张贴班级事务表的地方。纸板的形式仍然有用，但我必须确保贴在学生们很容易看到的地方。

我发现另一个管用的小窍门，是在低年级的事务卡片袋上画上画或贴上图片。对大一些的学生来说，写上字就可以，而且我们会通过写上班级事务的法语名称加入一点法语。4～6年级想出的大多数班级事务都是典型的，但有一些是独一无二的。所以，我6年级的班级想出了制作"班级事务说明书"的主意。这本说明书是双色的，有班级事务的名称及其要求。学生们四人一组做头脑风暴，然后，问班上的其他同学有什么想增加或删掉的。做好之后，所有的班级事务就都有了一个描述说明。

我发现，如果一个轮换教室上课的老师能够在6～7个班级（也就是200～230个学生）都有一个班级事务表，那么，一个班主任在一个30～40个学生的班级用班级事务表就应该没有问题。

花时间训练

讨 论

花时间训练的重要性，对于教育工作者来说，可能看上去是显而易见的；而花时间训练被认为是正面管教的一个基本部分，可能就不那么明显了。把它作为一个工具的原因是，它会帮助学生们发展学业能力、社会能力以及人生技能，并鼓励他们发展取得成功所需的各种能力。花时间训练表明的是对情形的需要以及学生的需要的尊重。

下面列出的很多"建议"以及"提前计划"中的主意，不仅适用于和学生打交道，而且适用于那些准备参与你的班级活动的成年人。

建 议

1. 在着手处理任何一项新任务时，要确保将其分成可执行的小步骤。认识到小步骤的重要性，是任何训练得以成功的关键因素。

2. 每次做一小步，并要向你的学生演示，或者让你的学生说说这一步看上去是什么样子。要花时间帮助你的学生理解每一步是如何向目标迈进的。

3. 在有些情形中，邀请你的学生和你一起做事情是有帮助的。例如，在学习如何在图书馆做研究时，学生们在获取信息时可能需要坐在一个成年人的旁边。

4. 要偶尔给些提示和帮助，并且要给予很多鼓励。在学生们完成任务时要祝贺他们。

5. 花时间训练有助于减少很多学生在转换阶段可能会有的焦虑。这适用于学校日常活动中的转换，也适用于一个学生升到更高年级时的转换。

6. 在大多数学生对自己刚刚做的事情有了理解之前，不要进行下一步。对于有些学生来说，你可能需要在某个具体任务上给予他们额外的支持。

7. 要运用直观的教具，例如表格和计划表。表格会帮助学生看到任务的各个部分和目标。一个计划表能让他们专注地朝着目标前进。

8. 一旦学生理解并且看上去具备了相应的能力，你就要退到一旁，并要让他们知道，如果他们需要你，可以随时来找你。

提前计划，预防未来的问题

1. 要记住，你的期望和设立的标准要切合实际。要特别注意你的学生通过他们的行为可能在告诉你什么。要通过与你的同事协商寻求指导。

2. 要通过确保每个人都知道构成整体的各个部分以及每个部分的要求，来减少误解。

3. 要避免臆断学生的学业能力或社会能力。要重视个体或群体的独特性。要有从基础开始从头再来的智慧和勇气。你的学生将掌握这个节奏。

4. 专注于进步，而不是完美。要让你的学生们知道，犯错误是任何学习过程的一部分。

激发灵感的故事

托曼老师前几年在他的班里试验过给学生分派班级事务。他对结果总是很失望。每天放学的时候，当他注意到大部分事务都没有完成或者做得没有达到他的标准时，他发现自己会很沮丧。他放弃了让学生分担班级事务的想法，但随后注意到自己被教室里额外的工作压垮了。

他对这个问题做了思考，并意识到他前几年忽视了花时间训练学生完成这些事务。他决定今年要做出改变。在与学生一起列出所有的班级事务后，他解释说他将为每件事务做一份书面说明。学生们要做的第一步是仔细阅读说明，并记录下他们可能会有的任何问题。然后，他们可以和托曼老师约一个时间来回顾所有组成部分，并实际练习"怎么做"。

过了一段时间，托曼老师对这一过程进行了评估。尽管比几年前花费了更多的时间、进行了更多的训练，但他对结果很满意。他还认识到，花时间训练有他没有想到的一个额外好外——他能够和每个学生共度特别时光，并能对他们每个人有更多的了解了。整个过程在他的班里促进了归属感和合作。

错　误

讨　论

在我们成长的过程中，我们大多数人得到的关于错误的讯息都是令人沮丧的。当教给学生犯错误就意味着他们无论如何都是失败、愚蠢或能力不足时，他们就会失去冒险的勇气——或者他们会在掩盖错误方面变得很有创意。因为学校从本质上来说是与成绩相关的，因此，教给学生们知道错误是学习过程重要而必要的组成部分，是至关重要的。当我们传递这样的讯息时，学生们就能够把错误看成是学习的大好机会。

建 议

1. 当一名学生对犯了一个错误感觉很糟时，你要说："这不是很好吗！你犯了一个错误。让我们假装是侦探，看看我们能从中学到什么。"（当然，学生的年龄不同，你说的话可能会不一样。）

2. 当一名学生的作业出错时，要指出他做得好的地方。然后，要问他是否能看出需要改进的地方。问他是否需要得到帮助（从你这里或者一个同学那里），还是自己在这些方面做出改进。

3. 当一名学生犯的错误涉及到他的同学时，要邀请他将其放到班会议程上，或者运用解决问题的步骤。

4. 当你犯了一个错误时，要通过尽快向你的学生承认错误，作出有效回应的榜样。在一些情形中，你可能想将其放到班会议程上，以便你能得到全班同学的帮助。另一个选择是运用矫正错误的三个 R（见下面"提前计划，预防未来的问题"中的第 4 条）。

提前计划，预防未来的问题

1. 带领学生们进行一次关于错误的讨论。要问他们从成年人那里得到的关于错误的讯息是什么。要问学生们，这些讯息让他们在犯了错误时对自己以及自己未来该怎么做，做出了怎样的决定。

2. 要问学生们，他们有多少人愿意了解把错误看成是学习的大好机会。让他们讨论为什么这是对的。

3. 要向学生们指出，班会为他们提供了一个拥有一屋子能用头脑风暴为所犯错误找到解决方案的咨询顾问（价值数千美元）的机会。要问："如果你知道你会受到责备、羞辱和惩罚，你们有多少人愿意承认自己犯了一个错误？"然后，再问："如果你知道自己有一屋子想帮助你的咨询顾问，你们有多少人愿意为自己的错误承担责任？"

4. 教给学生们矫正错误的三个 R：（1）承认（Recognize）你的错误。（2）通过道歉来和解（Reconcile）。（3）与涉及到的其他人一起解决问题（Resolve）。要向学生们解释，一个人如果没有先完成前面两步，进行第三步是无效的。当一个人为其错误承担起责任并道歉时，敌对的氛围就会变成原谅与合作的氛围。与学生们分享你自己在这方面的经历会很有效。

激发灵感的故事

学会说"对不起"

一个名字叫米奇的 2 年级学生踢了另一个小男孩。他的老师希顿夫人对米奇很生气，并且想教给他不要伤害别人。她把他带到教室外面去提醒他，她说："如果别人踢你，你会怎么样？"

由于试图教给他那是什么感觉，她说话的音量超出了自己的预期。希顿夫人对自己以这么大的怒气做出反应感觉很糟糕。她相信正面管教的原则，并且已经努力在自己的教室里运用了好几年。她给本书的一位作者打电话，问道："出了什么问题？我怎么能做这样的事情？我该怎么办？"

首先，希顿夫人得到保证，她的做法是很常见的。在这个星球上，有哪个父母或老师从来都没有失去控制并做出愤怒的反应呢？

第二，希顿夫人因为意识到自己犯了一个错误而得到了赞扬。她被鼓励要赞扬自己，而不是痛责自己。太多的父母和老师根本意识不到自己犯了一个错误。

第三，她想要改善自己处理这类情形的方法的愿望得到了赞同。她被鼓励把这件事看作是一份礼物（或一个警钟），激励她寻求更好的回应方法。

所有的老师都需要认识到，陷入被动反应而不是主动行动是人之常情。大多数成年人的意图真的很好——他们只是想教孩子行为更尊重。但是，当老师做出被动反应时，他们是在用不尊重的行为试图教孩子尊重。在做出被动反应时，他们关注的是让孩子为自己做的事情付出代价。他们没有考虑对孩子造成的长期影响。

幸运的是，无论一位老师对不良行为做出多少次被动反应并忘记运用正面管教的原则，他都能回归到这些原则上，并清理造成的混乱。每当犯一个错误时，他都能将其当作一个学习的大好机会。

当成年人意识到他们对孩子犯下的错误并运用"矫正错误的三个 R"时，他们会发现孩子们是非常宽容的。希顿夫人花了一个多星期才从她的尴尬和自责中恢复过来。然后，她把米奇叫到一旁，并且道了歉。她说："米奇，对不起，我向你大声喊叫。我对你踢了乔伊太生气了，但是，我对你同样是不尊重的。我那样做真不聪明，是吧？"

尽管米奇只是羞怯地看着她，但她吸引了他的注意力。她接着说："我也不太友好，是吧？"

米奇撇了撇下嘴唇并摇了摇头。

希顿夫人问："听到我说对不起，让你感觉好一点了吗？"

米奇点点头。

希顿夫人问："如果你向乔伊说对不起，你认为这会让他有什么感受？"

"好起来。"米奇咕哝着说。

"你觉得向乔伊道歉，然后我们仨一起想出解决你和乔伊之间问题的办法怎么样？"希顿夫人建议道，"或者，我们可以把它放到班会议程上，得到全班同学的帮助。你喜欢哪一个？"

米奇说："就我们仨吧。"

希顿夫人问："你需要多长时间向乔伊道歉，并问他是否愿意和我们一起商量解决问题的办法？"

令人欣喜的是，米奇说："我今天就能道歉。"

"太棒了，"希顿夫人说，"当你和乔伊准备好的时候来告诉我，我们一起定个时间。"

第二天，希顿夫人、米奇和乔伊聚到了一起，并讨论了两个男孩对于发生的事情和导致其发生的原因的看法。他们讨论了自己对这件事情的感受、他们从这次经历中学到了什么，以及他们对于如何解决问题的想法。他们一起选择了一个解决办法来试行一个星期。两个男孩在讨论结束离开时都对自己感到很高兴，并且对他们达成的约定很满意。

这是关于错误如何提供大量的学习机会的一个极好的例子。希顿夫人能够为自己的错误承担起责任并道歉，给学生做出了一个很好的行为榜样。然后，她帮助米奇对为自己的错误道歉感觉良好。接着，她帮助两个男孩相互倾听对方对这件事情的看法。最后，两个男孩练习了用头脑风暴想出解决方案，并达成了两人都愿意尝试的一个约定。

耐心付出

来自加拿大萨斯喀彻温省圣·奥利维尔学校 2 年级老师特蕾

莎·德斯顿（Therese Durston）的故事

这是圣诞节后上学的第一个星期。一切都很好。下午一点，我们去体育馆。当我们到达体育馆时，我注意到艾丽莎没跟我们在一起。我派一个学生去找她并把她带到体育馆。当我们回到教室时，一个学生大声说她的四支润唇膏不见了。我意识到艾丽莎有时间"借走"它们，因此，我翻了她的书包并发现了它们。我跟她谈这件事，但她坚持说是有人把它们放进了她的书包。我让她走了。

我拼命地寻找我的《正面管教教师指南 A – Z》，并意识到我把它留在家里了。我给自己留出了些时间。（我想起冷静期的重要性，以便我们俩都能更理性地思考。）然后，我带她到另一个房间。我们重建了"犯罪场景"。我们谈了人会犯错误。我们还谈到好的决定和坏的决定。（我们正在单元中学习这些内容。）我还告诉她，有时候很难说出来，而表演出来会容易一些。我让她给我准确地表演出所发生的事情。她走向桌子上的润唇膏，停了一两分钟，然后，把它们放进了她的书包。我问她停在那里时在想什么。她说："我在想这是一个好的决定还是一个坏的决定。"我们讨论了她的决定是哪一种。我问她有什么感受。她说："很糟糕。"我们谈论了犯错误的问题。

然后，我们重演了这个场景。我们再一次讨论了她的感受。我问她是否还有其他要谈的事情。她说："没有了，都很好。"我告诉她我爱她，如果她需要找人谈谈，我随时都在。我们拥抱了一下，然后回到了教室。

第二天，教室里有些东西被弄坏了（有些意外），在班会上，我们讨论了当人们的财物被损坏、没有经过允许就被借走或拿走时会有什么感受。学生们分享了各自的感受。我注意到艾丽莎抽屉里的一支铅笔不是她的。我当时没理会这件事。大约 30 分钟后，她把铅笔交给了我，并告诉我这不是她的。我为此感谢了她，然后，去了另一个房间，在那里高兴得跳了起来，并为正面管教喝彩！

解决问题

（另见"班会"）

讨 论

"你们不能和我们一起玩。"阿岳和玛丽·安受到了他们 2 年级的同学艾琳的嘲笑。在阿岳和玛丽·安往后退的时候，艾琳冲他们吐舌头。

费尔南德斯夫人正在给 9 年级的学生上历史课。吉尔伯特、胡安和迪戈在教室后面发出了烦人的噪音，其他学生都大笑起来。

拉费恩夫人的高中英语班正在班会上计划一次外出考察旅行。学生们很难提出一个既符合课程的所有要求又对学生有吸引力的地点。

生活中充满了需要解决的问题。每一天，在全国各地的学校里，教学生们解决问题的艺术和技能的机会都比比皆是。不幸的是，老师和管理人员没有运用这些大好的机会，而是往往插手解决那些如果学生们掌握了这些工具就能自己解决的问题。（可从"班会"了解为让学生成长为幸福、自主、成功的成年人，而培养他们解决问题技能和情商的重要性。）

当老师花时间训练学生解决问题并给他们机会练习这些技能时，他们就会成为有效地解决问题的人。然后，这些学生就能积极地参与到从帮助有特殊需求的学生到防止校园暴力的各种事情中。而且，他们还能为未来做好准备，因为他们会知道如何共情，如何寻找让各方都满意的解决方案，以及如何尊重地对待人、场所和财物。

建 议

1. 要拥抱问题，将其当作练习解决问题技能的机会。

2. 停止告诉，开始问。太多的时候，老师会告诉学生们发生了什么、什么导致了其发生、他们对此应该有什么感受，以及他们应该怎么办。当老师们问诸如"发生了什么?""你认为是什么导致了这件事情的发生?""你在试图完成什么?""你对这件事有什么感受?""你从中学到了什么?""你怎样才能把学到的东西用于未来?""你现在对于解决这个问题有什么主意?"，学生们就会学到解决问题的技能。"教育"（education）这个词来源于拉丁语的"educare"，意思是"引出"。"问"是引出。"告诉"是填塞。

3. 要相信学生在经过充分的训练并且有机会运用他们的技能时，他们能成为极好的解决问题的人。

4. 当学生们带着一个问题来找你时，要让他们去用解决问题的选择轮（见下面"提前计划，预防未来的问题"中的第8条）。

提前计划，预防未来的问题

1. 促进学生自我控制能力的培养。学习解决问题的重要一步，是学会控制冲动（或者学会延长感受与采取行动之间的时间）。教给你的学生用来控制冲动反应的第一个工具，是"积极的暂停"。这包括离开发生问题的场景一小段时间，以便让情绪平静下来。

2. 教给你的学生用来控制冲动反应的第二个工具，是一整套自我平静下来的技巧。这些技巧可以根据学生的情况进行选择：当一个同学从 10 岁的安迪手里抢走球时，他深吸了一口气并且想象了一个停止标志，而不是把球抢回来。当乔伊骂泽维尔的妈妈时，16 岁的泽维尔想象一个冰凉的瀑布浇到了他炙热的怒火上。两个男孩都体验到了拥有一个内在控制点的力量。

3. 教给你的学生用来控制冲动反应的第三个工具，是了解如何运用解决问题的四个建议。一旦学会了前三个建议，就不再需要老师的参与了。有些老师会在教室里设立一个解决问题的区域，在那里贴一张列有这四个建议的图表。另外一些老师把这四个建议写到卡片上，以便有问题的学生能拿一张卡片，并去找一个安静的地方一起解决问题。解决问题的四个建议如下：

A. 不要理会对方。走开比留下来战斗需要更多的勇气。学生可以通过做一些其他事情（找另一个游戏或活动）而对问题不予理睬，或者去别的地方冷静下来。

B. 以尊重的方式把问题谈开。每个学生要把自己的感受告诉对方，并倾听对方有什么感受。然后，每个学生要说一说他认为自己的哪些做法助长了问题的产生，并要告诉对方自己愿意采取哪些不一样的做法。

C. 达成一个双方同意的解决方案。学生们可以制订一个分享或轮流以及道歉的计划。

D. 寻求帮助。如果学生们自己无法解决问题，他们可以把它放到班会议程上，以便全班同学能提供帮助。或者，他们可以与父母、老师或者朋友商量。

4. 教给你的学生用来控制冲动反应的第四个工具是班会。班会议程的运用，提供了一个内在的冷静期。把问题写到纸上，给了学生一个对自己的愤怒或痛苦做一些建设性的事情的机会。老师们会惊讶地看到，那些极其愤怒的学生在把他们的问题写到班会议程上之后，就放松了下来，并且平静地回来去做自己的事情了。这是信任班会过程，以及学生们知道自己会得到倾听的结果。此外，班会议程的运用向学生们表明，怒火平息下来才能找到最好的解决方案。这还教给学生，昨天或前天的一个天大的问题，当情绪平息后就变得不那么重要了。

5. 运用角色扮演帮助一个学生理解另一个学生的看法。一次角色扮演能够让陷入争吵的两个学生相互站在对方的角度看问题，并帮助他们培养共情。

6. 教给学生替代暴力回应的方法。当一个班级讨论如果一个学生打了艾米，她该怎么办时，一个典型的建议是"她可以反击他"。老师问："如果艾米反击那个孩子，可能会发生什么？"一个学生回答："她可能会再次被打。"这就是学生们学会以批判性的眼光审视他们的想法的过程。

7. 定期召开解决问题的会议，会起到预防的作用。如果你经常运用班会来解决一些小问题，它们就不太可能像滚雪球一样发展成大的危机。

8. 解决问题的选择论（见下页图），是很多老师发现很有用的一个工具。这个图中包括我们已经说过的很多方法。一些老师把它贴在教室里，而且，一些学校把它画在操场的地面上以方便参考。花时间把这个选择轮中的选项教给学生是很重要的。这可以通过角色扮演和讨论来做到。

用班会解决问题

来自德克萨斯州法默布兰奇市圣母玛利亚学校 5 年级老师谢丽尔·伊莱亚森（Cheryl Eliason）的故事

每一年，迈克·布罗克校长和我都会在我们学校举办一次正面管教工作坊。迈克介绍班会的理论和框架，而我会谈实际运

解决问题的选择轮

当你遇到问题时，至少要尝试其中的两个主意

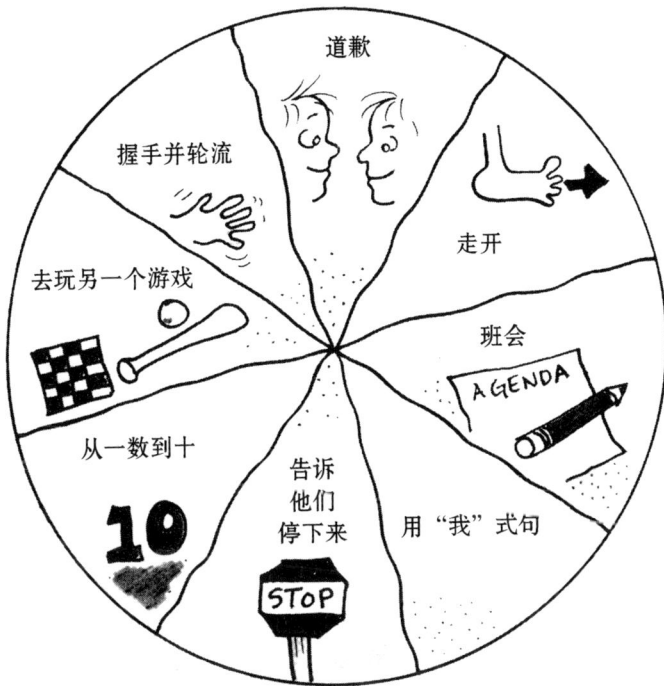

道歉

握手并轮流

走开

去玩另一个游戏

班会
AGENDA

从一数到十

10

告诉
他们
停下来

用"我"式句

STOP

在你尝试两个解决办法后（或者在出现
紧急情况时），要寻求成年人的帮助

63

用。这个工作坊的一大特色是在我的 5 年级指导教室里召开的一次真实、生动、不事先排练的班会。我还喜欢告诉参加工作坊的人我最喜欢的一些班会故事。

其中的一次班会，涉及到我的学生们抱怨我没有给他们留出足够的时间从储物柜里取他们需要的所有书籍和学习用品。在当天的学生秘书读出议程上的这个问题之后，我问班里的学生："有多少人经历过这个困难？"大约四分之三的学生举起了手。我从来没想到这对他们会是个问题。

我感谢了同学们的回应，然后让大家对这个问题展开讨论。在提醒过学生他们的挑战是要想出一个合理、尊重的解决方案之后，我发起了头脑风暴环节。学生们提出了一些有帮助的想法，然后对这些想法进行了投票。

解决方案是给学生设定一段时间来取他们的东西，并用一个计时器来确保他们所用的时间在限定之内。在对他们需要多长时间进行讨论之后，学生们选择了两分钟。这个方案既尊重了我要确保在储物柜那里花费时间最少的需要，也尊重了学生们在没有不必要的时间压力的情况下取出所有东西的需要。

激发灵感的故事

克拉特夫人一年级班里的大多数学生，都是上一年在幼儿园里表现出问题行为的孩子。从一入学开始，克拉特夫人就一直在教他们解决问题的技能。这些学生学习了相互帮助，以及在遇到问题时利用班会议程。他们甚至开始使用班会语言，说寻找"共赢的解决方案"。

后来，行为问题在克拉特夫人的班上几乎完全消失了。甚至一个经常发脾气的最有挑战性的小男孩，由于同学们的帮助，也在不断改善。然而，克拉特夫人想知道这些学生解决问题的技能在教室之外是否也能得到运用。

很快，她就从学校的辅导老师佩库达夫人告诉她的一次经历中得到了答案。佩库达夫人在午餐时间正在餐厅里查看孩子的用餐情况，她注意到克拉特夫人1年级班里的几个男孩正隔着桌子相互弹玉米粒。因为佩库达夫人知道班会过程中的语言，她对这几个男孩说："看上去我们这里出现了一个问题，因为食物大战在餐厅里是不允许的。你们有什么解决这个问题的建议吗？"男孩们围在一起，商量了大约三分钟。然后，他们告诉辅导老师，他们的解决方案是把盛玉米的盘子都放到桌子的尽头，那里没有人坐，所以，就没有人会受到诱惑再造成这个问题。

积极的暂停

讨 论

作为成年人，当我们生气时，我们常常会失去我们的洞察力、客观性以及更好的判断力。我们有时候会说一些自己在之后会后悔的话，做一些过后会后悔事情。也就是说，我们常常会做出不良行为，就像孩子们一样。

是什么原因导致成年人生气呢？就像孩子们一样，成年人也会丧失信心。他们可能会受到伤害或感到失望。在受到严厉的批评或侮辱时，他们通常会感到不安。他们可能会因为一些被认为是不公平或错误的事情而变得愤怒，或者，他们可能只是对某个情形感到绝望和无能为力。

无论是什么原因，成年人都不需要更沮丧。惩罚或说教会让他们感觉更糟。成年人需要时间冷静下来；只有这样，他们才能开始再次感觉好起来（受到鼓励）。

有些人做暂停的方式是绕着街区走一会儿、打个盹儿、读一本书或者冥想。有些人只是做自己的事情，直到生气的感觉消失。还有一些人总是想着出现的问题，从而让自己充满愤怒和仇恨，使自己的内心变得更混乱。（这些人记住下面这句无名氏的格言，就会做得更好："愤怒对储存它的容器所造成的伤害，要大于对其宣泄对象所造成的伤害。"）

学生们处理强烈情感的方式与成年人有什么不同吗？当一个学生生气时，他不需要惩罚，但是，他可能非常需要一次积极的暂停，以便冷静下来。积极暂停的概念并不包含责备、羞辱、痛苦或任何形式的惩罚。其目的是帮助学生们做得更好，而不是让他们感觉更糟。

一段冷静期可能就是一个学生所需要的全部。但是，在更多的时候，跟进某种解决问题的过程可能是有帮助的。要让你的学生参与制订一个能够达到暂停目的的积极暂停的计划，要包括他们怎样以及在哪里度过这段时间，以及他们可能希望采用的解决导致他们需要暂停的问题的方法。

因为"提前计划，预防未来的问题"对于在你的班级里建立积极暂停的过程很重要，所以在本节将其放到了"建议"之前。

提前计划，预防未来的问题

1. 要教给学生知道，当人们生气时会发生什么。要向学生解释所有的人时不时都会生气。要告诉学生们你曾经做过的或未来可能会做的积极暂停。

2. 进行一次全体讨论。向你的学生们提出如下想法："我们从哪里得到了这个疯狂的念头，认为要让孩子们做得更好，首先必须让他们感觉更糟？"问学生们在受到惩罚后有怎样的感受。

66

让他们感觉更好了吗？让他们想做得更好了吗？如果是这样，他们的自尊和自信付出了什么代价？

3. 建立一个积极暂停区，可以成为教给学生们如何做头脑风暴的一项有趣的活动。让学生们分成六人一组，并给每组发一张厚纸和一支记号笔。给他们5分钟时间就理想的积极暂停区做头脑风暴。要让他们知道，在头脑风暴过程中，没有哪个主意是太离谱的（或太实用的），而且，他们应该不加分析或评判，写下提到的每个主意。（要解释只给他们5分钟时间的原因是为了激发热情。）之后，让每个小组读出他们的建议，并对这些主意进行分析，以便形成一个计划。让每个小组都提出一个积极暂停区的设计，应该实用、对班级里的每个人都尊重，并且对需要它的人是有帮助的。要自由地提出你的主意。很多积极暂停区都有书、填充动物玩具（甚至适用于高中学生），以及一个便携式随身听，用来听舒缓的音乐。

4. 在学生们学过倾听技能后，他们可以在积极暂停的计划中加入一个倾听伙伴。这意味着一个学生可以选择一个愿意和他一起去暂停区的朋友，并在那里听他谈谈让他生气的事情。对着一个只是倾听的人诉说问题，是非常有疗愈效果的。

5. 让学生们在积极暂停计划中列出使用冷静区的指导原则。要让他们考虑老师们常见的异议，比如："如果学生们做出不良行为只是为了去听音乐怎么办？"或者"如果学生在暂停区待好几个小时，因为他们更喜欢玩玩具或在豆袋椅上睡觉，而不愿去做作业或听课怎么办？"提出的指导原则应当解决这些顾虑。学生们需要把积极的暂停看作是让他们恢复平静的一种手段，而不是对参与课堂的一种替代。

6. 去室外能让每个人都平静下来。如果你整个班级的学生都需要进行一次积极的暂停，要考虑带着他们在校园里安静地走一会儿。只用5分钟，你和你的学生也许就会准备好再次专注于自己的事情。

建 议

1. 不要把暂停用作一种惩罚；去做暂停不应该附带任何责备、羞辱或痛苦。不要告诫学生去想想他们都做了什么，或要求他们写 100 遍"我不会那样做了"的誓言。

2. 当一个学生生气或做出不良行为时，要以友好的语气问："你认为现在去做暂停对你会有帮助吗?"当学生们理解积极暂停的目的是帮助他们感觉好起来时，他们通常会发现这么做是值得的。成年人的态度影响着学生将其看作是伤害，还是帮助。"你马上去做暂停!"在任何人听来都是一种含蓄的惩罚。要提醒学生，你相信他感觉一好起来就会做得更好。

3. 不要担心积极的暂停会变成对不良行为的一种奖励。当学生们理解这种方法的目的是为了鼓励他们，以便他们能够改善自己的行为时，他们很少会滥用这种办法。如果他们滥用，可以尝试下一个建议。

4. 如果学生不想去做暂停，或者如果他们滥用暂停，要把这个问题放到班会议程上，并让他们讨论哪里出了问题，以及原因是什么。要让他们寻找这个问题的解决方案。无论学生还是老师，可能都需要一些时间来习惯这一理念——一种处理不良行为或强烈情绪的方法可以是有帮助的，而不是惩罚的。讨论问题和寻找解决方案强化了这个过程。

5. 当一个学生生气或做出不良行为时，不要把积极的暂停当作你的唯一工具。这本书里有各种可能的办法。积极的暂停只是鼓励一个学生的一种方法，而且当你这样问时才最有效："你认为做一次积极的暂停会对你有帮助吗?"有时候，你可能想提供一个包括暂停在内的有限制的选择。要问这个学生："你认为哪个办法对你最有帮助，是花些时间冷静下来，还是把这个问题放到班会议程上？"

6. 在需要的时候，你自己要做积极的暂停。有时候，你可能想告诉学生们："我现在太生气了，无法处理这个问题。我需要做一次积极的暂停，以便冷静下来。"

激发灵感的故事

本书一位作者的故事

在一个在职教师工作坊，一位老师提出了一个问题，她的一个学生不愿意去做暂停，即便她已经让学生们接受了暂停是一种让人受到鼓励的经历的理念。我有了一个自认为极好的原创主意。我说："你为什么不看看让他带一个伙伴一起去暂停是否会有帮助呢？"另一位老师说："我已经这么做好几年了，这非常有效。"（我的原创主意到此为止。）这位老师接着分享了她的班上一个男孩的故事。杰夫很难自我控制，她解释说，而且她认为暂停能帮助他冷静下来并学着控制自己的冲动。

她说："他以前拒绝去做暂停，直到我告诉他可以选一个伙伴跟他一起去。所有的孩子都举起了手，希望被选中。他选了其中一个，他们去做了大约5分钟暂停，并轻声交谈。然后，他们两个就回来做作业了。

"杰夫以前没有朋友，但是，他通过选择一个孩子和他一起去做暂停交到了朋友。现在，他们整天都对杰夫很好。当杰夫快要失控时，他的脸会抽搐。孩子们看到他出现失控的迹象时，就会开始举手，希望被选中，甚至还没有等到我让他尝试去做一会儿暂停。"

特别时光

讨 论

当老师们听到他们需要和学生共度特别时光时，他们可能会感到不堪重负，并且很沮丧。他们认为，每天和 30 个孩子中的每一个孩子单独共度特别时光是不可能的。但是，这些共度的时刻不必持续多少分钟才算"特别"，并且它们可以融入到日常惯例中。

与一个学生共度特别时光，在改变不良行为方面往往比直接处理行为更有效，因为它能帮助孩子感觉到归属感和价值感，从而消除其做出不良行为的需要。

建 议

1. 审视一下你对特别时光的定义。你可能因为自己必须花多长时间，或进行多么积极的互动的不切实际的想法，而让自己感到沮丧。

2. 特别时光可以简单到在早上问候或者放学说再见时提到每个学生的名字。一些老师会花时间在每个学生进教室时与其握手。

3. 你可以花几分钟询问一个学生的兴趣、活动和家庭。这种关注和关心会让一个学生感到自己有归属并且是特别的。分享一些你的兴趣或你喜欢的活动也会非常有效。

4. 在安静的阅读时间，轮流邀请一个学生和你一起坐在讲桌旁。这会是一个安静地聊天的好时间，你可以问问这个学生的兴趣、活动和家庭。

5. 邀请学生们在公告栏上分享他们的个人新闻。在一天中的某个时间，给班里的学生读出公告栏上的这些信息。

6. 一个老师花时间参加课外活动，能给学生们造成巨大的影响。

提前计划，预防未来的问题

1. 在教师的在职培训中，分享一些关于特别时光的主意，并用头脑风暴想出鼓励学生的其他方法。

2. 当一个学生因为误解或与你很难相处而感觉受到伤害时，要专注于重建你与他的关系，而不只是处理他的行为。你可能需要安排特别的时间进行友好的讨论，或只是一起到篮球场投篮。

3. 要把班会看作是你献给班上所有学生的一段特别时光——也是他们给予彼此的一段特别时光。

激发灵感的故事

来自犹他州盐湖城卡顿伍德高中 11 和 12 年级老师罗伯特·拉斯马森（Robert Rasmussen）的故事

我决定在我的学生中尝试特别时光的概念。为了看看这是否会带来变化，我计划在两个班里运用，在两个班里不运用，在第五个班里只对一半的学生运用。

因为我有这么多学生，我花了半个学期和两个半班级的每个学生单独聊天。我是通过在课堂作业时间每次让一个学生坐在我旁边来完成这件事的。我在每个学生身上只花了 2 ~ 3 分钟时间，让他告诉我一些特别的兴趣、目标以及他可能需要的特殊帮助。

我注意到了有特别时光的班级和没有特别时光的班级之间的一个明显区别。那些花时间和我单独聊过的学生的班级，有一种尊重和合作的氛围。那个我只和一半学生单独聊过的班级发生了一件有趣的事情。没有和我共度特别时光的每个学生都问我："我什么时候与你谈话？"这足以让我相信与每一个学生共度特别时光的价值，即便这需要用一整个学期的时间。

卡尔与范·德米克太太

卡尔是范·德米克太太代数课上的一名新学生。从来到这个学校开始，他就有了一个好斗和粗鲁的名声。他会在走廊闲逛，上课迟到，并且一再干扰别人。他相信所有的老师都不喜欢他，他决心要表明自己不在乎。

范·德米克太太尝试了几种鼓励方法来增强卡尔在班里的归属感。她直接称呼他的名字，表现出对其家庭的兴趣，并问他的篮球队的情况。卡尔断然拒绝了她与他接触的所有努力。

范·德米克太太决心要与卡尔建立连接，并向他表明她认为他很可爱。她是学校组织的所有体育活动的热心粉丝，喜欢到场观看游戏和比赛，以表达对她的学生的支持。她意识到，由于她忙碌的日程安排，她这个赛季没有看过任何一场篮球比赛。她决定要付出特别的努力去看接下来的几场比赛。

卡尔知道范·德米克太太看了他的一场比赛，但当她第二天想聊这场比赛时，他却不屑一顾。在另一场比赛之后，范·德米克太太祝贺了卡尔做的一个特别的防守动作。卡尔很惊讶她在提到这一点时自己内心的感受，他不由自主地说了声"谢谢"。

范·德米克太太感觉到了她与卡尔的关系的这个转变，她在内心中笑了。她相信，这是朝着卡尔把他自己看作是一个能以积极的方式为学校做出贡献的重要的人迈出的第一步。

班　会

(另见"班会［如何对待混乱］"和"班会［如何对待拒绝参与］")

讨　论

很多老师发现，带来改变的最有效和最高效的办法之一，就是运用正面管教中的班会。这个过程给了学生们最充分地开发他们的潜能，并运用他们在学校所学到的学业知识的工具。正如你将会看到的那样，在班会上锻炼的技能，对于在成年人的世界里生存和发展是至关重要的。

1991年6月，美国劳工部发布了由总统乔治·赫伯特·沃克·布什授权的一份联邦报告，名为"劳工部达成必须技能秘书委员会①（简称SCANS）的报告"。这份报告是在与企业主、公共部门雇主、工会会员和领袖，以及工厂和商店的工人和管理人员的讨论和会谈的基础上完成的。

这份报告认为，下面这些能力、技能和个人品质对我们的孩子的未来是至关重要的，并且是在美国的学校教室里应该得到教授和鼓励的。我们在通过正面管教的班会过程能够实现或增强的项目后都标注了一个星号。

---

① 达成必要技能秘书委员会（Secretary's Commission on Achieving Necessary Skill），由美国劳工部于1990年创立，旨在解决美国青少年就业的有关问题。——译者注

五大能力

- 资源能力*：识别、组织、计划和分配资源
- 人际能力*：与他人合作
- 信息能力*：获取并运用信息
- 系统能力*：理解复杂的相互关系
- 技术能力*：运用各种技术进行工作

三类基本的技能和个人品质

- 基本技能*：阅读*，书写*，算术和数学运算*（比如在班会上计划一个项目、派对或外出考察旅行的预算），倾听*以及条理清楚地发言*
- 思考能力*：创性造地思考*，做决定*，解决问题*，想象*，知道如何学习*以及推理*
- 个人品质*：表现出责任感*，自尊*，社会能力*（社会责任感），自我管理*、正直*以及诚实*

除了该报告之外，丹尼尔·戈尔曼博士在 1995 年 9 月提出了情感智力或情商①。情商被定义为共情、合作、说服、达成共识、解读自己的感受、控制自己的冲动和愤怒、自己平静下来以及面对挫折时保持决心和希望的能力。研究发现，情商对于人生的成功是极其重要的。

戈尔曼说，"美国儿童的情商出现了惊人的下降……孩子们的情商的这种全面下降，在很多方面都是比大学入学学术能力测验（SAT）成绩的略微下降更为麻烦的一个社会趋势。情感智力的缺乏与一系列的社会风险有关"，比如退学、打架、少年犯罪、吸毒、少女早孕和饮食障碍。戈尔曼还说："情商的下降率在所

---

① Corpus Christi Caller Times, 1995 年 9 月 11 日。——作者注

有孩子中都是一样的，特权阶层和贫困阶层都一样。"

戈尔曼继续说："参加情商技能课程的孩子在控制自己的冲动、表达共情、与他人合作、控制愤怒和焦虑、专注于一项任务、追求目标和解决冲突的能力上，都表现出了明显的改善。青少年犯罪、打架和吸毒减少了。而且，还有一个额外的好处：考试成绩也提高了。"

正面管教的班会能够满足上面提到的所有情商技能的需要。那些运用班会教给孩子们 SCANS 所要求的各项能力和情商技能的老师们报告说，学生们的纪律问题减少了，而且让学生去校长办公室的情况也减少了。他们有了更多的精力和时间用在真正的教学上。然而，他们得到的最大回报，是知道他们已经帮助自己的学生具备了取得人生成功所需的能力和心态。

建　议

1. 限于篇幅，不可能在这里解释班会的整个流程，读者可以从下面两本书中了解班会的更多信息：《正面管教》[①] 的第 8 章，以及《教室里的正面管教》[②]。

2. 要理解人生技能像学业技能一样重要，如果学生要成为未来职场中的一个卓有成效的成年人，两者必须携手并进。

3. 要每天召开班会（时间为 15～30 分钟），以便学生能学会并记住相关的技能。（初中生和高中生每周召开一次班会就能记住整个过程的步骤，尽管更经常开班会将使他们更受益。）

4. 不要允许学生相互之间使用任何形式的惩罚或责备，或者

[①] 《正面管教》，简·尼尔森著，最新中文版由北京联合出版公司于 2016 年出版。——译者注

[②] 《教室里的正面管教》，简·尼尔森、琳·洛特、斯蒂芬·格伦著，中文版由北京联合出版公司于 2014 年出版。——译者注

造成羞辱或痛苦。如果出现这种情况，要停止班会，并重新教给学生们相关技能。另一种可能的处理方式是问一些导向性的问题，例如"你们有多少人认为我们是在寻找能帮助和鼓励他人的解决方案？""你们有多少人认为我们是在提出使人痛苦和丧失信心的建议？""我们在这里是为了相互帮助，还是为了相互伤害？"通常，这些问题就足以将学生（有时候是老师）试图责备别人转变为努力寻找解决方案了。

5. 要熟悉班会为什么失败的 6 个原因：

A. 没有坐成一个圆圈

B. 没有定期开班会（小学每周 3 ~ 5 次，初中和高中每周一次或者两周一次）

C. 不信任班会的过程，因此没有给学生们留出时间来学习有效地开班会的技能

D. 不理解甚至所谓的打小报告的问题也为练习班会过程提供了机会，或者不理解一次又一次地解决类似的问题提供了练习的机会

E. 不相信学生的能力，用高人一等的口气跟他们说话

F. 没有顺着圆圈的顺序让每个学生都有机会发言

提前计划，预防未来的问题

1. 要花时间教给学生有效地召开班会所需要的观念和技能。《教室里的正面管教》中有效地召开班会的八项技能是（1）围成一个圆圈，（2）进行致谢和感激，（3）尊重差异，（4）运用相互尊重的沟通技能，（5）专注于解决方案，（6）角色扮演和头脑风暴，（7）运用议程和班会程式，以及（8）理解并运用 4 个错误目的。全国各地的老师们都证实，当他们花时间教这些技能时，他们的学生在学习班会过程中就会少经历一些困难。

2. 很多父母对班会有疑问，甚至害怕班会。在学年一开始，要给你的学生们的父母写一封信，解释你将在你的教室或整个学校施行新的计划——"以班会为特色的教室里的正面管教"。要列出这个计划能给学生的一生以及学业带来的好处。（更好的做法，是从 http：//wdr. doleta. gov/SCANS 下载一份 SCANS 报告的概要，并把这份概要和你的信一起寄到学生的家里，在信中说明班会将会遵循 SCANS 的指导原则。要了解关于情商的重要性的更多信息，可以联系耶鲁大学社会和情感学习促进会。）你可能还想邀请父母们来你的教室观摩一次班会或教授社会技能的活动。你对班会的热情将会感染父母们、学生们和同事们。

3. 在家长-教师会议上，让学生们演示教授班会技能的活动，或者开一次真实的班会。

激发灵感的故事——班会的力量

迟做总比不做好

戴茜·宾福德是中学老师。她的学生来自于德克萨斯州南部一个西班牙语居民聚居区。一些学生经常带着刀和枪来学校，少女早孕率很高。在运用班会之前，宾福德老师已经尝试过很多方法。她有时候想放弃教学，因为她做的任何事情都不管用。当她听说班会时，她已经厌倦并丧失信心了，她确定尝试这个最新的主意不会有任何损失。当宾福德老师开始与她 7 年级的学生们开班会时，已经是一月下旬，这一学年已过去大半。没用几个月，打架在她的教室里就不再发生了，更多的时间被用来教课程内容而不是用来"灭火"，而且，她和学生的关系也改善了（她意识到她不再害怕他们了）。到这一学年结束时，宾福德老师精力饱满地期待着下一学年一开始就定期召开班会。

行为的转变

来自德克萨斯州奎罗市约翰·卡贝尔法语小学 1 年级老师金·克拉特（Kim Clutter）的故事

有一年的 10 月，我接受了在教室里运用正面管教的培训。尽管很兴奋，但我对于开始开班会还是有一点紧张。我的班里的一个小女孩，在上一年（在幼儿园）的大多数时间都是在校长办公室里度过的。她极其爱捣乱，表现出的更多是典型的 3 岁孩子的行为。从知道她会到我的班上来开始，我就一直在担心，但是，作为一个善于维持纪律的人，我觉得我肯定能处理好。这个孩子有严重的低自尊，并且憎恨学校和她自己——以及所有的事情和所有的人。尽管她相信自己很愚蠢，但她其实相当聪明。她被诊断患有注意力缺乏多动症（ADHD）并且在服用药物，但仍然有很多问题。

在那一年的 1 月，我开始认真地运用班会。这是我在这一学年里对这个特别的孩子采取的唯一办法。首先，在训练过程中，我角色扮演了与这个小女孩之间的一个问题，我扮演她的角色。这给了我一个和她打交道的全新视角。

接下来，我给全班的学生谈了要做一个帮助别人的人。我向他们解释，对于这个小女孩来说，很多事情是特别困难的，她需要我们所有人的帮助。他们真的都变成了老师。他们提供了那么多的帮助和支持，并且很有耐心。在一次早间班会上，我们让她坐在圆圈中央并给她鼓励。在这一学年之后的时间里，她都为此满脸笑容。学生们喜欢班会，并且通过班会真正学会了帮助这个孩子，以及相互帮助。

在每一学年结束时，我都会让我的学生们填一张表放在他们的课桌里，留给下一年的学生。这张表会告诉下一年的学生我的班级是什么样的，他们喜欢它的哪些方面，不喜欢它的哪些方面。在下一学年开始之前，我不会去看这些表。当我看到这个小女孩填的表时，我哭了。她说她喜欢我的班级，因为大家都关心她。这正是我希望她在这一学年里收获的东西。

关于 CD 播放机的解决方案

来自加拿大安大略省多伦多市圣禧年天主教学校 1～8 年级法语老师洛雷塔·塞德兰（Loretta Sedran）的故事

我的 7 年级班里是一群很有挑战性的孩子——从学业困难到行为问题。学生们把他们在教室里遇到的一个问题告诉了我。在每个学年开始的时候，每个班级都会配发一台 CD 播放机。刚用了五个星期，他们的 CD 播放机就在一次午间休息时被弄坏了。老师很生气，而校长更加生气。没有人承认是自己弄坏了 CD 播放机，而这件事情就这样放下了——直到要举办一场舞会。这时，校长决定，因为 CD 播放机的事情，不允许这个班级去参加舞会。

当学生们跟我谈到这件事情时，我建议我们开一次班会，并用头脑风暴想出解决这个问题的一些办法。在我们围成圆圈轮流发言时，我们记下了所有的建议，然后投票选出了全班同学都想尝试的一个。他们决定，他们每个人要为这次舞会交 5 加元，其中的 3 加元用来买舞会的门票，2 加元作为 CD 基金。一开始，那些与损坏 CD 播放机没有任何关系的学生认为："我为什么必须为我没有参与的事情付出代价？"我们讨论了这个问题，大多数人都投票支持了这个选择。他们认为，能去参加舞会是值得的，即便他们不得不多付 2 加元。

他们接下来做的事情是，希望那个想出这个主意的学生把他们的决定去告诉校长和老师。我们邀请他们来参加了班会，那个学生解释了这个解决方案。每个人都觉得很好。新 CD 播放机买回来了，而学生们也去参加了舞会。同样有意思的是，当班里有了一个新 CD 播放机时，他们决定，除非有一个老师在教室里，否则不能使用 CD 播放机。

一个很酷的概念

来自加拿大安大略省多伦多市伍德布里奇镇圣凯瑟琳学校 2 年级老师斯蒂芬妮·科韦塞（Stephanie Corvese）的故事

就在前几天，我去年教的一个学生经过我的教室，和我攀谈起来。他急匆匆地走进我的教室，并说我是怎样给班级带来了一些改变。我问他在我的班里最棒的事情是什么，他咧着嘴笑着说："班会。是的……它们很酷。"

致谢的荣誉

来自加拿大安大略省多伦多市伍德布里奇镇圣凯瑟琳学校 2 年级老师琳尼·斯塔隆（Leanne Stallone）的故事

致谢在我们的班会上很管用。孩子们喜欢致谢，他们喜欢自己计时，看看大家致谢要花多长时间。一开始，他们的致谢要花 7 ~ 10 分钟。到这一学年快结束时，只用 2 ~ 3 分钟了。一个小男孩特别喜欢致谢，以至于有一天他跳到圆圈中央，告诉孩子们和我今天我们必须向他致谢，于是，那一天，每个学生都向那个小男孩致了谢。他的脸上在很长时间里都挂着微笑，这极大地增强了他的自信。所以，从那以后，学生们轮流坐到圆圈中央来得到大家的致谢。

家长会

讨 论

太多的时候，家长会都令人生畏。如果学生做得不好，无论是父母还是老师都害怕受到责备和批评。那些做得不好的学生会感到沮丧。而做得好的学生会感到要保持好成绩作为自己价值的证明的巨大压力。

要拓宽思路，想一想家长会可以成为什么样子。要记住，一种相互尊重的氛围对家长会的成功是很重要的。要考虑超越只有父母和老师讨论学生情况的传统模式。尽管本意是为了帮助学生，但在学生不在场和参与的情况下，谈论他们、为他们设定目标、做出有关他们的决定是不尊重的。让学生参与讨论才是更尊重的，并且能带来更多的好处。父母-老师-学生三方会的目的，是鼓励作为一个拥有共同目标的团队中的学生、老师和父母，并赋予他们力量。

建　议

1. 要感谢学生和父母参加三方会。要花些时间分享作为一个团队一起工作的目的和好处。

2. 先讨论学生哪些方面做得好。让每个人轮流说学生的一个长处，并让学生先说。

3. 接着要讨论哪些方面需要改进。同样，要让学生先说。学生知道自己哪些方面需要改进，而且，当由他们自己说出这些方面时，他们会感到更安全。

4. 用头脑风暴想出加强做得好的那些方面的主意。

5. 用头脑风暴想出鼓励改进的主意。

6. 选择一个三方都同意的加强做得好的那些方面的主意，并选择一个三方都同意的鼓励改进的主意。不要忘记问学生他或她觉得哪个主意最有帮助。

7. 要记住在开三方会之前或者在其进行中将本书作为一个参考，以便更好地理解一个具体的顾虑或问题，在头脑风暴时取得更好的效果。

提前计划，预防未来的问题

1. 提前为三方会的谈话设定基调。要告诉学生及其父母："我们可以一起努力来相互帮助和相互鼓励。"

2. 事先让每位父母以及学生填一张表：

父母–老师–学生三方会准备表

做得好的方面：＿＿＿＿＿＿＿＿＿＿＿＿＿

需要改进的方面：＿＿＿＿＿＿＿＿＿＿＿＿＿

加强做得好的方面的主意：＿＿＿＿＿＿＿＿＿＿＿＿＿

鼓励改进的主意：＿＿＿＿＿＿＿＿＿＿＿＿＿

3. 要确保学生真正同意选择的建议，而不只是为了让你别再烦他。

激发灵感的故事

《用你的长处高飞》[①] 一书的开篇，讲了一个有趣的寓言故事，一只鸭子、一条鱼、一只老鹰、一只猫头鹰、一只松鼠以及一只兔子上同一所学校，这所学校的课程包括奔跑、游泳、爬树、跳跃以及飞翔。当然，所有的动物都在其中至少一个方面拥有优势，但他们在其他方面注定会失败。当看到小动物们的父母和老师坚持认为他们要"毕业"就必须在每个方面都做得很好，

---

① 《用你的长处高飞》，唐纳德·O. 克利夫顿、葆拉·纳尔逊著，（纽约：Dell，1992）。——作者注

并且要成为无所不能的动物，而使小动物们遭到惩罚并产生挫败感时，真的让人很难受。

这本书的一个主要观点是："只有通过着眼于长处并控制自己的弱点——而不是消除弱点——才能造就卓越。"

要教学生们控制自己的弱点，并用自己的长处高飞。当老师们坚持学生要努力拿到全 A 时，学生们学到的就是平庸。有时候，老师们甚至通过剥夺学生花在他们最擅长的科目（会让他们感觉受到鼓励）上的时间来惩罚学生，直到他们在其不足的方面（会让他们感觉沮丧）取得改善。相反，老师应当教给学生为其不足的方面留出足够的时间以保持进步，而把他们的大部分时间用在继续培养自己的长处上。

第 *2* 部分

正面管教解决方案

班会 （如何对待混乱）

班会能够让学生们了解和练习相互尊重。然而，学生们可能不习惯在这种场合运用尊重以及他们拥有的权力。他们可能习惯了老师设法通过惩罚和奖励来解决所有的问题。他们可能习惯了为问题追究责任和找借口，而不是寻找解决方案。他们可能会认为惩罚是激励彼此的最好办法。

在学生们学会有效地召开班会的技能，并了解尊重的解决方案的价值之前，老师们可以料想到在班会上会出现混乱。

建 议

1. 如果你发现自己在唠叨学生们围成圆圈时的行为，要停止唠叨。要问这样的问题，以便让班会回到正轨："你们有多少人认为我们现在是尊重的？""当同时有不止一个人说话时，你们有多少人能听清？"

2. 说出问题，并且寻求学生帮助解决这个问题。

3. 说出你看到的情况："我注意到我们的圆圈变得不圆了。"

4. 参照班级制定的"班会上可接受的行为"清单。（见下面"提前计划，预防未来的问题"中的第 1 条）让这个清单说了算。要问："谁能看出来我们现在违反了哪条约定？"当清单上的某一项不管用时，要让学生们对其进行讨论并找到可能更有效的解决办法。

5. 如果一个学生不停地干扰班会，要在私下跟他说："蒂姆，我注意到你干扰了圆圈里坐在你身边的人，并且我在不停地让你停下来。我们能怎样解决这个问题，以便我能停止唠叨呢？"

6. 如果这种干扰依然存在，要问这个学生，换到圆圈中的其他位置是否能帮助他做到尊重他人，或者做"积极的暂停"直到他感觉能够做到尊重他人是否会有帮助。

提前计划，预防未来的问题

1. 花时间训练。让学生们讨论围成圆圈开班会时可能会出现的行为问题。要确保他们谈论的是为什么这些行为可能会干扰班会过程。让学生们列出一份可接受的行为方式的清单（并且要讨论一下这些行为为什么是恰当的或不会扰乱班会），然后，让他们角色扮演这些行为。要把这张清单贴在教室里。

2. 问学生们对如何安排圆圈才能让班会受到的扰乱最少有什么建议。倾听他们的想法，并对他们的建议作出评价。要让他们发挥创造性。如果他们一开始提出的办法不管用，要对其进行讨论，并让他们想出一些新的可能的办法。

激发灵感的故事

来自佐治亚州玛丽埃塔市洛基山小学幼儿园辅助员芭芭拉·伊万杰利斯塔（Barbara Evangelista）的故事

我们尝试了几种帮助每个人为班会做好准备（把椅子摆成圆圈、坐好并安静下来）的办法。然后，我们决定唱下面这首歌（按照"如果感到幸福你就拍拍手"的曲调）。当学生们唱完歌的时候，每个人都坐在围成圆圈的椅子上，并准备好开始相互致谢了。

如果准备好开班会，你就请坐下。
如果准备好开班会，你就请坐下。
如果准备好相互帮助，解决问题，你就致谢，
如果准备好开班会，房间里听上去是这样的！

到歌曲结束时，教室就安静了下来，而学生们会开始开班会。他们喜欢这首歌，并且在做其他活动时也经常唱这首歌。这是一种让每个人都做好准备的积极而有趣的方法。

班会（如何对待拒绝参与）

讨 论

有时候，一个学生会抗拒参加班会，甚至会试图在其他人开班会时捣乱。学生们习惯了那种造成一方占上风一方处于下风的

管教方式：老师告诉一个学生去做什么，学生不加思考地服从或反抗。因此，学生们可能发现很难转向一种更加尊重、平等的相处方式。对学生们来说，把班会看作是参与决策、找到归属感和个人价值感以及以积极的方式运用权力的一种工具，通常是需要花时间的。我们一次又一次地告诉老师们："要相信班会的过程。它所带来的长期好处是值得为其花费的时间的。"

建　议

1. 要把学生拒绝参加班会看作是一个班级问题，而不是一个老师与学生之间的问题。要让学生们谈谈他们对此有什么看法以及对一个解决方案的想法。

2. 不要想当然地认为你知道一个学生不参加班会的原因。要保持好奇心；要问"什么""怎样"和"为什么"的问题。让学生们讨论为什么一些同学可能不愿意参加班会，以及班级能做些什么让班会对每个人都更有吸引力。

3. 要记住，班会是课程设置的一部分，不是学生们可随意选择的。因为他们不能选择不参加班会，所以，要让你的学生选择班会的安排。学生们可以就何时召开班会以及开多长时间提供意见。

提前计划，预防未来的问题

1. 要让班会变得有趣。学生们对班会的期待应该不只是为了解决问题，也应该是作为一个班级一起度过的快乐时光。

2. 要跟你的学生们谈一谈学校通常怎样用惩罚和奖励来处理管教问题。要把班会作为一个练习做决定以及拥有积极的力量的机会，作为与成年人替他们做决定或压制他们完全相反的体验介绍给他们。

激发灵感的故事

艾瑞听着冈萨雷斯夫人向他和他妈妈介绍他的新学校的课程设置。设置的课程似乎都很熟悉，除了称为"班会"的那一部分。他妈妈问了几个问题，并且很兴奋艾瑞将参与到规范行为的过程中，这和他原来的学校有很大不同。当艾瑞听两个大人谈话时，他已经决定了不参加那个愚蠢的班会。

来到冈萨雷斯夫人的班里的第一天，艾瑞坐在开班会的圆圈里，但他拒绝说话。他不向别人致谢，甚至不理会其他同学向他致谢。最后，艾瑞在上课前去找冈萨雷斯夫人，并告诉她，她的班会很愚蠢，而且是在浪费时间。他说他可以更好地利用这段时间，并且想把这段时间用来在图书馆里看书。

冈萨雷斯夫人告诉艾瑞，她感谢他花时间让她知道他对班会的感受，她说她已经注意到他没有参与进来。她向艾瑞解释说，班会就像任何其他科目一样，是必须出席的。她说："艾瑞，由于出席是强制性的，你可能会感到怨恨。但我想让你知道，你在这个问题上也有一个选择。你可以出席班会但仍然选择不说话，或者选择发表意见和参与讨论。"冈萨雷斯夫人再次感谢艾瑞把他的感受告诉了她。她建议他可以把他的想法放到班会议程上，并和其他人一起分享。

在大约一个星期的时间里，艾瑞对班会一直感到怨恨。但之后，他开始对发生的事情变得有兴趣了。没过多久，他就参与了进来，就好像他一开始就是这么想的一样。

搬　家

讨　论

当一个学生的家搬到一个新地方而这个学生必须离开自己的学校时，离开的学生和留下来的学生都会体验到变化和失去。这对所有的学生来说都是一个机会，懂得为失去和变化而感到伤心是正常的。搬走的学生可能还会懂得，变化能带来丰富生活经历的机会。要通过让学生参与制订应对变化的计划，并鼓励他们说出自己的感受，来帮助他们顺利度过这个转换期。

一些学校的学生转学率非常高。大约每个月都会有学生搬走。这会给班级以及学生们的生活造成极大的干扰。

建　议

1. 要了解学生对搬家有什么感受。不要想当然。有些家庭经常搬家，并且喜欢居住在新地方所带来的挑战与机会。另外一些家庭在搬家时会有丧失感，对待搬家的反应就像对待死亡的反应一样。正如对待任何失去一样，悲伤是恢复过来的一个必不可少的部分。

2. 当一个学生知道他或她要搬走时，要让全班同学都参与进来。要在班会上给学生们机会分享他们的感受和想法。

3. 要确定一种与离开的学生通信的办法。让学生们用头脑风暴想出保持联系的方法，例如安排一次回访、交换学校的照片、互换自己的地址、用贴有邮票的信封鼓励相互写信。

4. 当一个学生出乎意料地离开时，要确保他的同学有时间分享他们对此的反应。要在不侵害任何人的隐私的情况下，把你了解的信息尽可能多地告诉他们。这个学生有可能是一个其他学生都不喜欢的丧失信心的孩子。如果是这种情况，要提醒学生们"一个行为不良的孩子是一个丧失信心的孩子"。如果有可能找到这个学生的新地址，要问学生们是否愿意寄去一张写满他们能想到的所有致谢的鼓励卡片。

5. 在可能的时候，作为一个群体，大家至少要与离开的学生联系一次。要寄去一张照片、一张班级墙报、一封大家一起写的信或是学生个人写的信。

提前计划，预防未来的问题

1. 很多美国人不停地搬家。父母们会因为军事任务、经济上的机会或困难，以及文化倾向重新安顿家庭。要审视一下你自己对这些不同原因的态度。要防止可能会影响到你对待一个特定的孩子的负面的主观臆断。

2. 要告诉你的学生你经历过的一些转换期。要跟他们说说你曾经面对过的恐惧和不确定性，以及你在这个过程中的成长。这是分享个人经历的时间，而不是说教的时间。

激发灵感的故事

星期二早上 8:30，瑞德夫人的 4 年级教室里看上去一如往常。一些孩子注意到艾米的椅子空着，认为她是因为感冒请假了。没有人将她的缺席归因于不寻常的事情。

在同学们安静下来后，瑞德夫人站起来宣布了一件事情。她告诉她的学生们，艾米不会再来班里了，因为她搬到了北边去与她的祖父母一起生活。

出现了一阵短暂的沉默，学生们在努力理解艾米的突然离开。然后，一些学生开始追问瑞德夫人，问艾米为什么必须离开，为什么她要和她的祖父母一起生活，为什么她没有说再见，以及谁来接手她在社会研究项目中的工作。一个学生指出，艾米甚至还没有拿走她课桌里的东西。

学生们的问题加重了瑞德夫人自己的困惑，她不知该如何回答。她告诉学生们，他们的问题都很好。她承诺，今天会努力解决大家关心的一些问题，而其他的问题要等到她对艾米的离开有更多了解之后再进行讨论。

瑞德夫人说了她自己的不安，并让学生们说出他们的感受，特别是对于没有说再见的感受，并让大家讨论可以如何调整班级项目的计划。他们安排了以后继续讨论的时间，并决定在此期间制作一份礼物送给艾米。

在午餐时间，瑞德夫人与艾米的妈妈通了话，并告诉艾米的妈妈她和学生们都很担心，希望对事情有更多了解，并且想知道他们怎样才能把礼物送给艾米。艾米的妈妈感谢了瑞德夫人的关心，并让她转告学生们，家里出现了变故，艾米的父母已经决定，在这一学年之后的时间里，让艾米和祖父母住在一起会更好。

在之后的班会上，瑞德夫人向她的学生们转述了艾米母亲的话。当他们追问细节时，她提醒他们需要尊重别人的隐私。然后，她承认艾米的离开对全班都是一种损失，并通过让学生们描述他们经历失去的其他时刻来继续讨论。这次讨论后来变成了讨论当人们经历不同类型的失去时能做些什么。

通过表达出自己的感受，并制订计划来适应艾米的离开，艾米的同学们找到了情感的慰藉，并有了一种解脱感。

帮　派

讨　论

年轻人加入帮派有很多原因：他们可能遭受着低自尊（或者不健康的高自尊）、充满压力的家庭生活、同龄人压力、糟糕的学业成绩、一个令人沮丧的环境、没有成年人的支持、意识不到其他选择，以及感到无助和无望。然而，在所有这些因素背后，是年轻人对归属、感觉自己有价值和重要，以及拥有生活的目标的需要。看看不良行为的四个错误目的（见第 10 ~ 19 页，"错误目的"），很明显，年轻人可能会为了得到关注、权力、寻求报复以及（或）出于绝望（当他们放弃了在社会中的任何其他地方寻找接纳时）而加入帮派。帮派是一个家庭，年轻人在那里能找到他们在其他地方无法找到的一种身份认同感、归属感以及目标。

在 1991 年 9 月《推进教育领导力》发表的一篇文章中，莉莉娅·洛佩兹写道：

参与犯罪和暴力活动的学生数量在全国都在增长；教育工作者必须采取行动以扭转这种趋势。对罪犯更严厉的判决并不是解决办法。相反，我们必须开始让孩子们在很小的时候就确信他们是独一无二的、特别的和有价值的。那些有一种健康的自我价值感的人不会倾向于犯罪或伤害他们自己、他们的家庭或社区①。

---

① 莉莉娅·洛佩斯，"让孩子远离帮派"《推动教育领导力》，1991 年 9 月，第 28 ~ 30 页。——作者注

在这篇文章中，洛佩兹女士继续写道：

学校在我们孩子的生活中有一个至关重要的功能。教育工作者必须确保当学生们在学校时，每一件可能要做的事情不仅要服务于学业的需要，还要服务于社会、情感和身体的需要。必须要为学生们提供各种选择，以便他们在我们的世界中能变成富有成效的、有贡献的公民。

以班会为特色的正面管教体系，能够满足学生们社会能力和情感的需要，以及他们在学业上的很多需要。班会的过程具有预防孩子们到街上去形成身份认同感、情感连接和归属感的潜在力量。它还会在学校里创造一种强烈的家庭感——这会给很多来自于丧失信心的家庭的孩子提供情感支持和技能培养的机会。

建　议

1. 不要运用惩罚或控制的方法，这会激起抵制和反叛。（更多信息见第 29～34 页"奖励和惩罚"）

2. 定期召开的班会将有效地提供一种归属感和价值感。在班会上，学生们会体验到得到倾听、得到认真对待，以及自己的想法和主意得到考虑是什么样子。他们会体验到归属感和价值感。

3. 定期召开的班会会培养社会责任感。学生们将学会相互帮助，而不是相互伤害。他们将学会相互尊重。这有可能减少或消除帮派中的暴力行为。

4. 定期召开的班会能教给学生们重要的人生技能：如何沟通、解决问题，以及寻找非惩罚性的解决方案。这会教给学生们用话语解决问题，而不是用武器。

5. 要看到，当你通过班会教给学生们社会责任感、相互尊重以及解决问题时，他们就会是有益的人。当学生们感到被赋予力量并且学习各种技能时，他们的帮派活动可能就会被转到做贡献上（见下面"激发灵感的故事"）。

6. 要记住，正面管教的目标是找出解决办法，而不是要找出需要责备的人，要让加入帮派的学生参加某种形式的社区服务，这会让他们有机会体验到一种归属感，并且以一种积极且富有成效的方式产生影响。

7. 不要依据学生的着装做出想当然的假定。有些学生选择的可能是典型的帮派着装风格。在想象他们可能是什么样的人之前，要去了解你的学生。

提前计划，预防未来的问题

1. 要记住，帮派的形成并不是什么新东西——无论它们被称为氏族、部落或者团队。自从有人类开始，人们就走到一起，为的是形成一种归属感、实现共同目标，以及增强每个人的身份认同。处理帮派活动，主要是通过建立一个学生们感到有归属和自我价值感的班级来进行预防的问题。运用班会将会建立一个正面的班级"帮派"。所有成员都因为他们对集体做出的贡献而受到重视并得到尊重。

2. 要与你的学生培养信任和尊重的关系。大多数学生都会被那些对自己表现出真诚的兴趣的成年人所吸引。一旦学生们与至少一位关爱他们、身心健康的角色榜样建立起情感连接，出现暴力帮派活动的可能性就会减少。

3. 要让你的学生们讨论人们加入帮派以及参与暴力或犯罪活动的原因。有时候，一次坦率的交流会让你对怎样有效地处理一个问题有更多的洞察。要在讨论（不要将其变成一次说教）中包括长期效果的问题。

4. 不要忽略回顾和讨论历史上对世界产生正面影响的帮派与群体活动。黑人民权运动就是一个例子。

激发灵感的故事

海伦·麦迪娜在帮派成员中运用"培养有能力的人（DCP）"：与简·尼尔森的一次对话[①]

与海伦·麦迪娜的对话关注的是"培养有能力的人（DCP）"课程如何改变了她的生活，以及她如何运用"培养有能力的人"赋予说西班牙语的父母们力量。我被迷住了。当我听到她与帮派成员共事的革命性的主意时，我对她充满敬畏。

简：我听说你在与帮派成员一起工作。

海伦：我要把它当作一个成功的故事，因为我认为，如果我从未遇到"培养有能力的人"的概念的话，就不会为我打开所有这些大门，其中之一是能够给予那些高风险的学生一些东西。

很多时候，我们往往会忽略并不是所有的人都真的像我们认为的那样有能力。我们往往会认为，所有老师都具有与学生们分享有效的人生技能的能力。而事实是，仅仅因为他们是教育工作者，并不一定就意味着他们具备教给孩子们成长为成功的人所需要的所有技能的能力。我从事教育工作已经 18 年了，在参加了"培养有能力的人"领导力培训之后，我现在才感觉自己具有了这些能力。

我想开始与那些极度危险的学生一起工作。我说的是极度危险，对我而言，这就是那些进过监狱并且是活跃的帮派成员的学

---

① 这篇文章第一次发表在 1993 年秋季刊的《赋予人们力量的书籍、磁带和录像的通讯》。海伦·麦迪娜获得 1986 年度移民教育家奖。——作者注

生。其中的一个刚刚出狱，而且，简，你不知道这怎样改变了我的生活。这让我用一颗不一样的心来看待这些特殊的人。他们处于危难中；我深深地爱着他们。我不看他们的穿着（那些表明他们是帮派成员的服装），而且，你知道他们有梦想吗？他们中有一个特别想成为一名老师。我已经把他招入我的团队中了。我会带其中两个帮派成员参加一个三天的会议。而且，我知道，当我和他们参加完会议后，他们就已经上道了。对我来说，这实在是极大的成功。我已经有了很大的成长。我已经从这两个年轻人身上学到了那么多东西。

简：你做的事情听上去太神奇了，而且确实神奇。你怎样接近他们并让他们信任你呢？大多数帮派成员看上去都非常好斗和冷酷。

海伦：简，我想，使我能够接近他们的一个关键，是他们能分清谁只是出于工作职责而试图与他们谈话，谁是出于真情并带着对他们全部的爱和尊重，并把他们作为人来看待。而这就是我所做的。正如我说过的那样，我不看他们穿着什么服装。我不把他们当作帮派成员或高度危险的人物来对待。我甚至叫他们 mijo，这个词代表的意思是"我的儿子"。在和我的学生们说话时，我经常用到这个词；他们不是乔尼，或胡安，或苏珊，或任何人。对麦迪娜夫人来说，他们都是 Mijos 和 Mijas——"我的儿子们""我的女儿们"。在我迎接他们时，我会拥抱他们，并说："我非常高兴你能来这儿。我今天真的需要你！我们将学习很多东西！而且你知道吗？麦迪娜夫人将从你那里学到很多。"而且，这是我会让他们感受到的一件事情——我需要他们。他们来这里是为了教我的。当我犯了错误时，我会让他们知道我在成长，我始终在成长，而且我从他们那里学到了那么多。是他们在帮助我成长。

我猜他们能感受到这一点。我喜欢这样。我告诉一些人，如果给我一份和高度危险的青少年打交道的全职工作，我将毫不犹豫地离开我的教室并去他们身边，因为他们是最需要帮助的人。而且，他们是这个国家的未来。然而，他们一直是隐藏起来的，他们需要有人——以及像"培养有能力的人"这样的概念——帮助他们成为有能力的人。

简：你认为他们能离开他们的帮派吗？

海伦：我并没有把"帮派"的概念看成坏的。帮派提供了他们在家里缺失的一些东西。我认为坏的是他们在帮派里做出的选择。帮派可以被变成正面的。

简：多么好的主意啊！

海伦：我鼓励他们留在帮派里，但我说："让我们去社区帮忙吧！"我从不抨击帮派；对我来说，它是一个家庭。我把帮派看作是他们的"家庭"，因为他们在那里得到认可、受到欢迎，而且，嘿，如果我的感受跟他们的一样，并且有一个人过来跟我说："你想去一个地方吗？在那里我们会认可你，我们会爱你并保护你。"我会跟着去的。我不在乎它是否被称为帮派。我努力在做的是在帮派里工作，并改变他们的精力运用的方向。

简：这真是太奇妙了！你在刚开始的时候谈到一个项目，你和帮派成员一起工作，以教给他们"七项重要的感知力和技能"和"培养有能力的人"。

海伦：是的。我当时想："如果他们没有机会练习这些技能，他们怎么能有其他办法内化这些概念呢？"所以，我和他们一起练习七项重要的感知力和技能（在第 20～24 页"自尊"中有介绍），每次练习一项。我用 3～4 次课将它教给了他们。我做了大量的角色示范，因为我感到如果我坐在那里只是告诉他们这些内容，他们永远不会真正相信它，就不会将其内化。

简：你说的角色示范是什么意思？

海伦：让我带你进入我们的项目的下一步。有四个学生是帮派成员，我正在培训他们成为"培养有能力的人"的带领者。我培训他们七项重要的感知力和技能中的一项，然后，在星期五，我们和我们学校里被确认为高风险的 3～6 年级的孩子见面。我们把这些孩子分成我们称之为"部落"的团队。这四个男孩分别是其中一个部落的首领，他们全权负责自己部落中的孩子。然后，他们必须做出我教给他们的那项感知力和技能的榜样，并在这些高风险的孩子中运用。我实际上通过大量的鼓励建立起了他们的自尊。然后，当他们到自己的部落中时，会将其用于实践，而我会走开。现在由他们来负责。你应该去看看他们！没有贬损。在讨论时顺着圆圈说"过"或发言。这里分享的事情一定不能外传。而且，每个人都得到了尊重和尊严的对待。你永远不会相信这些是高风险的孩子，因为当他们在负责自己的小组时，就像这样，"好，伙伴们，加油，我们集合吧。让我们从今天的活动开始吧。"我把课堂计划写在了黑板上，然后就离开了教室。偶尔，我会走进来，微笑着转一转，"你们做得很棒！我对你们的头脑风暴技能印象很深刻！"我会走一圈，并肯定每一个人。再说一次，这只是让他们知道我就在旁边的一种方法；然后我就出去了。

他们是老师。我认为，让他们内化并真正相信"培养有能力的人"的各项原则的最好办法，就是让他们在其他人身上运用这些原则。

简：多么美妙的一个概念啊！我喜欢转变他们在帮派里中的行为，而不是试图消灭"家庭"的想法。

贬损（一般性的）

（另见"贬损［年龄大的学生］"）

讨 论

有时候，学生们会贬损他们实际上钦佩的同学："那个女孩可以吃掉看到的所有东西，但她仍然瘦得像竹竿一样。"这可能是想要赞美。但是，有趣和造成痛苦之间的分界线是很容易被跨越的，这会导致情感受到伤害，甚至是绝望。无论是孩子还是成年人，都不是很擅长分清这种界限。当然，有些贬损的目的本来就是恶意的："哪怕我们给比尔两个座位，他也无法坐进去校外考察旅行的车里！"这可能会让知道自己体重超重的比尔哭起来。

孩子们相互之间可能会极其无情，而且，他们常常会相信自己听到的侮辱的话，即便大人尽力向他们保证事实并非如此。肖恩有一次告诉玛丽，她的头发太卷了，看上去就像是她的手指插进了插座里。从那以后，玛丽就开始讨厌自己的卷发，无论她的父母和同伴多少次感叹她拥有自然卷曲的头发是多么幸运的事情。

建 议

1. 让相互贬损的学生记录下他们贬损别人或被别人贬损的次数。通过客观地收集数据，孩子们可以看到事情的真实全貌。如果一个学生声称："杰克总是贬损我。"老师可以问："'总是'是多么频繁？一天一次，一小时一次，一分钟一次？"通过了解事实，两个学生都可以认识到问题比他们想象的小还是大。

2. 要与涉及到的学生开一次解决问题的会议。要问每个孩子是否被对方的侮辱伤害了。贬损是被用来得到关注、显示权力，还是威胁一个弱小的同学？运用这一信息做头脑风暴，找出可能的解决方案。

3. 要鼓励学生们在因为一句话而感觉情感受到伤害或感到尴尬时表达自己的感受，并让对方知道。

提前计划，预防未来的问题

1. 教学生们知道话语会伤人。当有人说出让提到的人感到屈辱或受到伤害的话时，那就不是幽默。真正的幽默不会造成痛苦。

2. 让全班同学从电影、电视节目、书籍和杂志中寻找贬损的例子，并在班里分享和讨论。要问学生们："这是有趣，还是伤害？为什么？""两者的区别在哪里？"

3. 在班会上讨论贬损，通常就足以帮助学生们意识到他们能给别人造成多么大的伤害。他们通常不是故意要伤害别人——他们只是想得到关注，或者显得强大和聪明。

4. 当贬损在班里是一个普遍的问题时，要把这个话题放到班会议程上。大家可以分享个人对贬损的理解、他们为什么相互贬损，以及贬损是被认为有趣还是伤害。然后，一起用头脑风暴达成一个如何对待贬损的话的约定。这个约定可以包含一个建议：任何一个开始打算贬损别人的人，都应该尽量把要说的话变成一句致谢。

用班会解决问题

来自北卡罗莱纳州夏洛特市莎伦学校的心理咨询老师苏珊娜·史密莎（Suzanne Smitha）的故事

101

一个一年级的孩子有严重的体臭。一些孩子对他的气味说了贬损的话。那些坐在他旁边的孩子有时会问老师，他们是否能离他远一点，因为他的气味太难闻。

然后，有一天，一个孩子把这个问题放到班会议程上了。老师很担心这个男孩的感受，不愿意让全班同学当着他的面讨论这个问题。她没有单独提出他的问题，而是向全班同学提出了一个问题，问他们为什么有人有时候来学校时身上的味道不是最好的。孩子们提出了很多想法：可能是洗衣机坏了，家里没办法洗衣服；可能是一个孩子和弟弟或妹妹一起睡，弟弟妹妹晚上尿床了；可能是父母不得不工作到很晚，没有机会洗衣服。

然后，老师问一个人不洗漱就来学校可能会有什么感受。孩子们用各种各样的词描述了他们可能会有的感受。"处于这种情况，一个学生可以做些什么？"老师问。很多有帮助的主意出现了。一个男孩提出让这个孩子随时去他家洗淋浴。老师告诉大家，学校里有淋浴的地方，任何人都可以使用。学校也有干净的衣服可以换。

将这个敏感的问题在这个年龄的孩子中公开讨论，使它变成了一个可能发生在任何人身上并且找到了现实的解决办法的问题。从那以后，孩子们不再那么抱怨体臭了，而那个造成问题的孩子有时会要求使用学校的淋浴。

激发灵感的故事

来自华盛顿州西雅图市舒尔伍德小学 4 年级老师鲍勃·赫普（Bob Huppe）的故事

一个班里的两个男孩经常相互贬损。这个问题开始恶化成了他们之间的其他问题。这时，两个男孩向老师提出了贬损的问题，要求开一次解决问题的会议。

在老师的建议下，两个男孩同意对这个问题做一段时间的记

录。为收集数据，他们一起设计了一个四栏的表格。第一栏是
"赢-赢"，要在这一栏打钩，说的话（两个男孩的）必须是正面
的——说的好话并且听到的是好话。后面一栏的标题是"赢-
输"。这是一个孩子喜欢说出的贬损，但是以对方为代价的。第三
栏是"输-输"。这记录两个男孩都因贬损而陷入麻烦并且都对贬
损感觉很糟的时刻。最后一栏是"输-赢"。与第二栏相对，这是
为一直受到让人感觉受到伤害的贬损的那个孩子准备的。这个办
法的另一个特点是，尽管两个孩子各自都有一张表，但他们必须
对在哪一栏打钩达成一致。

他们按照这个计划执行了一个星期，并且几乎总是能在应该在哪一
栏上打钩达成一致。两个男孩都开始意识到自己多么经常地运用贬损。

在这个星期结束时，两个男孩来与老师进行检查。老师问他
们通过收集数据学到了什么。在他们讨论自己的观察的过程中，
两个男孩都注意到，相比于其他几种话语，他们更喜欢赢-赢的
那种。他们还发现，他们现在相互贬损的时候少了。然而，其中
一个男孩明显比另一个男孩感觉受到了更多贬损，并且对贬损感
觉更糟糕。这对他们俩来说是一个重要的认识。

在对自己的行为及其后果有了更多的认识之后，这两个学生
选择停止贬损。事实上，他们变成了朋友，在这一学年剩下的时
间里经常在班会上相互致谢。

贬损（年龄大的学生）

（另见"贬损［一般性的］"）

讨 论

无论是被称为骂人、贬损、粗暴，还是"不敬"（dissing，

一个在十几岁的孩子中流行的新词，意思是表示不尊重），这种技能都被全国各地的初中生和高中生运用和磨炼着。这些学生不需要相互用刀子将对方砍成碎片；他们用的是舌头。

对于一些学生来说，贬损他人是一种社会生存技能。这是一种与人相处和寻找归属感和价值感的错误方式。学生们可能会用贬损来得到关注。他们贬损他人可能是为了体验权力或进行报复。在一些情况下，说话粗鲁是自我保护的一种方式，让人们不要靠近他。

我们的社会极其需要知道如何发现别人最好的一面的领导者，以及不贬低别人的领导者。今天，很多人失去工作，不是因为他们不具备职位本身所需要的技能，而是因为他们不具备与他人合作的技能。人们只有在感受到一种连接感和参与感时，才能一起很好地工作。当一个人的选择是贬损同事，而不是支持他们，就不会建立任何连接感，一起顺利工作就几乎变成了不可能的事情。找出他人的长处并把这些长处说出来，是一种宝贵的能力。那些培养出这种能力的学生拥有一种真正的优势。经过训练（主要是通过班会），学生们将学会成为好的鼓励者，而不是贬损别人。

建 议

大多数贬损，通过遵循下面"提前计划，预防未来的问题"中的建议，就能很快被阻止。然而，在此之前，要试试下面这些建议：

1. 问问涉及到的学生（既包括"贬损人的学生"也包括"被贬损的学生"），他们是否有人愿意把这个问题放到班会议程上，以便在随后进行讨论并解决问题。

2. 问问双方，做积极的暂停是否会帮助他们冷静下来，直到他们感觉好起来并能够努力做得更好。

3. 建议受到贬损的学生运用"情感诚实"，告诉对方受到贬损让自己有怎样的感受——而不是用贬损来回应。

提前计划，预防未来的问题

1. 开始定期召开班会，并且要有致谢时间。《教室里的正面管教》一书中有教给学生这一技能的活动。

2. 让你的学生们做一个研究项目，记录他们在学校里典型的一天中会听到多少贬损的话。他们可以在一次班会上分享研究的结果。

3. 问学生们对他们为什么会听到这么多贬损的话有什么看法。把他们的回答记录在每个人都能看到的地方。收集信息，而不是试图解决具体问题或对其进行说教，通常就能造成一种更强的意识，减少问题的发生。

4. 讨论一下变得擅长于贬损别人的长期影响。问学生们，他们是否有人打算有一天要工作、结婚或者有孩子。他们未来的同事、配偶或者孩子们有多大的可能会说，"哎呀，我今天已经等不及你贬损我了"？如果学生们认识到他们可能需要用另一种技能来替代贬损他人的技能，就问他们是否愿意每个星期用30分钟的时间来练习感激和鼓励的技能。对于初中生和高中生来说，这将是对班会的一种有效的介绍。

5. 每天都抽出时间让学生们练习互相感激。有些老师有一个感激盒；学生们把写好的感激放进去，老师每天会大声读出这些感激。

6. 通过给予你的学生们鼓励和感激来表明如何鼓励别人。如果你每节课有35个学生，每次要挑出7个学生接受你和他们的同龄人的鼓励或感激。在手边准备一叠纸，写下你对学生们的发现，以便在之后与他们分享。这么做的老师们会惊讶地发现他们的学生变得多么尊重和合作。

7. 要确保你自己的行为不是在为学生做出贬损的榜样。为了增进关系而模仿学生们的行为，不会为学生们树立他们所需要的榜样。

用班会解决问题

> 来自西佛吉尼亚州摩根敦市山景小学 6 年级老师卡洛琳·卡尔（Carolyn Carr）的故事

一个 6 年级的男孩经常取笑别人，用话语骚扰他们。当他贬损别人的问题在班会议程上出现过很多次之后，班里的一个学生再次提出了这个男孩为什么会做出这种行为的问题。一个一直是这个男孩的嘲笑对象的学生提出，他可能在家里没有得到很多关注，并且他可能没有感觉到别人爱他。

尽管这是一个非常敏感的问题，但这个男孩明显被他的同学以这种关爱的方式提出这个问题感动了。很多同学——更不用说被找来提供帮助的老师和辅导员——在讨论过程中都掉下了眼泪。从此之后，这个男孩的行为就发生了显著的变化。

激发灵感的故事

一位老师决定在一所非传统高中运用班会。她的很多学生都是帮派成员，有几个因为蓄意破坏和盗窃进过少年管教机构。这些学生都是贬损人的专家。

在 4 个星期的时间里，老师坚持不懈地让学生们相信班会的过程，并围成一个圆圈。在这一阶段结束后，她开始进行有效班会的第二项技能：相互致谢、感激和鼓励。在为这一步做准备的过程中，老师想向这些学生示范这些技能。她需要一个人坐在圆圈的中心。正好有一位所有学生都喜欢和钦佩的辅导员来参加班会，因此，老师让这位辅导员作为坐在他们的"鼓励椅"上的第一个人。

在这个全是男生的班里，有两个一直在竞争成为头头的团伙头目。老师想慢慢地开始，以防止演变成一场争斗。

班里的每个学生都轮流给了辅导员一个真诚的感激。当他们完成时，其中一个团伙头目大喊："下一个！"

老师的心怦怦直跳，害怕学生们经不住诱惑，会在一个学生坐到那张椅子上时说出贬损的话。然而，每个坐到鼓励椅上的学生都收到了同学们真诚的感激。在这一学年后来的时间里，骂人和贬损几乎都从这个班级消失了，并且，合作变成了常见而不是例外的行为。

不及格

（另见"家庭作业［非传统的］）""家庭作业［传统的］"和"不交作业"）

讨 论

当一个学生不及格时，老师既需要处理这个学生的行为，同时还要处理其行为背后的信念。学生们可能认定，他们能通过不及格得到特别的关注。他们可能拒绝做作业，以表明他们说了算。有时候，学生们感到他们能通过不及格来对父母和老师进行报复。最后，他们可能决定不努力做作业，因为害怕做得不完美，或者害怕表明他们缺乏一些必要的技能。

建　议

1. 要记住鼓励的力量。在任何时候都可以给予鼓励，不管一个学生做得好还是不好。（见第 1~9 页"鼓励"）

2. 问"什么"和"怎样"的问题："你对你的成绩有怎样的感受？""发生了什么事？""对于你的成绩为什么会下降，你有什么想法吗？""你想要实现什么目标？"要避免一切说教，而只是倾听。这会帮助学生培养内在控制点，并且会给学生极大的鼓励。

3. 问学生是否愿意得到一些帮助，以便提高自己的成绩："我很乐意在数学上帮助你，或者你能想到可以帮助你的其他人吗？"这会帮助学生感觉到一种归属感和自我价值感，并且激励他改变自己的习惯。

4. 要确保学生知道你喜欢他，并且没有把他看成"不及格"的。要找出你喜欢他的地方，并要不断地说出你对他的欣赏。

5. 如果学生不及格是因为缺乏一种技能，要让他从符合要求的学生中选择一个伙伴作为同伴辅导。如果问题依然存在，要安排一次适当的测试，以决定他是否需要特殊的帮助。不要拖延：在进行干预时学生的年龄越小，结果就会越成功。

6. 你对不及格的学生的态度永远不应该增加他的羞耻感。

7. 要问这个学生是否愿意在班会上得到帮助和一些建议。或者，你可以把不及格作为一个普通的话题来讨论。对于造成学业不及格的原因以及未来可能有什么后果的一次坦率的讨论，通常就足以激发改变了。学生们听到的可能是与从成年人的说教中听到的同样的话，但是，当这些话来自他们的同龄人时，似乎会更有效果。

8. 要安排一次与学生及其父母的三方会。这是帮助学生看到他拥有来自于你及其父母的支持的时刻。在开始与学生的父母接触时，要澄清见面的目的不只是为了讨论他们的孩子的学业状况，还是为了找到作为一个团队给他支持的办法。（见第80～83页"家长会"）

提前计划，预防未来的问题

1. 要不断地与学生及其父母沟通达到及格分数的要求。

2. 要利用每一个机会让学生们知道他们在做出选择，你尊重这些选择，并且如果他们想要你的帮助，可以随时来找你。要预先问他们："是我给你的一个好成绩或坏成绩，还是你自己挣来的？"以及"你怎样挣来自己的成绩？"

3. 要专注于帮助学生们看到他们需要什么来取得成功，以及他们怎样才能一步一步地迈向成功。要把完成的每一小步都当作一次成功来对待。

4. 运用目的揭示法（见第309～314页"四处走动"的最后一小节）帮助学生理解他自己隐藏的目的："会不会是你想要让人们为你忙得团团转？""会不会是你想要表明没有人能强迫你做你不想做的任何事情？""会不会是你感觉受到了伤害，而不及格是报复一个人的好方法？""会不会是你相信自己无法取得成功，所以你就放弃了？"要用学生的回答去发现其行为的目的。在此基础上，要和他一起制订出一个计划。如果一个学生考试不及格的目的是为了得到特别的关注，你可能要安排一天和他一起去吃午饭，或者让他参与一个任务，并由此因为做出贡献而赢得关注。如果他想表明没有人能强迫他做事情，你可能要承认你无法强迫他，并且要真诚地请他帮助制订出一个对你俩都管用的计划。如果他感觉受到了伤害并想报复，要花时间倾听他谈谈他受伤害的感受。如果他不具有必要的技能，要帮助他为取得成功而采取一些小步骤，并且要安排辅导或专门的帮助。

5. 要花时间审视一下你自己对犯错误的信念，以及你可能发送的信息。错误是可以接受的吗？错误是可以原谅的吗？错误是学习的机会吗？

6. 当老师重视学生的进步时，他们会感觉到鼓励。当他们不得不争取完美时，他们会感到丧失信心。你将通过指出他们取得的任何进步——无论多么小——来给他们帮助。

激发灵感的故事

萨　拉

萨拉是一名高三的学生，她的英语不及格。她的父母担心她毕不了业，这意味着她将无法去她父亲的母校读书。了解到她的能力以及她以前在学校的表现，她的英语老师开始问萨拉关于她的行为目的的问题。老师的发现是，萨拉对被迫去她父亲的母校上学感到怨恨。她感到自己无能为力，随着毕业的临近，她认为她唯一的选择就是不及格，这样就不会被录取。

老师问萨拉是否想要与她的父母开一次会，以便他们了解这一信息。她决定这么做。当萨拉的父母听她表达了自己的感受之后，他们放弃了他们给她制订的计划——尽管有些失望——并允许她做出自己的选择。

尼尔斯

尼尔斯刚上 5 年级。以前，他的老师允许晚交的作业得满分，他经常利用这个漏洞。然而，在这一学年一开始，他的新老师王先生解释说，将不再接受晚交作业。尼尔斯傲慢地对这个新要求置之不理，继续着他拖延的习惯，在这个学期过了一半的时候，他惊愕地发现自己好几门课不及格。

他向父母抱怨说这不公平，王老师可能就是不喜欢他。王老师认为他自己是谁，试图强迫尼尔斯遵守一些愚蠢的时间表吗？他的父母拒绝抱怨王老师，但同意与尼尔斯一起与王老师见面谈一谈。

在见面时，尼尔斯立即声明他所有的作业都交了，无法理解成绩为什么不及格。王老师承认尼尔斯交了作业，但是，因为作业交得晚，所以他没有分数。尼尔斯愤怒地说他已经做完了所有的作业，王老师不能让他不及格。王老师问尼尔斯是否记得在开学的第一个星期进行的关于晚交作业的讨论。尼尔斯承认他记得，但现在很悔恨，不知道对自己的成绩该怎么办。

王老师问尼尔斯是否有兴趣找到一个改善自己这一学期成绩的办法。当他回答说有兴趣时，王老师建议尼尔斯要么提交一系列有额外加分的项目，要么再多完成一些读书报告。尼尔斯选择多完成一些读书报告。他的父母问尼尔斯计划未来如何按时交作业。他们一起制订了一个学习计划，其中包括一个每天的作业清单，以便尼尔斯可以在每天下午逐一核对交作业的情况。

尼尔斯就这样承担起了检查自己的作业是否按时交的责任。王老师小心地避免了让尼尔斯一开始说的那些话使他陷入权力之争。王老师和尼尔斯的父母都表现出了对班级要求的尊重，同时也表现出了对尼尔斯的同情、支持以及培养新技能的鼓励。

不交作业

（另见"家庭作业［非传统的］""家庭作业［传统的］"以及
"不及格"）

讨 论

无论是教一年级还是高年级，老师们每年都会与那些在课堂
作业或家庭作业上拖拉——或者干脆不做作业——的学生做斗
争。教育工作者不同程度上都希望奖励、刺激、分数或惩罚能促
进课堂作业和家庭作业的完成。然而，研究明确表明，这些外在
激励从长期来看是不管用的[1]。为了带来真正的改变，老师们需
要理解他们无法控制学生，但他们能影响学生如何激励自己。

老师们还应该知道学生们选择不交课堂作业或家庭作业的原
因。有些学生这样做是为了得到关注（尽管是负面的）；另一些
学生是因为他们把拒绝做作业看作是对几乎不给他们任何选择的
环境的一种掌控。有些学生把拒绝交作业作为对老师或父母的一
种报复。另一些学生是害怕犯错误或者相信自己没有能力完成作
业，所以他们就不去尝试。（见第 10～19 页"错误目的"）

建 议

1. 要创造一种把错误看作是学习的大好机会的安全的班级氛
围。要强调，作业是学生为人生而学习的一种方式，而不是老师

---

① 见阿尔菲·科恩《用奖励来惩罚》第 11 章和《教室里的正面管
教》。——作者注

评估一个学生成绩的一种方式。让学生们做一张大海报，写上："错误是学习的大好机会。"

2. 通过在学生面前欢迎错误，做出实践这一格言的榜样。当你遇到不懂的事情时要承认，并且，要强调我们从做错的作业中学到的知识，而不是专注于作业完成得多么好。例如，当你布置了一个蹩脚的作业时，要告诉班里的学生："通过你们对这个作业的反应（或者缺乏反应），我发现它原本可以更适合你们正在学习的内容。我怀疑，在你们看来，这个作业只是让成绩册上有可记录内容的外加作业而已。"

3. 要问你的学生对作业的反馈。让他们帮忙设计相关的家庭作业和课堂作业。

4. 要问做作业有困难的学生，他觉得和一个伙伴一起做作业是否会有帮助。

5. 安排与学生及其父母见面。（见第 80 ~ 83 页"家长会"）在这种三方谈话中，要提出完成作业的具体要求，以及在家里和学校之间需要采取的步骤。用头脑风暴想出在家里和教室的什么地方保留相关资料，特别是那些长作业[①]。

6. 运用第 18 ~ 19 页的"错误目的表"来确定这种不良行为背后的信念，并从中找出一些用来帮助你处理这些信念的建议，而不是只处理行为。运用"错误目的表"最后一栏中的主意来鼓励学生。

7. 看看你是否花时间进行了训练。要帮助你的学生把成功地完成作业分成一些小步骤。

A. 第一步是确保布置的作业清楚、明白并适合作为家庭作业，并要确保老师和学生将作业写在一个固定的地方。

---

① 长作业（Long-term assignments），指需要学生在课外充分利用所学的知识技能，采用多种方法创造性地解决问题，寻求答案，且需经历一段时间才能完成的作业。——译者注

B. 学生们需要知道他们需要搜集哪些材料来完成作业。（例如纸、指南针、记号笔、纸板，等等。）

C. 要帮助学生们理解，在作业交上来之前都不算完成作业。对于有些学生来说，让他们做一张可以打钩的方格表可能会有帮助，标题是"我写了作业，我完成了作业，我把作业装进书包里了"。这会帮助你和学生的父母避免唠叨。

8. 到了交作业的截止时间，就要截止。坚持到底是至关重要的。要尊重地要求继续完成未完成的作业。或许，学生们会错过课间休息，或者需要安排时间在上课前或放学后完成作业，但是，他们这是在了解自己是负责任的人。

提前计划，预防未来的问题

1. 让你的学生们做头脑风暴，想出与他们正在学的内容相关的课堂作业和家庭作业。

2. 不要用"家庭作业"这个词，要通过将其换成"投资时间"来开始一种传统思维的转变。然后，在让他们的"投资时间"与学的内容相关的过程中，要确保采用学生的建议。

3. 尽量不要给学生的作业和家庭作业打分。相反，要为每个学生建立一个文件夹来存放其作业。要确保不比较学生之间的作业。

4. 在学年一开始，就要把班会纳入班级的日程安排。班会过程强调合作，并给学生提供在尊重所有人的界限内的选择。这种办法还被证明能培养学生对学习过程的持续参与，这种对学习过程的参与会溢出到课堂作业和家庭作业。

5. 要知道，用外在奖励或惩罚处理交或没交作业的问题可能会对一些学生暂时管用，但不会长期管用。当你给予奖励时，学生们会为了得到奖励而做作业，而不是为了达到终生学习的目的。

6. 要告诉你的学生每次课堂作业或家庭作业背后的目的。要想让学生们受到激励去做作业，他们必须至少知道作业对他们的教育会有怎样的贡献。要确保作业不只是为了在你的成绩册上打个分数，不是为了让你的学生们忙碌，或为了轻易完成学校的一个要求。（要记住当要求你做一些在你看来不必要的事情时你有怎样的感受。）

7. 要考虑设立一个上学前或放学后的学习项目。有一个学校把他们的项目叫作"绚丽（学校的名字）智慧机构"。这类项目可以采取多种形式。其目的是促进学生的学习习惯，或帮助他们完成长期项目，或者，可以将其用来作为学生们得到他们所需要的具体帮助的地方。

激发灵感的故事

每个月，安德鲁斯夫人都会给她 5 年级的学生布置一篇读书报告。书通常都很薄，而且大多数孩子都能在该交报告的一周前把书读完。安德鲁斯大人经常提醒全班同学交报告的时间快到了，尤其希望一个学生——史蒂文——能明白她的用意。史蒂文从来不按时交读书报告，尽管他通常会在该交报告之前很久就给她看他选的书。

一开始，安德鲁斯夫人对史蒂文晚交报告没有采取任何措施。当他继续晚交报告时，她和他一起坐下来谈了这个问题，两人一致同意，如果他下一次还不按时交报告，就不允许他参加下一次的班级校外考察旅行。（这看上去不是一个相关或合适的后果，但安德鲁斯夫人不知道还能怎么办。）接下来的一个月，史蒂文在校外考察那天沮丧地待在隔壁的教室里，努力专心读他的书，而他的同班同学则和 1 年级的小朋友一起去了动物园。没用多久，他就做出了一些有关自己的决定。他认定，他没有能力按时完成作业，证明他是一个很愚蠢的人。

115

这当然不是安德鲁斯夫人希望史蒂文接收到的讯息。现在，他们俩都感到很沮丧。安德鲁斯夫人决定采用一种新的办法。这一次，她在月初和史蒂文一起坐了下来，问他是否愿意在计划如何按时完成读书报告的事情上得到帮助。史蒂文担心他会再一次错过校外考察旅行，但他实际上想做得更好，所以他同意了。他给安德鲁斯夫人看了他挑选出来要阅读的书。她问他这本书有多少页。他显得很困惑，但搞清楚了这本书一共有 80 页。安德鲁斯夫人拿出一份当月的日历，并在该交读书报告的那一天打了一个"×"。她问他通常需要多长时间来写报告。他说两天。然后，她在提前两天的日期上做了一个标记，并建议多加一天，以防他由于某些原因而需要额外的时间。然后，她和史蒂文数了数从当天到标记的提交报告三天前的那一天为止一共有多少天。一共还有 13 天。他们用 13 除以 80（那本书的页数），答案是 6.15，于是，安德鲁斯夫人建议他们按 7 算。如果史蒂文每天读 7 页，他就能及时读完，写出报告，并按时交报告。他认为自己每天能读 7 页吗？史蒂文热切地说他能。

到这个星期结束时，他们又一次一起坐了下来，史蒂文自豪地说他每天都读 7 页，并且，事实上他最近两天每天都读了 10 页。他开心地笑着。史蒂文提前好几天就把书读完了，并且在该交报告前两天就交了读书报告。

不　听

讨　论

"无论我说什么，或者甚至我用多大声音说，比尔表现的就好像他一个字也没听见一样。"

首先，要考虑比尔确实听不到你说话的可能性。一个老师注意到，无论什么时候她和她的一个学生说话，他都会斜着头，以便他的右耳冲着她。她推荐进行一次听力评估，结果发现这个学生的一只耳朵有严重的听力损失。

年龄很小的孩子常常会出现间歇性的听力损失。对于那些患有慢性耳部感染的孩子来说，尤其会如此。某个范围内的声音听不见了，因此，一些孩子听到的是时断时续的声音。而对其他孩子而言，所有的声音听上去都是连续的。

如果你确定没有出现真正的听力损失，你就可以对这种情形做进一步的评估。当成年人跟孩子一直说个不停时，他们就会学会对滔滔不绝的指令和训斥充耳不闻，一个字也不听。

建　议

1. 倾听。要记住，孩子们在感觉得到倾听后，才会倾听你。

2. 学会少说，以便让你说的话更有意义。这很有效。不要先详细地告诉比尔要穿上外套，然后是去哪里找到它，然后是如何扣好扣子，甚至为什么他要穿上它，而要试试说"比尔"，同时指着他的外套。要把你说的话限制在 10 个词之内；如果可能就只用一个词。

3. 使用明确的手势或非语言信号，什么都不说。指向需要做的事情，向学生会意地微笑一下或眨眨眼。或者，对全班同学，要把特定的讯息与不同的拍手方式联系起来。

4. 推荐做一次医学检查，以评估学生的听力情况。

5. 寻找教室里最不容易分心的地方。有时候，当一个学生的位置靠近窗户，或挨着班级宠物，或者在教室门附近时，他可能更难专注地听课。要跟这个学生说说你可能观察到的情况。"有时候，挨着窗户坐让学生们很难听到正在讲的内容。我想试试让你坐到另一个位置，看看是否会给你带来改变。这周末我会再和你看看情况怎么样。"

6. 让你自己和学生平视，在说话前先看着对方的眼睛。（对一些文化而言，看着对方的眼睛是不尊重的，所以，要预先确定一种积极的情感连接方式。把一只手搭在他的肩膀上或者肩并肩坐着，可能会更合适。）

7. 让学生重复给他的指令，或者让他说说对于接下来他该做什么或者刚才说了什么的理解。

8. 如果一个学生经常问你刚才说了什么，要告诉他你不想重复自己说过的话，但他可以从另一个学生那里得到信息。（如果好几个学生都没有理解，或许是你的指令含混不清，你应当重新表述一下。）

9. 采取出乎意料的做法：老师们为得到学生的关注通常会大声说话。要反其道而行，当你让学生们认真听你说话时，用一种柔和的语调。

提前计划，预防未来的问题

1. 让全班同学一起做积极的倾听活动。一个学生告诉搭档一个故事，然后，第二个学生复述自己听到的。经常做这项活动，会改善班里所有学生的倾听技能。

2. 与班里的所有学生或个别学生确定用于沟通一些日常事件的信号。到了打扫时间，可以播放某首歌曲；当需要安静时，可以把灯关一下；或者，当某个学生该收作业时，可以冲他眨眨眼。

3. 召开一次班会，讨论"不听"的一般性问题（或者是具体某个学生的倾听困难，前提是你事先征得了这个学生的同意）。

4. 与似乎经常不听的学生私下沟通。问他"什么""为什么"和"怎样"的问题："为什么你认为我们有沟通问题?""我可以采取什么不同的做法?""你可以采取什么不同的做法?""我们可以怎样帮助彼此?"（只有当氛围友好而没有威胁，并且你有倾听这个学生的想法的真诚愿望时，这样做才会有效。）要问这个学生是否愿意听听你的观点。如果他说不，那就没有继续谈下去的理由了；你们双方可能都需要一次积极的暂停来冷静下来。你还可以问这个学生是否愿意把这个问题放到班会议程上，以便你们俩都能从全班同学那里得到一些主意。

5. 做一个简单的听力测试：站在学生的背后，摇一下小铃铛。如果这个学生没有反应——甚至都没有轻微地缩一下身子——那么，他可能有某种形式的听力损失。先从一侧做这样的测试，然后再从另一侧，都不要让孩子看到你。听力损失可能只存在于一只耳朵。

激发灵感的故事

维拉夫人总是抱怨她的很多高中学生在上课时不听讲。他们似乎对相互交谈更感兴趣。她试过提高嗓门压过学生们的说话声，以便让他们听到她在说什么，但这不管用。接着，她尝试对他们进行纪律处罚，这意味着把违反纪律的学生送到校长办公室。当纪律处罚也不管用时，她感到很惊讶。事实上，学生们在她讲课时聊天的情况似乎还增多了。

在沮丧中，她把自己的问题告诉了一个正在运用班会的同事。这个同事建议她了解一下教室里的正面管教。维拉夫人看了这些概念，并决定尝试一些班会活动。

她鼓起勇气告诉她的学生们，她以前是把纪律处罚作为对他们进行报复的一种手段。她解释说，她感到他们在上课时不听讲是对她不尊重。她的学生们对她承认错误时的真诚感到很吃惊。

他们开始敞开心扉，并告诉她当她冲他们大声喊叫并把他们送去校长办公室时，他们有多愤怒。他们也为自己在问题中该承担的责任道了歉。

这次班会之后，班里的氛围发生的积极变化让维拉夫人很惊讶。这看上去太简单了！

她和她的学生们继续召开班会，并学习如何尊重彼此的需要。问题变得更容易解决了，因为班里所有的学生都致力于寻找解决方案，而不是责备。此外，在班会上的相互致谢和感激还减少了个人之间的冲突，并且鼓励了合作。

用班会解决问题

来自华盛顿州埃弗雷特市 6 年级老师克里·麦考儿（Kerri McCaul）的故事

班会教会了我少说多听。有些时候，我不得不袖手旁观，以免采取控制的办法和说得太多。我意识到了我以前的班级管理方法实际上有多么强制并令人窒息。在班会上，我的学生们会避免把毛毛球扔给我，因为他们知道我要么会说太多话，要么会结束讨论——他们是如此擅长于读懂我的身体语言！我很惊讶他们居然那么了解我，而我对他们了解却那么少。如果我忘记安排每周一次的班会，他们会坚决地提醒我。有一次，我们邀请校长来参加班会，因为我的学生们对操场上设备的故障感到很不安。当学校由于学生的破坏行为和打架把男洗手间的门取下时，我们为性骚扰问题进行了辩论。

一个星期又一个星期过去了，议程逐渐变得越来越短。抱怨和问题在被提上班会之前就被解决了。当学生们的名字出现在议程上时，他们会迫不及待地在班会处理这个问题之前就将其解决掉。有一个星期，议程上唯一的事项是"计划一次校外考察旅行"。我们甚至在班会上计划过秘密伙伴活动。

我们一起度过的这一学年迎来了一个戏剧性的结尾。通过正面管教和班会，我们建立了一种信任和关心的关系。在我们的最后几次班会上，我的学生们说了他们对一个学生威胁说"要带一把枪到学校，并用枪射击我和另一个老师"的担忧。这个我认为曾经对我恨之入骨的班级，表现出了对我的安全的深深关切和担心。我怀疑，如果是在去年的12月，他们中会有任何人告诉我这样的消息。我感动得难以言表。我曾经害怕的这个班级变成了我永远无法忘记的班级。从那以后，我一直在运用班会和正面管教。

不尊重的行为

讨　论

当一个学生对老师或同学不尊重时，要考虑的第一个原因是这个学生生活中的成年人的行为。那些得不到尊重地对待的孩子，没有尊重的行为榜样。乔的父母互相谩骂，还贬损乔，并且当他反对任何事情时都嘲笑他。当乔在学校做出类似的行为时，其行为就是不可接受的。乔需要训练、体验，以及尊重的行为榜样。

自我尊重在此是另一个重要的方面。那些被动地允许一个学生嘲笑或挖苦自己的老师，就不是在做出尊重自己的榜样。她必须平静地告诉这个学生："我们已经在班里谈论过尊重的行为，并且我们对尊重行为看上去是什么样子达成了一致。你说的话表现出的是不尊重，我想在下一次的课间休息时间跟你谈谈。"随后，要在老师和学生都平静下来时进行一次对话。把这样的回应与说教、责备和威胁对比一下，然后想想如果你是那个学生，你会更喜欢哪种回应。

对于造成这种不良行为原因的另一个重要线索，是要考虑不尊重的表现看上去有多么普遍。一位睿智的学校管理人员说，如果一个班里有两三个问题学生，那么，可能是这两三个学生有问题；如果一个班里有五个、六个或更多个问题学生，那么，非常有可能是有一个问题老师。一位睿智的大学教授说，所有的老师和学生之间都有问题。反过来，所有的学生和老师之间也都会有问题。

每个老师都知道，有些班级比其他班级更难教。无论是哪种情形，老师最好的工具就是控制自己的行为。

建 议

1. 要做出尊重的行为的榜样。在处理让你血液沸腾的一个情形之前，要先花时间冷静下来，让自己恢复镇静。

2. 要给学生上有关尊重的行为的课。要演示对待和回应他人的尊重的方式，并且要让学生们运用这些方式。

3. 要通过让学生们知道你注意到了他们在努力实践新行为，来鼓励他们。要具体："玛丽，你向苏珊解释了她在吃午餐时吹口哨让你感到多么厌烦。这表明的是对苏珊的尊重，以及对你自己的需要的尊重。"

4. 运用错误目的表（见 18 ~ 19 页）来破译一个学生的行为是在告诉你什么。老师的直觉可以提供最好的线索。通常，一个伤害他人的学生自己也感觉受到了伤害；那么，其错误目的就是报复。有些学生的不尊重行为是为了得到关注，或者为了显示权力。识别可能隐藏的信息，会帮助老师找出最好的回应方式。

5. 要避免说教、羞辱和责备学生。成年人的这种办法会激起不尊重的回应。

6. 要相互尊重。这意味着要记住尊重你自己的需要，以及学生们的需要。

提前计划，预防未来的问题

1. 要花时间与你的学生建立情感连接。对一个只是被你视为控制或操控的对象的人，很容易不尊重。类似地，对一个对你有价值的人，或者把你看成有价值的人的人，是很难不尊重的。那些运用正面管教班会的初中和高中老师们发现，花时间给予致谢、感激和鼓励，有助于在他们的教室里培养一种相互尊重的氛围。

2. 在一次班会上，要讨论学生们对于不尊重行为和尊重行为的理解。要分享你自己的想法。要辨别并角色扮演人们在具体的情形中可以做出的尊重行为。班级或许可以针对一个具体的问题制订一个计划，例如，他们在午餐排队时可以相互表现出尊重的方式。在几天或一个星期之后，学生们可以讨论这个新计划的效果如何。

3. 要花时间训练。要单独与一个学生或在班会上角色扮演一个问题情形。让学生扮演成年人，并且既要扮演不可接受的回应，也要扮演可接受的回应。然后，要鼓励学生表达他在扮演成年人时体验到的感受。然后，互换角色，再进行一遍上述过程。

4. 要通过帮助学生们看到你更感兴趣的是解决问题的办法，而不是找出或惩罚做出不良行为的人，来形成一种信任的氛围。

5. 要学会信任学生和你一起做事的过程，而不是试图控制他们。

激发灵感的故事

彼得上小学时一直是边缘学生，从未真正归属于任何一个特定的群体。当他开始上中学时，他发现自己有在教室里迅速反驳并说挖苦话的天赋。他的一些同学对此反应很积极，而他发现自己正在获得新的地位。

彼得的老师们的普遍回应是说教，并用惩罚措施威胁他。这对于阻止他的行为没有任何作用。洛维特先生曾经在 2 年级教过他，现在是他的数学老师。他看到彼得的变化，感到既惊讶又失望。一开始，他尽量不理会彼得的言辞。但是，他很快意识到这么做是无效的，并且注意到班里正在形成一种不尊重的氛围。

洛维特先生决定在他们下一次的班会上提出尊重的问题。在这次班会上，他说了自己观察到的情况以及教室里出现的一些具体的不尊重行为。事实上，他进行了一次角色扮演，让一个志愿者扮演老师，自己扮演一个学生。在角色扮演中，他表演了他在教室里目睹的一些行为。之后，他让学生们讨论，他们作为班里的一员有什么想法、感受和决定。他很高兴地看到，讨论自然地朝着想出创建一个尊重的班级的解决方案的方向发展。

在这次班会之后，洛维特先生找到彼得，并问他对这次讨论有什么想法。他说他注意到彼得做出了一些不尊重的行为，而且他的同学总是做出赞同的回应。洛维特先生指出了彼得的领导潜力，表达了对彼得找到其他办法来得到我们都想从同学那里获得的认可的希望。他让彼得去想一想这个问题，并告诉他，自己期待着与他一起看看他的想法。在他们分开前，洛维特先生和彼得击掌告别。

彼得的行为发生了巨大的转变，这有两个原因：（1）在班会讨论之后，他知道不尊重的行为将不再被接受。（2）当洛维特先生尊重地对待他时，他得到了一种归属感。

残忍行为

讨　论

库伊拉①要淹死那些可爱的斑点狗。多么卑鄙！

莱克斯·卢瑟②会在这一集设法打败超人吗？

当卢克·天行者③成功地把敌人炸得粉碎时，电影院里爆发出了一阵掌声。

电影提供了满足观众的恶棍。我们欢呼他们的死亡，而不会为此感到一丝愧疚。当然，老师们面对的是现实生活中的孩子，而不是大胡子的坏人。

同学之间会相互打骂。孩子们会捏扁小虫子，折磨小动物。有时候，孩子们的残忍行为是因为缺乏知识。有时候，伤害行为反映的是内心的痛苦。

对孩子们更残忍不是一个更好的办法。这是回应残忍行为的一个很好的经验法则，尤其是如果你的本能反应是愤怒的话。用残忍行为回应残忍行为，教给孩子们的是做出更多残忍行为。更有效的做法是直视着做出不良行为的孩子，并用平静但清晰的声

---

① 库伊拉（Creulla），是迪士尼公司出品的动画片《101 斑点狗》中的反面角色。——译者注

② 莱克斯·卢瑟（Lex Luthor），是美国 DC 漫画旗下的超级反派，是超人的头号对手。——译者注

③ 卢克·天行者（Luke Skywalker），是《星球大战》系列电影的重要角色之一。——译者注

音说:"为确保每个人得到尊重的对待,我需要你的帮助。"尖声喊叫不会改善沟通,而只是声音更大而已。说的更多并不会更好。

孩子们不是坏人或恶棍。一个伤害另一个孩子的孩子,告诉我们的是他感到很伤心。我们不会忽视一个孩子造成的伤害,但是,无论是孩子还是大人都不会从惩罚中受益。孩子们在感觉更好时才会做得更好。

建 议

1. 在处理一个让你血液沸腾的情形之前,要花一些时间冷静下来并恢复镇静。老师们也是在感觉更好时才能做得更好。

2. 要处理伤害行为。要帮助做出伤害行为的学生。不要把这两者相混淆。在每个人平静下来之前,将用十个或更少的词作为一个规则,会使你避免想通过话语或行动进行报复。你可以说:"停下来。这个行为是不可接受的。"要让相关的各方学生都知道,这个问题会在一个安排好的时间进行处理。在与做出残忍行为的学生交谈时,要明确告诉他这种行为是不可接受的,他要承担责任,并且在他做出更好的选择的过程中,你仍然会给他支持。

3. 通常,做出残忍行为的学生可能抱有报复的错误目的。他抱有的错误信念是没人喜欢他,并以能证明这个信念的方式行事。要找到鼓励这个学生的方法,可查阅错误目的表(第 18～19 页)。

4. 要帮助做出伤害行为的学生在班级中感受到归属感。如果一个学生更容易树敌而不是交朋友,要从他的同学那里寻求支持。要问他是否愿意搞清楚他的同学欣赏他的哪些地方,并用这一信息来增加他与他们快乐相处的时光。例如,贝姬通常在课间休息时会嘲弄其他同学。新了解的信息帮助她做出了更好的选择。当贝姬听到有几个学生因为她会唱很多歌谣而喜欢和她一起跳绳时，她第二天就带来了一根跳绳，并邀请这几个同学在课间休息时和她一起玩。

5. 没有人是完美的。如果你以愤怒、惩罚以及你自己的残忍行为对学生做出了回应，要运用矫正错误的 3 个 R：承认（Recognize）你犯了一个错误；通过道歉来和解（Reconcile）；通过一起致力于寻找解决方案来解决问题（Resolve）。

提前计划，预防未来的问题

1. 那些将不良行为与惩罚联系在一起的班级，不会培养出平和的学生。要记住你想要的长期结果。当学生们在班会上专注于解决方案时，他们培养的是同情和宽容。

2. 讨论所有生灵的需要。要帮助学生感受到对人类的共情。对于一个学生来说，如果他理解即便小生物也对这个复杂的世界有贡献，他把一个小昆虫拿到教室外面的花园里，而不是把它捏扁在地毯上，就是有意义的。

3. 所有的行为都有含义。那些以残忍行为对待其他人的学生，可能自己也在遭受残忍行为。那些打人的学生通常也是被打的学生。（见第 268 ~ 272 页"虐待"）一个学生的行为可能是一个呼救的信号。那些持续存在并且通过积极的干预也没有改变的行为，应该得到更密切的审视。全面的审视，会将关注点从"我怎么才能让这个学生守规矩？"变为"这个学生需要什么帮助？"。

4. 当行为得不到改善时，另一种可能是这个孩子一直被娇纵，他不知道当自己无法为所欲为时该怎么办。过度溺爱孩子的父母需要支持和鼓励。责备和内疚激励不了学生，同样也激励不了成年人。老师对待学生家庭的态度应该是合作和团队协作：当处理约翰在学校的问题时，斯密斯夫人寻求约翰的父母的协助。她没有因为约翰的问题而责备他们，也没有评判他们作为父母是否称职。她向他们建议了一个父母课堂，他们可以在那里学习老师正在运用并且发现很有帮助的那些原理。

5. 教给学生对待错误的积极态度，并做出榜样。我们都会犯错误，所以，要把错误当作学习的工具，而不是给人打上印记的烙铁。

6. 用角色扮演而不是说教来帮助学生了解残忍行为的结果。

激发灵感的故事

在一次工作坊中，一位老师问本书的作者之一简·尼尔森，她对一个小男孩踢一只小鸟的行为该怎么办。简告诫她不要放纵自己对这件事情的愤慨，不要一心让这个孩子感到内疚，并且要记住，认为我们通过先让孩子们感觉更糟，就能让他们做得更好是一个疯狂的念头。这位老师坚持问道："那么，你会怎么做？"

简承认她会感到生气和愤慨，并且可能会斥责他，使他内疚。然后，当冷静下来时，她会运用矫正错误的 3 个 R，先承认自己刚才对他是不尊重的，就像他刚才对待小鸟那样。然后，她会通过道歉并告诉他当她伤害他时，她做的是与他对小鸟做的同样的事情来与他和解。她会进入他的内心世界并猜测他不喜欢被她伤害，向他核实，看看这是否属实，并帮助他感到自己的感受得到了认可。

简运用这个过程的经验是，这会造成一种相互尊重和理解的氛围，能促进最后一步：一起找到一个解决方案。她会从问"怎样"和"什么"的问题开始："你认为小鸟有怎样的感受？""你从这次经历中学到了什么？""你可以怎样帮助小鸟，而不是伤害小鸟？""下一次你会做什么？"

工作坊中的一位母亲说了她多么感激听到这个答案，因为她刚刚因为自己的孩子打猫而扇了他一巴掌。她觉得她现在可以回到家里运用矫正错误的 3 个 R 向孩子道歉，因为她对待孩子就像孩子对待猫一样是不尊重的，并且她和孩子可以一起找出一个解决方案。我们都需要知道，作为具有人类弱点的人，无论我们知道多少道理，我们仍然会继续犯错误。我们还有什么其他更好的机会能不断地教给我们的孩子知道错误是学习的大好机会呢？

所以，不要试图做到完美。要犯很多错误，并从中学习，这样，你的生活和人际关系就会比不犯错误变得更美好。

餐厅里的行为

讨 论

很多学生利用午餐时间暂时放下责任、忘掉常规并广泛地与同学交往。出现混乱的可能性是极大的。承认学生们需要偶尔放下常规休息一下是很重要的，但是，同样重要的是他们要学会以尊重他人的方式放松。

餐厅里的行为是学校人员领导风格的一个很好的标志。餐厅里的不良行为可能意味着领导风格控制过多，或过于娇纵。独裁型的领导风格会招致反叛和抵制，并且无法培养自律、责任、合作或社会责任感。娇纵型的风格会招致混乱，而且也无法培养上面那些品质。尊重他人的餐厅行为，说明学校人员的领导风格是权威型的。权威型（民主）的领导风格，会培养出独裁型和娇纵型领导风格所忽视的那些品质和技能。

建 议

1. 任何时候看到一个行为问题，你只需要问涉及到的学生根据他们帮助制定的规则，他们应该怎么做。（见"提前计划，预防未来的问题"的第一条。）通常，这就足以激励学生改变他们的行为了。

2. 描述你看到的行为："我注意到你在扔食物。""我注意到你在大声喊叫。""我注意到你没有收拾好你的垃圾。"然后，要问："为了纠正这个问题，你需要做些什么？"这种友好的提醒比惩罚更有效，并会鼓励未来的合作而不是反叛。

3. 当餐厅里很吵时，成年人普遍相信他们必须用盖过嘈杂声的声音说话。不要大声喊叫，而要走到做出不良行为的那个学生或那群学生身旁，并轻声跟他们说话。

4. 对一群学生，要同等地对待。当坐在一张餐桌旁的一个学生扔食物时，要让围着这张餐桌坐的所有学生一起打扫："一收拾完这张餐桌，你们就可以离开了。"

5. 让担任餐桌监督员的学生处理不良行为。（担任餐桌监督员的学生应该接受以尊重的方式获得合作的培训，比如这里的建议所包含的各种方式。否则，他们可能会因为试图发号施令而招致抵制和反叛。）

6. 给围着一张餐桌坐的一群学生一张餐厅里的恰当行为清单，以平和的语气让学生们找出他们需要改进的不良行为。要感谢他们的合作。

7. 当你尝试过上述所有建议，而一个学生或班级仍坚持不尊重的行为时，要坚定而和善地实施已经确定的后果（这些后果应该是尊重的）。见"提前计划，预防未来的问题"。

提前计划，预防未来的问题

1. 应该确立一个学校关于餐厅行为的一般性的规定。当涉及到的所有人——例如餐厅工作人员、监管人员、学生、管理人员和教师——都有发言权时，这个过程才会最有效。这个规定应当包括对尊重的行为以及后果的清晰描述。可能的后果或许包括暂时失去在餐厅吃饭的特权，或者在午餐后花时间帮助餐厅监管人员。

2. 在一次班会上，让每个班级用头脑风暴想出典型的餐厅问题，并制定预防或解决这些问题的规则。（解决学校里的问题最有效的方法，始终是邀请学生们参与。他们会感觉受到了尊重，并且会受到激励遵守他们帮助设立的规则。）学生们可能会喜欢对不尊重以及尊重的餐厅行为进行角色扮演。对比是很有效的教育工具。

3. 邀请餐厅工作人员出席班会，他们可以在班会上说说他们的担忧，并寻求帮助和解决方案。很多学生没有意识到他们的行为怎样给别人造成了问题。

4. 让学生们参与维护可接受的餐厅行为，引入一种由学生们轮流做监督员的办法。监督员应该以尊重的方式激励他们的同学做出恰当的行为并由他们自己收拾干净。

5. 让高年级的学生与低年级的学生坐在一起，以帮助教给低年级学生恰当的餐厅行为并对其进行监督。

6. 承认并认可你的学生放下教室里的惯例休息一下的需要。要跟学生们说说你自己在午餐后放松休息一下的需要。为保持平衡，要讨论一下尊重他人以及学校财产的行为。

7. 不要期望完美，但要不断努力寻求改善。当一个指导原则不管用或者只管用很短一段时间时，就把它重新放到班会议程上，以便孩子们能对其进行讨论，要么重申他们对它的承诺，要么再找出一个解决办法。

用班会解决问题

提升意识

在一个纳瓦霍印第安人保留地学校举办的为期两天的正面管教工作坊，学校的餐厅人员抱怨学生们在刮掉食物托盘中的残渣时，把刀叉等餐具扔进垃圾桶里。当这个员工回到学校后，一个餐厅员工的代表参加了7年级的班会，与学生们讨论了这个问题。学生们提出了几个建议。他们选择实施的建议是，轮流让学生在垃圾桶旁做餐具监督员。大约一个月后，他们决定不再需要餐具监督员了，因为学生们对学校财产更尊重了，已经不再往垃圾桶里扔餐具了。

想出一个办法

特朗布尔夫人是学校餐厅的助理，她在王老师5年级班的班会议程上写下了一个问题。她解释说，因为五年级学生在用餐区的行为和留下的一片狼藉需要她花费很多时间，让她感到很沮丧。

王老师提出让自己班里的学生想出解决这个问题的办法，特朗布尔夫人接受了这个建议。学生们用头脑风暴想出了很多主意；然后，他们投票选出了能让他们最大程度参与的一个办法进行尝试。他们想出的办法是，每张餐桌设一名学生监督员，帮助维持秩序，并确保学生们在收拾干净后才能离开。他们决定这一职位将在坐在同一张餐桌上的学生之间轮流。

他们对于试行这个办法感到很兴奋，并且同意在下个星期的班会上报告实行的情况。特朗布尔夫人参加了这次班会，并且高兴地与学生们谈了她看到的变化。她告诉他们，她希望他们把这个办法分享给学校里的其他班级。他们立即开始了制订如何宣传的计划。

操场上的行为

讨 论

操场不只是学生们释放精力或挑战自己体能的地方。它还是学习尊重学校财产、冲突管理以及个人责任的一个实验室。

要让学生们参与制定一些操场上的规则和程序。有些规则，尤其是与安全相关的规则，会年复一年地延续，并且应当有明确的后果。然而，在某些方面，应该鼓励学生提出建议。学生们会更积极遵守他们帮助建立的那些规则。如果一个规则不管用，学生们可以讨论这个问题，并对规则做出修改或者制定一个可以解决这个问题的新规则。每一个问题都能成为一个继续学习和成长的机会。

建 议

1. 要让规则或指导原则说了算。要通过问"什么"和"怎样"的问题，让学生们去参考规则："规则是什么？""你怎样违反了这条规则？""你怎样才能将你的行为变得符合这条规则？""你有什么解决这个问题的主意？""你从这次经历中学到了什么？""什么问题可能需要在班会上进一步讨论？"你不必问所有这些问题。有时候，只要问一个问题就足以让学生思考，并停止不良行为。

2. 当一个学生或一群学生需要停止一种行为时，要坚定而和善地坚持到底。要提醒他们可以在第二天、下一周或在一个适当的时间再尝试。

3. 要用一个哨子或其他方法引起学生的注意。然后，不要大声喊出指令，而要快速地走到那个学生身边，并照顾到情形的需要。

4. 有时候，要让在操场上出现问题的学生选择他或她认为最有帮助的解决方法：去积极暂停长凳上冷静下来，在一段时间里放弃使用操场，使用解决问题的选择轮，或者把问题放到班会议程上。

5. 指导学生们向他们的同伴寻求建议和帮助。（见"提前计划，预防未来的问题"）

6. 要让学生们参与解决任何涉及到设备丢失和损坏的问题。如果一个球被刺破了，全班同学可以用头脑风暴想出如何修好或替换的主意。当学生们为一些小问题承担起责任时，他们就学会了预防大问题的技能。

提前计划，预防未来的问题

1. 帮助学生们看到特权、责任和后果之间的联系。想一想下面这段话：

对于孩子们拥有的每一种特权，都有一个责任。不接受责任的明显后果就是失去特权……孩子们拥有在课间休息时使用学校操场的特权。责任是尊重地对待设备和其他人。当人或物品受到不尊重对待时，做出这种行为的孩子失去使用操场的特权，直到他或她准备好再次以尊重的方式使用，对这个孩子来说就是一个尊重的后果。只有当孩子们在准备好承担责任时就有另一个机会拥有特权，这些后果才会有效。①

2. 要对你班里的学生进行现有的安全指导原则和规则的教育。这种知识可以由你的校长或当地的操场设备制造商提供。

3. 要花时间训练。要演示并角色扮演使用设备和与其他学生互动的可接受的行为。这可以在教室里或操场上进行。

4. 让所有的学生参与头脑风暴，想出使用操场、操场上的设备以及操场的实际边界的一些规则。一些学校会组织一个学生委员会，由每个班派出两名学生组成。在学生委员会开会之前，每个班的学生用头脑风暴列出一个操场规则的清单。然后，委员会的成员把自己班级的清单带到学生委员会的会议上，对建议进行缩减（通过合并相似的建议），直到规则尽可能少。他们把缩简后的清单带回各自的班级给同学们看。通过这个过程，所有的学生都感到参与了规则的制定，并且会积极地遵守这些规则。

5. 设立几个程序，以便在规则没有被遵守时学生们可能做出选择。一个选择是让涉及到的学生把问题放到班会议程上，以便从同学们那里获得建议。另一个选择是让学生们去自己可以冷静下来的积极暂停长凳。（学生们必须先学习过"积极的暂停"概念，并且参与过积极暂停区的建立。）第三个选择可以是解决问题长凳，学生们在那里可以选择一起找出一个解决办法。将解决问题的四个步骤或者解决问题的选择轮（见第 59 ~ 65 页"解决问题"）画在长凳上或写出来张贴在附近，是有帮助的。一个替代的办法是当学生们选择使用解决问题长凳时，给他们发四个步

---

① 《教室里的正面管教》，简·尼尔森、琳·洛特和斯蒂芬·格伦著，中文版已由北京联合出版公司于 2014 年出版。——作者注

骤或选择轮的复印件。

6. 考虑在全校实施一个项目，训练学生们帮助他们的同伴解决操场上的问题。

7. 要注意到你的学生尊重他人和设备的行为。要通过在非正式场合或在班会上说出你观察到的行为来鼓励他们。还要记住将你听到的对你的学生在操场上的行为的赞美转告给他们。

激发灵感的故事

来自加拿大安大略省多伦多市圣禧天主教学校 1～8 年级法语老师洛雷塔·塞德兰（Loretta Sedran）的故事

一次及时的缝补，省下了给学生父母的两封信。我在教室里运用正面管教的第二年，发现自己在法语课之外也会用很多正面管教的方法和理念。我们学校只有 245 个学生，还不够大到能有一名副校长。当校长不在的时候，他会要求或指定一个人做所谓的"指定校长"。这个人的工作是在他不在学校时"当校长"。我发现，我在做"指定校长"的时候对学生们运用了很多正面管教的方法。下面是我最看重的一个。

两个 4 年级的学生，保罗和辛迪（不是他们的真名），正在外面和其他同学玩捉人游戏。在游戏过程中，辛迪抓住了保罗 T 恤的领口，并把它撕了一个大口子。当我在午餐后的休息时间看到这两个学生坐在办公室里时，小女孩辛迪正在控制不住地哭着，因为她害怕可能会发生的事情。我们三个人谈了谈发生了什么事情，以及是怎么发生的。辛迪认识到自己应该更小心一些，完全没有必要抓住保罗的衣服。保罗说，他应该公平地玩游戏，当她抓住他时，他就应该停下来不动。然而，我提醒他们，我们还有一件被撕坏的 T 恤。我建议我们可以尝试把它缝好。他们两个对我的建议很吃惊，或许是因为从来没有人这么建议过。我们学校有一个规定，这种情况要给双方的父母带去一封信，并且损坏的东西必须赔偿。我问他们是否想在他们逢衣服时带一个收音机来陪伴他们，保罗说他可以带一个来。

在当天最后一次课间休息时，他们俩带着收音机和 T 恤来了（保罗换上了他的体操服），而我已经准备好了缝纫包——任何学校都不应该没有的东西。我们打开了收音机，让他们开始，并教他们如何用针和线。保罗发现他喜欢缝纫，而辛迪的祖母已经教过辛迪如何缝纫。他们开始聊天并轮流缝纫，直到把 T 恤缝好。有趣的是，我只需要时不时探过头去看看事情进展如何，或者帮忙打个结。到课间休息结束时，T 恤已经缝好了，而且他们俩实际上做得很开心。

第二天，我问了保罗 T 恤的事情，以及他的妈妈是否说了什么。他告诉我，她说缝得很好，而且，他还问妈妈是否有任何袜子需要他缝补。辛迪告诉了她妈妈，但她妈妈什么也没说。结局好，就一切都好。

用班会解决问题

2 年级和 3 年级

在青松小学，2 年级和 3 年级的学生经常为使用手球场发生争吵，两个班都抱怨对方干扰了自己的游戏。当这个问题出现在 2 年级的班会议程上时，特雷纳夫人指出，当问题涉及到的其他人无法在场帮助找出一个解决方案时，那些在场的人可以专注于那些以改变自己的行为为基础的解决方案。随后，2 年级的学生们选择远离 3 年级的游戏。

一个星期后，班里的几个学生说情况没有改变。特雷纳夫人建议他们把问题再放到议程上，在下一次的班会上讨论。在后来的讨论中，一直对这个问题积极发表意见的南希说："我想，我们之所以和他们争吵，是因为我们不了解他们。我认为我们应该一起做一些事情。"特雷纳夫人让大家举手示意，看看是否其他人也同意南希的想法和建议。班里的大多数同学都点头并举起了手。特雷纳夫人让学生们用头脑风暴想出与 3 年级学生一起做一些事情的方式。在列出所有的想法之后，全班决定邀请 3 年级的学生参加一些课堂的美术活动。2 年级的学生们都很兴奋，渴望着邀请 3 年级学生到来。

在共同活动一周之后，特雷纳夫人向她的学生们核实操场上的情况。学生们说情况似乎变好了，并且他们感到很满意。

捉人游戏

来自加利福尼亚州圣罗莎市圣尤金小学 1 年级老师佩吉·佩恩（Peggy Payne）的故事

我们学校的一条规则是课间休息时不允许玩捉人游戏。这在学年的一开始就作为一条安全规则提了出来，因为学校的操场很拥挤。对于 1 年级的学生来说，这是一个变化，因为他们上幼儿园时课间休息时间是错开的，他们有自己的操场。在一整年里，我的班级遵守这条规则都有困难。我们在一次班会上讨论了这个规定。他们确实理解这是一条安全规则，而且他们不能在诸如篮球、躲避球以及跳绳这些游戏中乱跑。但是，他们觉得没有很多可以选择玩的游戏，因为像篮球这样的游戏是留给大一些的学生的。当我们讨论这个问题的解决办法时，一个学生指出，在他们每周轮流的几个指定区域，有两天在指定给他们的那段时间没有任何其他有组织的游戏，只有 1 年级的学生在那里。他想知道在那两天的那个区域，他们是否能玩捉人游戏。

我们邀请校长来参加我们下一次的班会，向她提出我们的想法。她真的来参加班会了，并且和学生们一起回顾了安全规定。她倾听了学生们的提议，并且同意由于不是那么拥挤，并且事实上那里没有任何有组织的游戏，玩捉人游戏应该符合安全指导原则。她祝贺了学生们解决问题的能力以及提出一个满足情形需要的解决办法的努力。

操　　纵

讨　　论

　　一个操纵别人的学生，可能是因为一些真实或感觉到的不公平，而在无意识地寻求报复。另一个学生可能是在用操纵向其他人表明自己多么强大，总是能按照自己的方式解决问题——或者，他可能感觉受到了老师的操纵，并决定以彼之道还施彼身，而不是屈服。其他人可能将操纵作为一种拖延战术，以避开他们感到能力不足的领域。试图操纵他人的学生是丧失信心的学生，而丧失信心的学生需要的是那种能激发改变的鼓励。

建　　议

　　1. 要让学生知道你观察到了他的操纵行为：“我注意到，你在试图让我按你的想法去做。”你可能不需要再多说其他的话。有时候，意识到就足以打消他的念头。

　　2. 运用幽默感。给这个学生一个“会意”的表情，并说：“想得美。”

　　3. 承认这个学生的感受，而不用想你是否要改变自己的做法，要告诉这个学生当你被操纵时有什么感受。

　　4. 要避免给一个学生贴上操纵的标签。相反，要处理其行为以及行为背后的信念。

5. 让你的学生们知道，最好直接说他们想要什么。你可以私下对个别学生说，或者在班会上对所有人说。

提前计划，预防未来的问题

1. 要尽量找出这种行为的目的；然后，寻找鼓励这个丧失信心的学生的其他办法。（见第 18～19 页的"错误目的表"。）

2. 审视一下你在助长操纵中可能起到的作用。如果你做出了一个决定，就要坚持这个决定。

3. 通过班会教给学生解决问题的技能，以便他们培养比操纵更有建设性的技能。要记住，那些参与解决问题过程的学生更有可能合作，而不是操纵。

4. 用一次班会来讨论操纵问题，以及它对人们造成怎样的影响。要问开放性的问题，并运用角色扮演来探究操纵的目的，以及涉身其中的人有什么想法、感受和决定。大家可以一起用头脑风暴想出对待操纵的一些方法。

5. 找一些其中有操纵他人的角色的书籍和戏剧。让全班同学参与一次讨论，或完成一个作业。（学生们将在扮演汤姆·索亚[①]中获得极大的乐趣。）

激发灵感的故事

在路易斯夫人任教的高中，所有学西班牙语的学生都知道她

---

① 美国小说家马克·吐温 1876 年发表的长篇小说《汤姆·索亚历险记》中的主人公。汤姆·索亚是个聪明爱动又调皮捣蛋的孩子，姨妈罚他星期六不能去玩，要刷墙，他却会忽悠别人说刷墙是件很好玩的事儿，让其他孩子抢着为他刷墙。——译者注

正在离婚，因为她在上课时提到过这件事。有个班级开始意识到，如果有学生问路易斯夫人的感受，她就会跑题，并且当天的课要很晚才开始上。

全班学生都参与了这种操纵；一些人问路易斯夫人问题，一些人说自己的看法，一些人在他们的同学鼓动路易斯夫人偏离主题时什么也不说。学生们认定，他们可以通过假装感兴趣和关心，让她——或者其他人——置自己手头的工作于不顾。他们还认定，完成他们的西班牙语学习并不重要。

当路易斯夫人给期中考试出题时，她意识到原本打算在这个班级讲述的内容有很多没有讲到。她对自己感到很失望，为评估自己的表现对过去几个星期的情况进行了回顾。她认识到，在自己的很多次课上，她都把更多时间花在了与学生讨论她的个人生活，而不是教西班牙语。她还认识到，这个班里的学生对她的私人生活表现出了过多的兴趣。当她认识到他们是故意占用她的时间时，她感到既尴尬又担心。

第二天，路易斯夫人找到了提出这个问题的勇气，而没有责备、羞辱或说教。一上课，在为即将到来的期中考试进行复习之前，她说："在准备期中考试时，我注意到很多内容在这个班都没有讲到。对于为什么会出现这种情况，我有一些自己的猜测，而且我愿意和大家讨论一下。"

这时，一个叫纳丁的学生亲切地说："路易斯夫人，你看上去很累。"

路易斯夫人觉察到这是一个熟悉的圈套，是要将她的思路从需要完成的工作上转移开。她说："谢谢你的关注，纳丁。然而，问题是期中考试的复习和我们落后于计划的原因。"她对全班同学说了她对发生的事情的观察和感受。她承认了自己的错误，并道了歉。纳丁毫无保留地告诉路易斯夫人，这个班确实有一个目的，就是通过让她转移话题来逃避学习西班牙语。

路易斯夫人告诉她的学生，她意识到了自己很容易转移话题，并且她计划在这一学期剩下的时间里在课堂上把时间都用于教学。

迟　到

讨　论

全国各地的学区都对迟到制定了严格的政策，而没有考虑这种不良行为背后的各种目的。这些政策对于鼓励学生们负责任的行为通常没有任何作用。

学生们会因为各种各样的原因迟到。其中一个原因，是他们不理解"准时"在日常生活中的重要性。另一个原因，是他们喜欢因迟到而得到的关注。此外，迟到意味着老师要停止讲课，以便给迟到的学生一个"迟到通知单"去送到办公室，而这意味着当这个学生回来时会再次中断老师讲课，有的学生可能喜欢这种力量感。

有时候，学生们以迟到作为反击父母或老师给他造成的伤害——可能是真实的，也可能是想象——的一种方式。一些长期迟到的学生可能是对学校感到绝望——而且，可能对他们在家里的处境也感到绝望。在沮丧中，他们根本不在乎自己是否按时到校。

个人的环境也可能导致迟到。一个母亲或父亲上晚班的学生，可能不得不和弟弟或妹妹待在家里，直到父母下班回来。家里的一种混乱情形可能造成所有的家庭成员迟到，这实际上会造成一种可能很难打破的家庭习惯。

此外，上课时间不适合大多数有着不同的生物钟的青春期孩子。大多数十几岁的孩子都不是喜欢早起的人，如果上课时间是从中午到下午六点，他们可能会做得好很多。

最后，当然，很多学生迟到是因为课程设置或教学方法对他们没有吸引力。太多的时候，老师们和行政人员都指责学生，而没有审视其他的可能性——包括系统性的失败。

大多数学校处理迟到的制度都造成了反叛或报复，因为这是惩罚招致的。而且，要考虑这个问题的责任被留给了谁：父母们必须重新安排他们的日程，以便他们能开车去接被留校的孩子，或者让他们搭别人的车。老师们必须填写所需的文书，并在上课时处理课堂的中断。其实，是有更好的方法的。

建　议

1. 首先，要搞清楚学生为什么迟到。他可能有一个很好的理由，比如，照顾弟弟或妹妹的"临时保姆"那天早上来晚了，而他的母亲已经上班去了。老师们需要记住，有时候，会有一些情有可原的情况。

2. 说出你的感受。要讨论迟到如何影响整个班级和班里的所有学生。迟到对你的学生们可能不是一个问题，所以，要承认这对你来说是一个问题，要解释迟到如何干扰了你的教学。要向他们寻求帮助，解决你的问题。

3. 如果一个学生或一群学生总是迟到，要私下讨论这个问题："我注意到每个星期三、星期四和星期五你都会迟到5分钟进教室。在出现这种情况时，我会很生气。请告诉我你对这种情况的看法。"在尊重地倾听之后，要让他们和你一起用头脑风暴想出解决方案，然后选择一个他们愿意尝试的方案。要确保你对达成的约定坚持到底。在一个星期后，要向学生核实情况。

4. 要愿意把迟到放在学生的家庭背景中进行审视。你可能会发现学生的父母或家庭状况需要进行干预。要与你们学校的行政人员、辅导员和家庭支持小组一起，为这些家庭提供帮助。

提前计划，预防未来的问题

1. 在新学年开始时，召开一次班会，你和你的学生们要用头脑风暴想出学生和老师为什么可能会迟到。然后，用头脑风暴想出相互帮助做到准时的方法。要提醒你自己和学生们，所有的建议都是为了有助于学习，而不是为了伤害任何一个人。要将挑选出来的建议试行至少两个星期。然后，在另一次班会上，要评估其实施的情况。

2. 新学年开始，也是提出并练习一个人怎样走进一个正在上课的班级的好时机。要解释你会继续上课，并且你希望学生们遵守一些具体的做法——例如，悄悄地走进来，坐到他们的座位上，尽可能不要干扰其他同学。这是在班会上进行角色扮演的一个极好的主题。

3. 要让学生们参与一些课程计划，让他们知道你的课程需要讲的内容以及州或学校的要求的指导原则。当学生们感觉他们对课堂有贡献时，他们就会有准时到校的积极性；他们当然不想错过自己帮助计划的任何活动。

4. 如果迟到在你的班里不是一个问题，要确保将你对你的学生们的感激告诉他们。

令人鼓舞的方法

北卡罗莱纳州夏洛特市一所高中的教室门上，贴着这样一个纸条："迟到的同学，请悄悄地走进教室，找到座位，并看一下黑板上给你的说明。上课铃一响，学习就开始了。"

这个老师没有羞辱或者惩罚迟到的学生，而是以尊重的方式允许他们体验其行为的后果，并做他们需要做的事情，以便赶上进度。学生们可以走进教室并马上开始上课，而不是去老师那里拿"迟到通知单"，去办公室，感觉自己好像有了麻烦，并妨碍上课。

激发灵感的故事

费尔南德斯夫人的 9 年级学生中有很多人迟到。她一直是让迟到的学生去办公室，但迟到的人数却越来越多。让情况更糟的是，当她让学生去办公室时，他们通常一去就是 15 ~ 30 分钟，因为办公室要处理大量因为同样原因而去那里的学生。

费尔南德斯夫人的很多学生被认为有违法犯罪和辍学的风险。因此，她担心迟到的学生缺课的时间太多，而且，她因为他们对课堂造成的干扰感到很沮丧。

她决定尝试正面管教的办法。首先，她决心不再想当然地认为迟到的学生不在乎按时上学，或者是想让她伤心。她还开始让学生们知道，当他们来上课时，她真的很高兴，即便他们来得晚。（很多学生在 9 年级辍学，因为他们不相信任何人会想念他们。）

费尔南德斯夫人意识到，她和她的同事有时也会迟到，通常是因为上课前或放学之后的教师会议，而且，她开始问迟到的学生为什么会迟到。她发现他们一般都有正当的理由，例如需要照顾小弟弟或小妹妹，直到妈妈下夜班回家。费尔南德斯夫人很惊讶，当她开始尊重地对待学生时，他们就会诚实地回答，即便他们没有很好的迟到理由。

她不再让迟到的学生去办公室，所以，他们不再因为来去办公室而失去宝贵的学习时间。在一次班会上，她和所有学生用头脑风暴想出了防止和处理迟到的方法。费尔南德斯夫人高兴地发现，这种解决问题的办法开始有了回报——迟到的情况减少了。

传纸条

讨 论

老师们花大量的时间鼓励沟通技能和书面表达，但是，当一个学生给另一个学生写纸条时，老师的反应却是阻止这种行为，这不是很滑稽吗？写纸条是一种正常的沟通方式。在课堂上处理这种行为的关键，是要帮助学生尊重他人、尊重老师讲课和学习的过程以及情形的需要。

建 议

1. 对写纸条，要保持一种幽默感和全面的看法。

2. 不要羞辱任何人。大声读出或者要求一个学生向全班同学大声读出一个纸条的内容是不尊重的，并且会让学生产生报复的愿望。当我们伤害或羞辱他人时，我们会招致对方寻找方法来扳平。

3. 做一些出乎意料的事情：如果你看到莎莉正在写纸条，要停下你手头的事情，什么也不说，写个纸条要求她在上课时克制住，不要写纸条。要把纸条交给一个学生，并悄悄地告诉这个学生把纸条传给莎莉。你就以一种巧妙的方式向所有学生表明了写纸条会怎样干扰课堂。

4. 提供一个纸条存放箱。在箱子上贴个标签："请叠好，写上名字，在课间休息时把纸条写完。"

5. 决定你怎么做，并将你的决定坚持到底。要让你的学生们知道，你意识到有人在写纸条，而这会让你分心。要说："我会停止讲课，直到让我分心的事情停下来。"

提前计划，预防未来的问题

1. 在学年一开始，要与你的学生们讨论一下写纸条的问题："写纸条似乎在 7 年级很流行。在我们班怎么处理这个问题，你们有什么主意吗？"

2. 当写纸条对你来说是一个问题时，要将其放到班会议程上。你可以解释它如何影响了你以及如何干扰了课堂。要让你的学生们说说他们对写纸条的想法和感受。有时候，一次讨论就足够了。如果没有解决问题，就再次将其放到班会议程上，并努力寻找一个班级的解决方案，而不是把注意力集中在违反纪律的具体学生身上。

3. 要考虑允许在班上写纸条的可能性，只要尊重他人并且不对别人造成干扰。（你难道没有过在学校教职工会议上为避免说悄悄话而写纸条给另一个老师吗？）

激发灵感的故事

在斯坦普夫人的课上，一群高中生经常相互传纸条。斯坦普夫人注意到，当有人写纸条时，她会感到心烦意乱，这会干扰她的教学。她首先尝试的处理这种情形的办法是不断地提醒学生们，如果有事情要和别人说，他们需要等到下课以后。

随着时间的流逝，学生们继续在课堂上写纸条，斯坦普夫人继续提醒他们不要这样做。最终，斯坦普夫人意识到，提醒和哄劝不是处理这种行为的有效办法。

她决定，把注意力集中在自己的行为上，并对她决定要做的任何事情都以尊重的方式坚持到底。第二天上午，当有人开始写纸条时，斯坦普夫人说："我注意到我们班里依然经常出现写纸条的现象。我发现，当我看到有学生在写纸条、看纸条并向别人回传纸条时，我很难集中精力讲课。我已经决定要停止讲课，并且会一直等到所有人把注意力都放在我身上之后再继续讲课。"

在这天上午的晚些时候，当斯坦普夫人话说到一半停下来时，学生们困惑地四处张望。几个正忙着写纸条的学生紧张地抬起头看向教室前方，看到斯坦普夫人静静地拿起一本小说读了起来。他们很快就意识到，她正在等待无关的行为停下来，把注意力重新集中到她身上。几个惹了麻烦的学生悄悄地把纸条藏了起来，并看向了老师。当斯坦普夫人确定所有的学生都集中了注意力时，她放下小说，重新开始上课。她的小说从来都读不完一段，课堂上写纸条的行为就会停下来。

打断老师讲课

讨 论

那些打断老师讲课的学生，给了每个人了解相互尊重的一个机会。孩子们在很小的时候就知道得到关注的感觉有多么好，但有时候，他们会有错误的信念，认为除非他们始终是关注的焦点，否则他们就不重要。他们会因此而寻求过度关注。（要记住，代表寻求过度关注的帽子上的信息是："注意我！让我参与并发挥作用。"）老师们可以通过既尊重渴望关注的学生的需要，又尊重其他人的需要的方式，来处理打断讲课的问题，培养这些学生的归属感和自我价值感。

在大多数教室里，潜藏着另一种打断讲课的学生。有注意力缺乏症（ADD）的孩子的一个特点是容易冲动。（见第 399～405 页"注意力缺乏症和注意力缺乏多动症"）一个想法一旦出现在有注意力缺乏症的孩子的脑海中，就会从他的嘴里脱口而出。有时候，这个想法会一闪而逝：如果在另一个人说完之前，这个想法不得不先保留着，它可能就会完全消失。要教给这个学生一些特别的方法。与他谈谈这个问题，并想出一些帮助他记住这些一闪而过的想法的办法。要建议他伸出一个或两个手指来提醒自己有一个想法要补充，或者教他草草记下一个关键词或句子，作为轮到他发言时的参考。

建 议

1. 控制好你自己的时间安排。例如，让学生们知道他们可以在 8:00～8:30 之间问你关于家庭作业的问题。要给他们一个你回答某些活动的问题的具体时间。

2. 用非语言信号表明你知道一个学生想得到关注。轻轻地碰一下这个学生的手臂，向他保证他是重要的，而不要对他打断你说话直接做出回应。如果有必要，一旦你说完，就可以处理他关切的问题。一些老师会伸出食指，表明自己知道了一个学生有请求。这个学生会学会保持耐心，因为老师已经注意到了他的需要。

3. 把打断老师讲课作为你关切的问题，放到班会议程上。学生们喜欢角色扮演这种情形，可以让一个学生扮演老师。然后，要问参加角色扮演的学生在扮演这些角色时有什么想法、感受和决定。还要问其他学生观察到了什么。这会让每个人都更清楚地认识到,打断讲课让人感到多么沮丧和不尊重。最后,要让全班同学做头脑风暴,想出他们可以用来处理这个问题的方法。

4. 当学生打断你讲课时,要提醒他你和他约好了在 2:15 共度特别时光,并告诉他,你期待着这个时间的到来。

5. 当你告诉一个学生你现在没有时间时,要让他知道你什么时候有时间。如果你们已经定好了一个交谈的时间,要问这个学生:"我们约好的交谈时间是什么时候?"

6. 做出乎学生意料之外的事情:表现出似乎打断你讲课的学生要说的事是极其重要的。要停止讲课,给打断你讲课的学生时间,让他们说完或做完。你的语气非常重要。讽刺挖苦将导致额外的权力之争或报复循环。要用一种愉快的方式对全班学生说:"请原谅,同学们。斯坦似乎有事情必须马上说。大家可以给我们一点时间吗?"你可以问斯坦,是愿意让全班学生都听到他要说的话,还是你可以和他一起离开教室几分钟。如果是两个学生在说话,就试试说:"斯坦和莎莉似乎有很重要的事情要讨论。我们要等一下,直到他们讨论完。"要记住,当你用一种尊重的语气时,这些话就会是有效的;不要试图羞辱学生。当打断老师讲课被当成一个重要的事来对待时,通常就会让学生们在这么做之前先考虑一下。

7. 要说出你看到了什么,并要说出你的感受:"希娜,我注意到你在和别人说话。我站在这里感到很沮丧。我希望你能帮助解决这个问题。"

8. 要意识到学生的干扰可能会怎样占用你的注意力。不要离题,而要提醒学生们可以把问题或关切放到班会议程上。当一个学生打断你讲课时,要说:"听上去这似乎是你可能想放到班会议程上的事情。"并且,不要再说别的话。

提前计划，预防未来的问题

1. 要注意到打断你讲课的目的似乎已超出了得到关注的需要，而发展成了寻求权力或报复的情形。要用你的感受作为判断的依据：如果你对于这种干扰只是感到恼怒，这个学生可能是在争取关注。但是，如果你开始感到愤怒、受到了挑战或者情感受到了伤害，要将此作为一个线索——你现在面对的这个学生相信需要由他自己说了算，或者他因为一些事情威胁到了其归属感，而感觉受到了伤害。

2. 要让学生把他们想告诉你的事情写下来（以免他们忘记），然后，在你不上课或没有其他具体事情时把这些事情告诉你。有帮助的做法是，确定一个你在一天中可以让那些需要帮助的学生，或有事情要与你讨论的学生来找你的时间。

3. 要给那些因为身体存在问题而打断老师讲课的学生（有注意力缺乏症或注意力缺乏多动症的学生）提供训练和鼓励。要感同身受地理解他们不打断别人说话有时是多么困难，并且要确保注意到并感激他们抑制住打断老师讲课的冲动的那些时刻。

激发灵感的故事

卡莉和亚当斯夫人

亚当斯夫人带着一种恐惧感走进了教室。她知道，在给这个高中二年级班上英语课 20 分钟后，卡莉就会通过与其他人说话或者问问题打断她讲课。亚当斯夫人曾尝试不理会这种干扰，或要求卡莉不要在上课时和朋友说话，以及要求卡莉告诉全班同学她跟朋友交谈的内容，来处理这种情形。她们俩之间的关系变得越来越紧张。

一天，亚当斯夫人私下对卡莉说："我注意到，当我讲课时，你经常开始和同学说话，或者对我讲的内容进行评论。我感到很伤心，并且很沮丧，我想努力找到一个我们俩都能接受的解决办法。我想知道，你是否能说说你对看到的事情的看法。"

卡莉对亚当斯夫人愿意当面跟她谈并说出自己的感受，感到非常吃惊。然而，卡莉的回答听上去是在为自己辩解并挑战老师："我就是这个样子。我有很多话要说，我说的是我的想法。"

亚当斯夫人让卡莉知道她很感激这种反馈，并且还告诉卡莉，她羡慕能表达自己想法和感受的人。然后，她问："你有什么解决这个问题的主意吗，使我们俩的风格都得到尊重？"

卡莉的态度似乎发生了戏剧性的转变，她说："我真的不是故意要伤害你的情感。我以后会更注意。"

亚当斯夫人感到与卡莉更亲近了，并且能感觉到尊重的大门在她们俩之间敞开了。

邦妮与瓦斯克兹先生

邦妮经常被告知不要打断老师讲课，以至于她甚至不听这种警告了。一天，她的老师瓦斯克兹先生失去了耐心，冲她大声喊叫。邦妮感觉很糟，而瓦斯克兹先生也感觉很糟。

瓦斯克兹先生问邦妮是否愿意在课间休息时跟他谈谈发生的事情。邦妮同意了，但感觉甚至更糟了。当他们见面时，瓦斯克兹先生首先说他那样做是很不尊重的，并且为冲她大声喊叫道了歉。邦妮流着眼泪感谢了他，并承认她知道自己经常打断老师讲课。瓦斯克兹先生继续进行矫正错误的 3 个 R（道歉，和解和一起解决问题）的第三步，他问邦妮，如果她知道这是一个问题，为什么她还继续打断老师讲课。她在这个问题上是否需要一些帮助？邦妮哭得更厉害了，她支支吾吾地说，她打断老师讲课是因为如果不说出来她就会忘掉要说什么，并且她对自己无法记住想要贡献的想法感到很尴尬、很愚蠢。瓦斯克兹先生惊讶地了解到，她要记住自己的想法竟然有这么大的麻烦。

这让他想起了邦妮的父母曾告诉过他，邦妮患有注意力缺乏症（ADD）。瓦斯克兹先生问她以前尝试过哪些记住自己想法的办法。她惊讶地抬起头看着他说，除了马上说出自己的想法之外，她从未想过尝试任何办法。瓦斯克兹先生问邦妮是否愿意试验一个新办法。当她表达了这样做的愿望后，他建议她写下一两个词来提醒自己有一个想法，然后，在轮到她说话时，可以将其作为一个参考。如果这个想法是她特别想与瓦斯克兹先生分享的，他们同意她可以简单地给他写一张便条，并在他不那么忙时交给他。他们计划在一个星期内再碰一次面，以便看看邦妮觉得这个方法是否有帮助。

邦妮给了瓦斯克兹先生一个拥抱，感谢他的倾听并与她分享他的想法。（现在，眼泪在瓦斯克兹先生的眼睛里打转了。）邦妮打断讲课的次数立刻减少了，她甚至随身携带着一个小记事本，以便在课堂之外使用。

打　　架

讨　论

为什么孩子们（或成年人）会打架？战争争夺的是什么？是因为侮辱（造成一种报复的愿望），或者贪婪（导致为得到更多权力而争斗），或者对美德的一些错误要求（想得到说谁或什么是对和错的权力）。同样，孩子们会因为侮辱、该谁得到玩具或体育器材，以及在一些问题上谁对谁错而打架。

当然，孩子们打架的另一个主要原因，是成年人在生活中没有教给孩子们其他可能的解决办法——既没有做出一个好的榜样，也没有培养孩子们解决问题的技能。孩子们学到什么，就会实践什么样的生活。

建　议

如果真正的危险迫在眉睫，要闭上嘴，采取行动。当一个学生要向另一个学生扔石头时，要迅速行动阻止这种行为。在高中阶段，为了立即处理一场打架，你可能不得不找人帮忙。之后，你可以运用下面的任何一种方法。

A. 通过问学生是愿意现在就得到帮助，还是更愿意在教室里的暂停区先冷静一会儿（见第 65～69 页"积极的暂停"）来调解打架。德克萨斯州高中的一些老师发现，在教室里指定一个能做令人愉快的事情的用于冷静的地方，能极大地减少学生打架的次数。这些老师们通过自己使用暂停区来恢复自我控制，向学生们示范这个技能。一位高中老师甚至用一个摇椅作为冷静下来的地方。

B. 如果学生们想要得到帮助，要给他们提供双方一起坐下来解决问题的选择，并且，你要参与这个过程。

C. 推荐他们使用解决问题的四个步骤（见"提前计划，预防未来的问题"的第三条）。

D. 另一个帮助他们的办法，是在学生们冷静下来之后问一些"怎样"和"什么"的问题："发生了什么？""什么原因造成了其发生？""你对此有怎样的感受？""你从这次经历中学到了什么？""你有什么解决这个问题的主意？""你可以怎样运用你学到的东西来预防未来出现这样的问题？"（有时候，让学生以书面形式回答这些问题会有帮助，这样，他们就能在讨论这个问题之前先整理自己的想法。)

E. 通过问参与打架的学生是否有人愿意把问题放到班会议程上，来调解打架。学生们会在班会上学会理解差异，并努力寻找非惩罚性的解决办法。此外，定期召开班会是向学生们保证他们会得到倾听的一个极好的办法。

F. 要抱有打架提供了学习的大好机会的心态，就像任何其他事情一样。要教给学生们知道，有一些尊重的方式可以处理冲突。

提前计划，预防未来的问题

1. 要在你的学生中培养信任、共情，以及对各自眼中现实的理解。尊重差异能消除很多打架行为。

2. 通过定期召开班会来培养学生解决问题的技能。

3. 要教给学生解决问题的四个建议：

A. 不要理会对方。（走开要比留下来争斗需要更大的勇气。）忽视争端，可以采取做一会儿其他事情的方式——找一个可以将你的注意力从争斗上转移开的游戏或活动。这还可能意味着去别的地方冷静下来。

B. 以尊重的方式把问题谈开。这意味着四件事：（1）告诉对方你的感受，（2）倾听对方的感受，（3）相互向对方承认自己在这个问题中的责任，（4）告诉对方你愿意采取哪些不同的做法。

C. 达成一个双方同意的解决方案。这也许只是简单地由你向对方道歉，或者双方相互道歉，或者你们可能必须共同制订一个分享或轮流的计划。

D. 如果你们没有办法一起解决问题，就要寻求帮助。你们可以把问题放到班会议程上。或者，你们两个可以一起去找一个老师、父母或朋友，并问这个人是否愿意和你们俩把这个问题谈开。

4. 让学生们角色扮演典型的打架情形，例如在排队时推搡、因为操场上的设备而扭打、恶化为拳脚相向的贬损，为了一个男朋友或女朋友而争吵。然后，让他们运用头脑风暴想出解决方案。

5. 一些学校有接受过解决冲突或同伴心理咨询培训的学生。然而，当班上的所有学生都参加班会时，这通常是不必要的。

激发灵感的故事

来自北卡罗莱纳州夏洛特市莎伦学校心理咨询教师苏珊娜·史密莎（Suzanne Smitha）的故事

儿子的指导

贝丝·布鲁因顿 2 年级班上的一个学生的妈妈，告诉了她这个故事。一天晚上，这个学生的妈妈和爸爸吵了一架，过了一会儿，妈妈和儿子离开家去办事。在母亲开车时，儿子问起了妈妈和爸爸大发脾气的事。妈妈解释说爸爸很累，也许他们俩当时都没有做到很好地控制自己。这个从幼儿园开始就一直参加班会的男孩说："嗯，你知道，妈妈，你需要回去找爸爸，为你那样大发脾气道歉。然后，你们需要握握手，相互拥抱，再谈谈，以便能解决这个问题。"

他的妈妈对他能提出这么成熟的看法感到有些惊讶，但还是感谢了他，并承认他的建议很好。

当他们回到家后，她到房间里去找丈夫。在她道歉之后，她丈夫伸出手与她握手，就像儿子告诉妈妈要做的那样。爸爸和妈妈这时都大笑起来，因为他们意识到儿子在早些时候也给了爸爸同样的建议。爸爸和妈妈都对儿子运用矫正错误的 3 个 R（承认自己犯了一个错误，通过道歉来和解，以及一起解决问题。）的能力留下了深刻的印象。这个男孩的调解，是教室里的正面管教的长期效果的一个极好的例子。

三个学生自己解决了问题

一位非常生气的老师领着三个五年级的男孩来到我的办公室。她完全被他们的不良行为激怒了，需要离开他们一会儿。三个男孩围着我的办公桌坐了下来，开始谈论发生的事情。

没过几分钟，其中一个男孩就说，他想自己能理解为什么他们的行为让那个老师那么生气，而且，他接着解释了原因。另外两个男孩和我一起听着，几分钟后，这两个男孩中的一个提出了他们以后可以怎样处理这种情形的一个建议。很快，又有一个建议，并且三个男孩讨论了一下。然后，一个男孩说："史密莎太太，我们认为我们三个人应该在班级排队去什么地方时暂时分开一会儿。我们想尝试这个计划两三个星期，然后，我们会回来让你知道这个方法的效果如何。"

我给他们的只是倾听的耳朵。作为回报，他们让我看到，在我们学校，我们对学生的教育方式是正确的，让他们具备了解决生活中的问题的能力。

打扰别人

讨 论

"玛丽打扰我。"如果你是一个学生，一定要把重音放在"打扰"上，并且要尽可能凄惨地拖长第一个音节。

对于这个抱怨的学生来说，当然，他被打扰总是对方的错。当一个学生总是抱怨令人讨厌的行为时，几乎肯定是有人在发送一个错误目的的讯息（见第 10～19 页"错误目的"），但是，这个人可能是打扰人的学生，也可能是被打扰的学生。或许，那个打扰别人的学生想要得到关注；或许是那个抱怨的学生想要得到关注。如果没有哪个学生在寻求错误目的，那么，这个问题很可能就是一个学生对于自己的某种行为会对同学造成怎样的影响缺乏认识。

建 议

1. 澄清问题。先和抱怨的学生谈一谈，搞清楚他对这个问题的看法。然后，要搞清楚打扰别人的那个学生是否知道自己可能造成了一个问题。如果他真的不知道，他可能会很惊讶，并且愿意找出一个解决方案。如果他否认做了任何令人讨厌的行为，就可能隐藏着一个错误目的。请进行第二步。

2. 运用错误目的表（见第 18～19 页）识别你的感受，这是你找出学生的错误目的的第一条线索。一旦你识别出了错误目的（或者即便你还不能确定），就运用"错误目的表"最后一栏中的主意来鼓励学生改变他们的行为，并解决这个问题。无论识别出哪种感受和行为，都会引领你通过不同的方式解决这个问题。因此，你就能处理真正的问题（丧失信心），而不是问题的一个症状或者具体的行为。

3. 运用目的揭示法。对这个过程的解释，请见"四处走动（第 309～314 页）"的最后一小节。

4. 老师们需要处理的不仅是行为背后的信念（错误目的），还要处理行为本身。为了满足情形的需要，你可能需要暂时让打扰别人的学生换个位置。"萨拉，看来你今天挨着珍妮坐会惹麻烦。现在请你坐到塔拉旁边去。"

5. 可能玛丽并没有做任何让人讨厌的事情。通过抱怨玛丽一天拍她的肩膀 20 次，莎莉可能只是在试图给玛丽找麻烦。这是教室版的同胞争斗，并且可能是一种对老师的关注的含蓄争夺。老师可以建议莎莉搜集接下来两天的数据，以了解玛丽拍了她肩膀多少次。然后，这两个女孩可以安排时间一起看看莎莉的数据并找出处理这个问题的方法。这会让老师从这个情形中解脱出来，并让两个女孩相信，老师对她们自己解决这个问题的能力很有信心。老师没有偏袒任何一方，也没有做任何评判。

6. 问被打扰的学生，这些行为让他有怎样的感受。要认真倾听，然后问他可以做些什么来解决这个问题。或许，他可以不予理会，或者离这个打扰他的学生远一点，或者自己告诉打扰他的学生停下来。

7. 问被打扰的学生是否愿意和打扰他的那个学生一起解决这个问题，然后让你知道他们决定怎样解决。（见"提前计划，预防未来的问题"第三条中关于解决问题的建议。）或者，建议被打扰的学生选择把问题放到班会议程上。

提前计划，预防未来的问题

1. 要教学生怎样靠自己解决问题。给他们一些假定的情形，并让他们用头脑风暴寻找解决方案。

2. 要把学生相互之间一起寻找个人问题的解决方案或在班会上寻求帮助，作为一个班级目标。

3. 要教给你的学生解决问题的四个建议：

A. 不要理会对方；

B. 以尊重的方式把问题谈开；

C. 一起找出双赢的解决方案；

D. 把问题放到班会议程上。

一旦你通过角色扮演和讨论教给学生这些选择，就让一个学生做一张海报挂到教室里。当一个学生抱怨有人打扰他时，就让他去看这张海报，并问他尝试过或者愿意尝试哪个建议。

激发灵感的故事

杰夫向老师抱怨他的同桌南希总是唱歌。默里夫人问杰夫他说的"总是"是什么意思？"嗯，"杰夫说，"她刚才唱了，她昨天午餐排队时也唱了。"默里夫人想了一下，然后问杰夫两次是否意味着"总是"。杰夫惊讶地抬起头，然后笑了，他们俩都大笑起来。

有时候，幽默感可以迅速地缓解问题。重要的是幽默要被双方接受，而不被当作挖苦。默里夫人保持着尊重并留意杰夫的反应。尽管没有不把他的问题当回事，但她帮助他有了不同的看法。

用班会解决问题

来自加拿大阿尔伯塔省埃德蒙顿市卡那封小学 6 年级老师洛恩·汉克（Lorn Henker）的故事

我接到一位学生母亲的电话，说她儿子在中午回家吃饭的路上被三个男孩作弄。学校的心理咨询老师和这四个男孩谈了话，并找出了他们如何解决他们的难题的一些办法。

当这几个男孩和心理咨询老师不在教室时，其余的学生就这个问题开了一次班会。很多学生都对那个抱怨被打扰的男孩感到生气。他的行为引起了相当多同学的反感。

我们听取了每个人的担忧；然后，我们讨论了当人们不确定自己在一个群体中是否有归属，并且当他们做出积极行为而需求得不到满足时，他们就会做出不良行为。（一个行为不良的孩子，是一个相信自己没有归属的丧失信心的孩子。）

我要求他们想一想可以帮助这个抱怨的男孩的方法。一开始，他们的语气都是负面的，但是，随着讨论的进行，语气就变得积极而有帮助了。他们说的要么是这个男孩的一些正面的事情，要么提出了一些为帮助他对自己在群体中的角色感觉更好一些而愿意做的事情。班级的努力让涉及到的每个人都感觉好了起来，并被赋予了力量。

打　人

讨　论

回应打人最有效的方式，取决于学生的年龄。年龄小的学生正积极地学习社会能力。这个过程包含相当多的试错。这种能力发展的很大一部分，是要了解感受。事实上，教学生了解感受并让他们练习表达强烈感受的可接受的方式，对于促进社会能力的发展是至关重要的。

一个打人的年龄大的学生，几乎肯定是在发送一个密码信息。这个学生很可能感觉自己受到了伤害。老师必须既处理这个学生受伤害的感受，又明确表明打人是不可接受的。这其中不能包含惩罚、痛苦、羞愧或责备。一个因为自己受到伤害而伤害别人的学生，不大可能因为受到进一步的伤害或羞辱而改善自己的行为。要记住，你的目标是改变学生的行为，而不是报复。

建 议

　　因为处理打人的方法根据学生所在年级的不同而有很大不同，下面的建议也会反映这一点。开始的几个建议，针对的是正在发展社会能力的年龄小的学生。后面的建议考虑到了学校有需要考虑的规定的现实。

　　1. 要迅速而坚定地做出回应，让学生脱离当时的情形。

　　2. 要明确说打人是不可接受的："我不会允许其他学生受到伤害。"

　　3. 要让学生冷静下来，并恢复镇静。（不要试图搞清楚谁打了谁。要让两个学生都去冷静一下。）

　　4. 在恢复平静之后：

　　A. 要讨论发生的什么事情导致出现了打人的情形。

　　B. 与涉及到的学生一起探究替代打人的方法。

　　C. 角色扮演当时的情形，以便尝试新的回应方式。

　　5. 要教给学生坚定而自信。要告诉他们，如果有人打他们，要坚决地用话语做出回应。被打的学生需要明确地对打人的学生说"不要打人！"或"别打我！"如果在学生来向老师寻求帮助之前，被打的学生没有这样说过，那么，当被打的学生告诉另一个学生不要打他时，老师应该支持被打的学生。

　　6. 在一个平静的时刻，要跟一再打别人的学生谈一谈是什么事情在让他烦恼。书籍是开始一个话题的一种好工具。

　　7. 下面的五步法可能会有帮助：

　　A. 控制伤害：不要让打人行为升级。要把打架的学生分开。

　　B. 处理受伤害的感受。

　　C. 处理弥补问题：可以做些什么来帮助被打的学生感觉好起来？

D. 让学生参与找出除打人之外的其他解决办法。

E. 提醒学生注意学校的规定。和善而坚定地坚持到底。（见第 42~45 页"坚持到底"）

8. 用错误目的表（见第 18~19 页）来破译学生的行为在告诉你什么。老师自己的感受是最好的线索。一般来说，一个伤害别人的学生，自己也感觉受到了伤害，这意味着其目的是报复。打人也可能是得到并保持老师的关注的一种手段（其目的是寻求过度关注），或者，是一种控制的方式（其目的是寻求权力）。识别出可能隐藏的信息，能帮助老师搞清楚如何最好地做出回应。

9. 要花时间与一个经常打其他学生的孩子单独相处。要探究可能是什么原因造成了这个学生感觉自己受到了伤害。有时候，一个成年人说出自己曾经感觉受到伤害的故事，就会打开沟通的大门。

10. 要通过指出学生以可接受的方式对待沮丧或愤怒的时刻来鼓励他们："杰夫，我注意到你在那次篮球比赛中被激怒时，你走开了。这是处理你的愤怒的一种很好的方法，祝贺你做出了这么健康的一个选择。"

提前计划，预防未来的问题

1. 要教学生了解感受。在一次班会上，要探讨并角色扮演在感到愤怒、伤心、受到伤害或其他困难情感时的可接受的行为方式。

2. 在班会上讨论如何帮助彼此感觉好起来，并用头脑风暴想出处理困难情形时除打人之外的其他方法。

3. 让学生们建议一些他们在学校感到真的很生气或丧失信心时能做的事情。他们可能想指定一些物品或活动（比如，用手挤压一个球）来吸收由这些情感产生的身体能量。有些学生发现，当他们感到愤怒并想要打人时，把双手放进口袋里会有帮助。

用班会解决问题

来自北卡罗莱纳州夏洛特城莎伦学校的心理咨询教师苏珊娜·史密莎（Suzanne Smitha）的故事

一个幼儿园的小男孩，在排队去各种地方时，总是打自己班里的其他孩子。孩子们已经在班会上告诉他好几次，他们不喜欢他打他们，因为这会疼。然而，这个问题依然存在，直到他们选择了一个聪明的办法，帮助他记住在排着队行走时不要打人。教室里有一辆大家都非常喜欢的玩具消防车，有一个孩子建议，如果允许这个男孩去哪里都拿着这辆消防车，他就无法打任何人了，因为他的手被占住了。每个孩子都同意这是一个很棒的主意。当他们去别的地方时，他手里每次都拿着这辆消防车，大约一个星期后，他就很少再打任何人了。

打扫卫生

讨　论

当老师想当然地认为学生们知道如何打扫卫生、什么时候打扫，以及打扫什么地方时，每个人最后都会感到很沮丧。当老师们花时间训练，把打扫卫生当成是教给学生人生技能课程的一部分，并让学生们参与打扫的计划时，他们就会取得成功。

建　议

1. 花时间训练。在学生们的帮助下，列出在打扫时需要遵循的步骤的清单，无论他们是进行日常的打扫，还是在一个特殊的活动或项目结束后进行清理。（见第 51 ~ 53 页"花时间训练"）

2. 和学生们一起制作一些可视化的工具，来帮助他们记住他们一起制定的清扫程序。

3. 当学生们试图在一定的时间内完成清扫时，用一个计时器玩"看谁先完成"的游戏会很有趣。

4. 作为班级事务之一，要让一个或几个学生监督清扫，并随时帮助完成任务。

5. 要确定清扫的开始时间和结束时间，并且要明确地指明。

6. 提供有限制的选择，无论它们可能显得多么微不足道或无关紧要："你想在课间休息前打扫，还是在之后打扫？""你想要自己单独做，还是和一个搭档一起做？"当学生们拥有选择时，他们会体验到积极的权力，并且更有可能完成自己的任务。要记住，不参与清扫不是一个选择。

7. 在讨论要将某些任务坚持到完成时，要运用逻辑后果。有时候，最显而易见的后果就是在清扫完成之前，不能开始另一项活动。

提前计划，预防未来的问题

1. 学生们对惯例会做出更好的回应。一旦形成了惯例，就会由惯例说了算，而老师们就不再必须不断地发出指令。老师可能只需要参照惯例表，并问："我们现在需要做什么？"

2. 要通过班会让学生们参与确定清扫过程的所有步骤。讨论谁负责清扫哪里，每个任务要花多长时间，以及如何轮换监督和其他任务。

3. 要为每天以及每周的清扫安排好时间。

4. 当清扫出现问题时，要在班会上做角色扮演并进行讨论。要记住，困难会不断地出现。要把它们看成是教学生而不是惩罚学生的机会。

5. 要意识到出生顺序对学生的能力水平和参与意愿可能会有影响。排行老大的孩子可能会迅速行动，并且喜欢这些任务和责任。排行中间的孩子可能会认为整个过程都不公平。排行最小的孩子可能会感到其他人应该替他做。独生子女在与他人打交道时可能会有困难。

6. 在分配任务时要避免性别偏见。

用班会解决问题

来自加利福尼亚州圣罗莎城圣尤金小学 6 年级老师贝蒂·费里斯（Betty Ferris）的故事

我 6 年级班里的学生在保持衣柜整洁方面遇到了困难。夹克和书包都从柜子里掉出来散落到了地板上。几个学生把这个问题放到了班会议程上，因为他们的东西被人踩到或在混乱中被弄皱了。在班会上，他们打开了柜子，以便每个人都能看到里面的情况。学生们确定他们没有很好地利用空间，并决定应该根据他们在教室里的座位，分配衣柜和挂钩。有一个学生指出，我用了衣柜里的一个位置来存放东西，并指出，或许我可以把那些物品挪到教室的另外一个地方去。在接下来一周的一次跟进了解中，所有的学生都同意衣柜不再是个问题了，而且我们的教室看上去好多了。

大声说话

讨 论

他们声音洪亮，喧闹，吼起来不要命！大声说话在有些时候可能会得到赞赏，而在其他的时候则需要引导。通常，老师的反应是压制这种行为，但是，他的力量实际上在于确定大声说话在什么时候对一种情形有益、什么时候有害。

因为老师的目标是帮助学生们欣赏他们自己，并且看到他们能如何以积极的方式得到归属，他的挑战就在于发现大声说话如何以及在什么时候是有益的。此外，当大声说话不合适时，他必须学会怎样得到学生的合作。

建 议

1. 对待用异乎寻常的声音大声说话的学生的第一步，是建议做一次听力测试。

2. 用更平静的声音跟学生说话，而不是试图压过他的声音，会让学生意识到正常的音量，并且消除老师与学生之间的竞争。

3. 要避免给学生负面的提醒，例如，"请不要这么大声说话。"正面的提醒可以是："萨拉，请用一种更柔和的声音。"

4. 跟学生谈谈使用一个暗号的方式，在不适合大声说话时可以用这个暗号来提醒他。

5. 如果你感到恼怒、生气或者心烦，要用班会的形式和你的学生们谈一谈大声、喧闹的行为会怎样影响你和他们的学习。

提前计划，预防未来的问题

1. 教学生了解行为的四种错误目的。（见第 10～19 页"错误目的"）你们可以一起讨论导致学生们在不恰当的时候大声说话的各种信念。要和他们一起用头脑风暴想出得到关注、感到有权力、对待受伤害的情感以及当他们感到想要放弃时得到帮助的其他办法。

2. 创造大声说话的机会，例如参加演出，大声宣布当天的通知，或者做啦啦队队员。在这些时候，要欣赏大声说话。

3. 在一次班会上，花时间讨论说话的合适音量。让学生们想出在学校内和学校外适合大声说话并被赞赏的各种情形，列成一张表。让他们再列出需要轻声说话的场合。随后的一次班会，可以用来练习、演示和讨论他们的解决方案。

4. 为学生们创造机会，学习以积极的方式好好利用充沛的精力。数学小组和历史课上的角色扮演可以帮助他们将精力用于积极的方面。

5. 要避免给学生或班级贴上喧闹或大嗓门的标签。这会限制学生们和你对个人和群体的看法。要记住，大声说话可能是一个缺点，也可能是一种才能。

6. 要找个机会让自己熟悉那些总是大声说话的学生的家庭风格。人们说话声音的高低各不相同，而且有很多种表达自己的方式。通过收集这些信息，你可以对学生的行为有更好的理解，并且能给予他们更多的鼓励。

激发灵感的故事

露西和坎宁安夫人

坎宁安夫人的班上即将转来一位新学生。当这位新来的女孩露西向教室的门口走来时，全班同学都能听到她在走廊上与校长的交谈。她大声而自信地介绍了自己。

随着这一周时间的流逝，坎宁安夫人发现自己对露西说话的声音感到越来越恼怒。她一开始的反应是通过反复提醒关于说话声音大小的班级规则，试图让露西改变。

最后，坎宁安夫人咨询了其他老师。他们帮助她识别了她的恼怒感受，这帮助她理解了露西可能是在寻求"过度关注"。他们指出，露西需要看到她可以通过积极的方式得到关注，并建议坎宁安夫人帮助露西寻找在教室里形成归属感的更好方式。

当坎宁安夫人约时间和她谈话时，露西担心自己又做错了什么。所以，当坎宁安夫人说"露西，我注意到你声音很好、很响亮，我不知道以前是否有人和你这么说过"时，她很惊讶。

露西低下了头，回答说："人们总是告诉我要安静。"

"噢，露西，"坎宁安夫人说，"我希望你可以在一天中的某些时候有机会运用你的声音。我正在考虑设置一个每日公告，我需要有人大声宣布公告的内容。你有兴趣做这件事吗？"

露西非常兴奋，并且热情地接受了这个提议。坎宁安夫人接着说："露西，我有一个愿望。我希望你在宣布每日公告时用你响亮的声音，而在我讲课时，你可以练习用轻柔一些的声音。我意识到，你可能发现很难记住这一点，所以，我想知道我们是否能想出一个我给你的暗号。那样的话，我就不会在其他学生面前让你难堪了。"

理解了这个请求的精神，露西建议道："你拽一下你的耳朵，怎么样？这会提醒我。"

坎宁安夫人同意了。在第一个星期，露西甚至比以前更经常大声说话。她似乎喜欢通过让坎宁安夫人拽耳朵所得到的关注。然而，到了第二个星期，露西看上去就从她宣布公告的职责中得到了足够的关注，因为她在其他时间都不再大声说话了。

有一天，坎宁安夫人被整个班级在学校餐厅里的吵闹声激怒了。午餐后，她开始大声地训斥她的学生们。突然，她注意到露西拽了一下自己的耳朵。坎宁安夫人笑了起来，并说："谢谢你，露西。"然后，她问是否有人愿意把这个问题放到班会议程上，以便之后进行讨论。一个学生自愿承担这件事情，而坎宁安夫人继续上下一堂课。

新的接纳

来自加拿大安大略省多伦多市伍德布里奇镇圣凯瑟琳学校 2 年级老师斯蒂芬妮·科韦塞（Stephanie Corvese）的故事

会把我逼疯的一件事情，就是一个吵闹的教室。由于一些原因，我期望我的教室在所有时间都能特别安静。对学生大喊让他们保持安静，只会管用大约 15 秒钟，然后，孩子们又会开始喋喋不休。我采取的一种积极的办法是写纸条。在课堂作业时间，孩子们会拿到一张纸，他们可以在上面写下他们想干什么。如果他们必须去洗手间，他们可以把这个问题写下来。我也开始理解了在一些时候教室里嘈杂一些没关系。很多时候，孩子们在教室里阅读，或者在我们的班级阅览室里大声朗读，教室会变得很嘈杂，但是，在讲课时，我不会让嘈杂声打扰我。

代课老师

讨 论

　　一个外来人接管一个班级，可能会使学生们将最糟糕的一面表现出来。他们会忘记或者不考虑代课老师是有感受的人的事实。学生们经常把代课老师当作取笑、恶作剧和折磨的对象。即便是小学的学生，也会照着高年级学生的样子，一次又一次地把书掉在地上，变换名字和座位，说粗鲁的话。

　　然而，当促使学生们把代课老师看作是有感受的人，并要求他们以此对待老师时，学生们通常就会表现出尊重、有帮助和友好。通过和学生们一起提前做一些计划，并让他们以积极的方式运用他们的力量，不良行为就会停止，混乱就会减少。在这个过程中，学生们会增强他们的人际交往技能、练习承担领导者角色，并培养他们的社会责任感。

建 议

　　1. 如果你按照"提前计划，预防未来的问题"所描述的步骤去做，大多数问题都可以被消除。

　　2. 一旦学生们参与过"提前计划，预防未来的问题"中讨论的角色扮演和解决问题，就指派一名学生向代课老师解释班会过程，并在之后协助这位老师开班会。（如果学生们熟悉班会过程，这会极其有效。）

　　3. 当一位代课老师告诉你他喜欢你的班级时，你要确保与你的学生们分享他说的具体的赞扬或欣赏的话。

4. 问你的学生们对代课老师有什么反馈。要花些时间倾听他们的经历，并准备好协助解决出现的任何问题。这会让他们继续保持与代课老师的合作。

5. 要在一次班会上给学生们留出时间，就他们为帮助代课老师而做出的具体事情进行相互致谢和感激。

6. 如果你不得不处理一个对代课老师无礼的学生，要尊重地说出你自己的感受，并向这个学生寻求帮助，以纠正这种情形。

提前计划，预防未来的问题

1. 用班会来讨论当一个代课老师来到一个班级时会发生什么。要问："学生们喜欢做什么事情来折磨代课老师？"把学生们的主意列到黑板上。然后问："当学生们这么做时，你们认为代课老师会有怎样的感受？"再一次记下他们的想法。

2. 角色扮演学生们折磨和蒙骗代课老师的一些方法，让学生们轮流扮演代课老师。他们还可以角色扮演对出现的问题的解决方案。这会让他们生动地看到会出现的情况。

3. 这时，问学生们认为代课老师遭到这种对待会有怎样的感受。通常，学生们只是没有想过代课老师的感受。

4. 问学生们，当他们有一位代课老师时，他们有多少人愿意帮助而不是伤害代课老师。让他们做头脑风暴，列出一张帮助方法的清单。要把他们的所有主意都写下来，并让志愿者把这些主意做成一张表，贴在教室里。他们可能想给这张表起个标题——"怎样鼓励我们的代课老师"。

5. 为每一门课以及午餐、课间休息和需要集合的情形指定一名学生助理。让学生们做头脑风暴，列出这些助理能帮助代课老师做的事情的清单。给代课老师提供一份学生助理的名单，以及一份班级建议的清单。

6. 要尽量让你的学生们知道你什么时候会不到班里来。这给了他们一个机会问你将要去哪里，并且为你不在时他们将如何表现、学习以及自己做好安排，制订建设性的计划。

7. 要让你的学生把有一个代课老师看作是在一种新的情形中合作共事的机会。要告诉他们，你相信他们会尊重地对待这件事。

8. 当计划安排一个长期代课老师时，要安排出时间让学生们了解这位老师，并与其进行积极的互动。要让你的学生们参与安排代课老师的初次来访。他们可以写出见面时要问的问题，计划一个集体活动，或者准备一个关于自己班级的具体特点的清单。

9. 要让你的长期代课老师参与班会的过程。要告诉他你如何运用班会增强你们的班级氛围。

10. 要意识到，代课老师常常会感到被其他老师和学校工作人员忽视和孤立。在教职工会议上，要讨论这个问题，并让每个人都参与寻找解决方案。

激发灵感的故事

快速解决

朱利安夫人在一个 4 年级班里代课。当她突然听到一声巨响时，她正背对着学生在黑板上布置作业。她吓了一跳，转身看到了一张张咧着嘴的笑脸和地板上的很多书。学生们参加了一次有组织的"掉书"。

朱利安夫人思维很敏捷。她急忙从自己的讲桌上抓起一本书，让它掉到地上，并说："抱歉，我晚了。"学生们大笑起来，从那以后，他们对朱利安夫人很尊重。

一种长期的改变

一位幼儿园老师快要休产假了。她已经用了很多方法让她的学生为她三个月的缺席做好准备。她邀请代课老师来教室里做自我介绍。学生们在班会上为这次见面做了计划和准备。他们列出了要问代课老师的问题的清单，并且计划了在她来时玩的一个游戏。

他们的一个担心是她不知道他们的名字。他们决定为她制作一本书，里面有他们的照片和名字，以便她能认出他们。到了由她接手这个班级时，她已经成了他们的世界的一部分，而他们也成了她的世界的一部分。

捣　　乱

（另见"班会［如何对待混乱］"）

讨　论

单独一种办法永远无法用于处理所有的捣乱行为，因为捣乱的原因有多种。捣乱，提供了一个老师需要理解并回应各种动机，而不是只处理行为的生动例子。本小节将介绍捣乱行为的可能动机（行为背后的目的），以及具有长期效果的处理这些行为的方法和当下的处理方法。

当老师们理解捣乱行为背后的信念时，他们就能更有效地处理这些行为。当学生相信自己没有价值、不重要或没有归属时，捣乱行为代表的是四种错误目的之一：寻求过度关注、寻求权力、报复或自暴自弃。

捣乱往往是由寻求过度关注的目的而引起的。这可以通过韦恩·弗里登和玛丽·哈特维尔·沃克的歌曲《关注》中的几行歌词，得到极好的说明：

> 哦，我可以敲我的铅笔，拖我的椅子，把我的书掉到地上，梳我的头发，吹口哨和哼唱，做出可爱的行为，做鬼脸，大声喊叫，要喝水十次，削我的铅笔，开始哭，反穿夹克，在必须把衣服挂起来时撇嘴，每小时去一次洗手间，用教学卡片搭一座大厦。

寻求权力或报复的学生可能会严重地捣乱。通过捣乱获得的权力可以被用来击败一个老师，或带领其他学生做出捣乱行为。报复可能针对的是其他人或他们的财物。

如果整个班级都捣乱，学生们可能是对试图过多控制、对学生的能力没有足够的信任，以及不尊重地对待他们的大人感到丧失信心。捣乱还可能是因为缺乏合作和解决问题的训练。

建　议

1. 如果捣乱行为让你心烦，并且如果这个学生通常会在得到提醒时暂时停止其行为，其错误目的可能是寻求关注。要让这个学生参与一些事情。要记住代表寻求关注的帽子上的信息是："注意我！让我参与并发挥作用。"（见第 10～19 页"错误目的"）立即使这个学生转向做一些建设性的事情是非常有效的："希拉，你愿意做我们今天的灯光开关员，在太吵的时候关一下灯吗？"那些害怕这是在奖励不良行为的老师们，可能会在尝试这一方法时大吃一惊。那些没有感受到鼓励的学生，与那些因为自己做出了贡献而感受到鼓励的学生相比，更有可能继续其捣乱行为。

2. 如果你感觉受到了捣乱行为的挑战或威胁，并且如果在你干预时这种行为加剧为一场权力之争（被动的或主动的），这个学生的错误目的就很有可能是寻求权力。要尝试用下面的办法之一做出回应：

A. 说出正在发生的事情，并寻求帮助："我看到我们陷入了权力之争。我真的需要你的帮助，以便从中摆脱出来。你有能更好地解决这个问题的任何主意吗？"（要记住，代表寻求权力的帽子上写的是："让我帮忙！给我选择。"）

B. 不提权力之争，要通过承认你需要帮助并立即提供一个选择来转移注意力："珍妮，我需要你的帮助。你愿意做哪件事，分发这些作业，还是把名册拿到办公室去？"这会在提供一种归属感和贡献感的同时，将权力的运用从捣乱转向帮忙。

C. 如果你需要一段冷静期，要说实话："我觉得我们陷入了权力之争，我太生气了，现在无法处理这件事。我们是把这个问题放到班会议程上，还是约个时间在我们感觉好起来之后再谈？"

3. 如果你感觉受到了伤害或者感到憎恶，并且如果在你试图提供帮助时，学生的回应让你感觉受到了更多的伤害，其目的就是报复。打破这个报复循环，需要很大的勇气。觉察会有帮助。要试试下面这些回应：

A. 说实话："我感觉受到了伤害，这告诉我，你可能因为一些事情感觉受到了伤害。"然后，要以共情的方式处理这种受到伤害的感觉。（要记住，代表报复的帽子上写的信息是："帮帮我。我很伤心，认可我的感受。"）

B. 猜一猜可能是什么事情伤害了这个学生。或者问："你愿意说说吗？"

C. 可能需要一个冷静期。见第 2 条中的 C 项。

D. 如果你感到愤怒，并且你自己做出了一些报复的回应，要运用矫正错误的三个 R——承认（Recognize）错误、和解（Reconcile）并一起解决问题（Resolve）。（见第 55 页。）

E. 如果一个学生已经伤害了一个人，我们很容易感到厌恶并想远离这个学生。我们可能会因此惩罚这个学生，并让这个报复循环持续下去。老师们必须要记住，做出伤害行为的学生自己也感觉受到了伤害。他可能会以坚定而尊重的方式说："我这是为了确保我们学校里的每个人都感到安全。我不允许这类行为发生在任何人身上，包括你。"你的目的应当是通过帮助这个学生拥有面对后果的勇气，来防止未来发生伤害行为。鼓励不会奖励不良行为，而是会帮助预防未来的不良行为。

4. 要用班会作为解决具体问题的一个工具。你可以要求学生们帮助找到解决一个学生或整个班级的捣乱行为的办法。

5. 要记住，捣乱还可能是由于本书所讨论的很多其他问题造成的，比如父母离婚、注意力缺乏多动症（ADHD）、亲人的去世，或者消沉。可从这些主题中寻找处理捣乱行为的其他办法。

提前计划，预防未来的问题

1. 花时间训练学生们运用非语言信号，帮助他们对整个班级或个别学生的捣乱行为做出回应。下面的"激发灵感的故事"给出了一些非语言信号的例子。

2. 运用班会教给学生社会责任感和解决问题的技能，并帮助他们感觉到归属感和自我价值感。（给学生们机会体验到给予和接受致谢以及有帮助的建议，是强有力的鼓励。）

3. 在冷静期后，让学生与你单独见面，并运用目的揭示法找出捣乱行为背后的目的。（见第 309 ~ 314 页"四处走动"的最后一小节）

4. 通过共度特别时光来了解与你有麻烦的学生。这可以帮助他感受到足够的鼓励，以停止不良行为。要让这个学生放学后留下来谈一些有趣的话题，例如你们俩都喜欢参与的活动。

5. 很多学生的捣乱行为都有一种模式。要花时间训练这些学生学会解决冲突、做同伴辅导或跨年龄辅导，以便把他们对权力的运用转向做出贡献。对于那些似乎抗拒改变的学生，要向你的主管或学校心理咨询老师咨询，以寻求更多的帮助。

6. 要相信班会的过程和鼓励作用。这可能要花时间——就像下面的故事表明的那样。

用班会解决问题

来自佛罗里达州奥兰多市橙子郡公立学校系统的一位教育支持老师马丁·怀特（Marti White）的故事

马修几乎总是因为打人、骂人、拿其他孩子的东西，或者总是惹麻烦而出现在班会的议程上。我有时候会用班会议程和班会的解决问题环节，来帮助我处理马修在教室里的捣乱行为。

各科目的老师都受够了马修，并且已经开始向校长报告他的大发脾气和打人行为。校长通知我，如果马修下次再打其他孩子，他就要被送回家，停学三天。

尽管我继续运用班会解决马修的问题，但我开始怀疑这是否真的能帮助他。就在这时，有一个一点儿英语都不会说的新生转到了我的班里。由于某种原因，他立刻就喜欢上了马修。因为这个新来的男孩不会说英语，他决定通过用最大力气打马修的后背来得到马修的关注。一般情况下，马修会用报复来反击，而我就不得不把这件事情报告给校长。但这一次不同，马修没对这个男孩做任何事情，他像一只孔雀那样骄傲地走向议程表，并把这件事报告了我。

这本身就已经是一件值得庆贺的事情了，但接下来发生的才真正令人吃惊。马修详细描述了他对这件事情的看法。我的助手会说双语，让那个新来的学生解释他对事情的看法。一开始，他哭了起来，不知道我们只是为了帮助他。我们最后终于明白了，他只是在试图得到马修的关注，以便马修能和他一起玩，他认为除了打马修之外，他没有任何其他办法来达到这个目的。

我问马修对这个问题是否还有像一开始那样的感受。他说他感觉不一样了，并且，从现在开始，他要帮助这个新同学。马修主动提出和他一起去吃午餐，在做课堂作业时坐在他旁边，在课间休息时和他一起玩，在各方面都关照他。这个新来的学生像我一样兴奋，其他学生看到了他们之前从未看到过的马修的另一面。学生们开始感谢马修在班里做的体贴的事情。马修做出的是我从未在任何一个学生身上看到过的最不同寻常的改变。

激发灵感的故事

不用说话也能成功

里德夫人喜欢在她的 5 年级班里运用非语言信号。在开学第一天，她就把这些信号几乎当作第二语言教给了她的学生。比如，安静地坐在座位上并把双手相握放在课桌上，是他们准备好听课的信号。当她希望他们在课堂上或集会时转过身来坐下时，她会在说"转过身来坐下"的同时，和着节奏举起右手的食指划两个小圆圈，并做两次上下的动作。

她还教给了她的学生们在特别吵闹时安静下来的一个信号。她会拍一次手。每个听到拍手的学生也拍一次手。然后，她会拍两次手。几个学生会听到同学的拍手回应，并准备好做第二次的拍手回应。两次拍手通常就足以让所有人安静下来了。偶尔可能需要第三次拍手，才能让所有人听到并以拍三次手作为回应。

孩子们会响应并喜欢这些信号。此外，非语言信号的使用往往能在班级里造成一种积极配合的凝聚力。

停止的信号

来自加拿大萨斯喀彻温省圣·奥利弗学校 2 年级老师特雷斯·德斯顿（Therese Durston）的故事

苏茜去年五月转到了我们学校。她的妈妈在这年秋天开始上班。她上班的时间主要是在晚上，所以，苏茜只能在早上看到她一会儿，而那就是全部。她的爸爸做了紧急的肾脏手术，并且住院很长时间了。苏茜的生活不太顺利。每当老师想要大家安静的时候，苏茜就会更大声地说话。她会做非常不成熟的事情，例如在走廊里爬、课间休息后迟到、去洗手间很长时间、在书桌上乱画、在该听课时看书、在该看书时发出噪声，等等。她是一个有着正常智商和能力的学生。她阅读很好。她开始"不理解"她的作业，所以，我不得不帮助她。

我尝试给她"正面"的关注。我留意她的穿戴。我给她分派特别的事务。我让她帮助我。虽然有了些变化，但她对其他学生来说仍然是一个巨大的干扰。

我最终决定要和她达成一个约定。我把她带到另一个房间，并问她，我怎样才能帮助她在班里合作。她告诉我，她想要一个和班里的女孩们一起玩耍的计划表。她还告诉我，如果你希望一个人对你好，你就必须对他们好。房间里有一面镜子。我让她看她在镜子中的映像。我让她微笑。"发生了什么？""我得到了一个微笑。"我让她皱眉。她得到了皱眉。然后，我告诉她再笑一次，她照做了。

然后，我们谈了失控的问题。我问她是否有一个信号，能让我在看到她失去自我控制时使用。她告诉我可以抬起我的手做一个"停止"的姿势。我们把每件事情都写了下来，签了名，然后返回了教室。我和女孩子们开了一个会，讨论玩耍计划表。她们都很棒，每个人都愿意参与。仅仅过了几天，苏茜的捣乱行为就很少了，而且信号也非常管用。

对　抗

讨　论

很难知道造成对抗的原因。可能是一个学生在家里受到了过度控制或娇纵，而他的对抗是寻求过度关注或寻求权力的一种表现。他可能在家里受到了虐待，而他的反抗是在一个安全的环境中寻求报复的一种方式。他可能是在将自己从媒体中受到的影响付诸行动。这也可能是他对在学校受到的控制与惩罚的反抗——一种说"你控制不了我"的方式。而且，这还可能只是因为缺乏社会技能和社会责任感。大多数学生更愿意合作并做对他们最有利的事情，但是，如果他们被不尊重地对待，他们就愿意承受着巨大的个人痛苦来表明没有人能控制他们。

建　议

1. 首先要做的是审视一下你自己的行为，因为对抗通常是对过度控制的一种直接反应。

2. 如果你的学生好争辩，他的身边可能有一个经常与之争辩的人。如果这个人就是你，要练习让你的学生说最后一句。（这比你想象的难，试一试吧。）

3. 要进入你的学生的内心世界，做一些猜测，以了解对抗背后的原因是什么。认真看看错误目的表（见第 18～19 页）。要用你的感受作为核实这个学生错误目的的第一条线索。

4. 运用目的揭示法。（对其过程的解释见第 309～314 页"四处走动"。）你可以问："你感到生气会不会是因为你认为我对你太颐指气使了？""你感到伤心会不会是因为别人得到了更多关注？"通常，你可以猜测你的学生的生活中发生的那些可能激起其对抗的事情。当你猜中时，你的学生会感觉得到了认可和理解。如果你猜得不对，就再试一次。

5. 要尽可能通过提供有限制的选择，让你的学生起主导作用。（见"激发灵感的故事"）

6. 有些学生会一再逼迫你，直到他们受到惩罚。然后，他们才会安静下来。他们已经被训练得不受到惩罚就不会安静下来。但是，不要运用惩罚，而要说："我不会惩罚你。我很抱歉以前一直使用那种方法，我希望能够改变我们的关系。我对你正在做的事情感到不高兴，但是，我关心你，并且希望得到你的帮助，以便我们能停止相互争斗并一起解决问题。"然后，要以尊严和尊重的方式坚持到底。

7. 重要的是，不要为了避免冲突而对对抗行为视而不见或者向学生让步。通过坚持到底，你是在向你的学生表明你把他看成是一个能够做出尊重行为的人。（见第 42～45 页"坚持到底"和第 34～38 页"坚定而和善"）

8. 不要告诉你的学生去做什么，而要试着问他需要做什么。"在课间休息之前，你需要做什么？"这通常会让学生思考并运用他们的力量去解决这个问题，而不是对抗你的直接命令。

9. 让你的学生知道你需要他的帮助："我会感谢你能给予的任何帮助。"这通常会招致合作，而不是对抗。

提前计划，预防未来的问题

1. 对你来说，这是一个学习如何吸引学生合作的机会。要注意你说了多少话。你在厉声命令、唠叨和责骂吗？你的学生可能会"对老师耳聋"，因为你说的比做的多。如果是这种情况，就要少说多做（见第 116～121 页"不听"）。什么都不要说，除非你说话当真，并且，如果你说话当真，就要给予其全部的关注。要坚定而和善地说你当真的事情；然后，对你说的话要坚持到底（见第 42～45 页"坚持到底"）。

2. 对于习惯性对抗的学生，要找出时间进行训练（这包括训练你自己做到坚定而和善）。训练可以包括班会、积极的暂停、解决问题的选择轮、共同解决问题，或者只是由你做出相互尊重的榜样。

3. 给学生提供有限制的选择，并问一些问题，而不要进行长篇大论的说教。要问你的学生的看法和意见。要真正倾听他在对你说什么。

4. 让你的学生在班会上参与计划活动和解决问题。当学生们以尊重的方式参与做决定的过程时，他们很少会对抗。

激发灵感的故事

语言的力量

来自加拿大安大略省多伦多市伍德布里奇镇圣凯瑟琳学校 2 年级老师斯蒂芬妮·科韦塞（Stephanie Corvese）的故事

去年，我接手了一个"很难搞"的班。我有几个有行为问题的学生，我决定尽力而为。我有一个特别的学生，他会拒绝你要求他做的任何事情；他无法安静地坐着，总是从教室里的这一头跑到另一头。他声称他"讨厌学校",并且无论我说什么都没有改变。一开始,我们陷入了权力之争。我想让他完成他的作业,但他就是不做。事实上,我越是强迫他完成作业,他的行为就变得越糟。他冲我大声喊叫,在课堂上尖叫,踢他的桌子,摔他的椅子。

学校的行为对策团队为我制订了一个计划:如果他不做作业,就让他在教室里"暂停",而且,如果他仍然跟我对抗,就把他送去办公室。如果他在办公室还是拒绝做作业,他就要被送回家。

结果,他一天中的大多数时间都是在办公室里大发脾气,而他的父母对他要被送回家感到很沮丧。在有人向我介绍了给学生提供选择的主意后,我决定在他身上试一下。每当有作业需要完成时,我就会说:"乔伊,你有两个选择:你可以做这个,或者可以做那个。你来决定你想做哪个,当你准备好时,来告诉我。"

嗯,我不是在开玩笑——这句话立刻扭转了他的行为。一开始,他只是坐在那里,或许是在等着我生气,但是,当他意识到我不会再逼迫他,也不会再生气时,他拿起了自己的铅笔,开始做作业了。我简直无法相信。一句简单的话就改变了我们的关系。这个孩子只是不想感觉受到了控制。他需要感觉到他在为自己的学习承担责任。这一变化帮助我更轻松地度过了那一年。我永远不会忘记在那个学年的最后一天,他拥抱了我,并且说:"这个夏天,我会很想念你。"哇!知道自己造成了改变,这感觉真棒!

科 迪

来自加拿大萨斯喀彻温省圣奥利维尔学校 2 年级老师特蕾兹·德斯顿(Therese Durston)的故事

科迪来自于一个严格控制的家庭。他的父亲在家里说了算,你要照他说的做。在 1 年级，科迪有很多时候都待在教室里一个孤立的地方。他想在他愿意的时候做自己想做的事情。我不得不常常思考怎样给他提供选择。你想用红铅笔还是蓝铅笔？你想在你的课桌还是我的讲桌上写作业？我一直努力在能让他掌控的时候就尽量让他掌控，比如放学后他离开学校的时间、选择游戏等等。他让我筋疲力尽。他整天都在试图跟我对抗，然后，在放学后，在所有人都离开后，他会多待 25 分钟，并且一直说个不停。

我决定和他达成一个约定。这个约定是，如果他对抗我，我会给他一个暗号（他选择的暗号是，我在他耳边小声发出"突-突"声，或者如果我离他比较远，就发出火车驶过的声音）。如果他仍然对抗我，每对抗一次，他就要在放学后多留 5 分钟，我们一起练习做老师告诉他要做的事情。（我对这一点感到有点担忧，因为他喜欢在放学后留下来。）

我们遵照约定执行了一天。他出了几次偏差，但是，暗号让他回到了正轨。那一天结束时，他跑向我，一下扑到我的怀里，并给了我一个大大的拥抱："我做到了。我做到了！"我们谈论了他有怎样的感受，然后他和其他学生一起回家了！我已经等不及第二天了。

发脾气

讨 论

当一个学生发脾气时，记住他的行为可能有一个目的是有帮助的（见第 10 ~ 19 页 "错误目的"）。一个学生发脾气，可能是为了得到一个老师的关注，为了按照自己的意愿行事，或因为他感觉自己受到了伤害而想伤害别人，或者是为了让老师放弃他。如果这个学生的目的是其中之一，老师最有效的做法就是先处理发脾气，稍后再处理发脾气背后的信念。

然而，发脾气并不总是寻求错误目的的结果。有时候，孩子们只是负担太重了，任何事情都可能会引起一次爆发。这种类型的发脾气与一场雷阵雨相似。它会澄清事实，让孩子们如释重负、平静下来并重新振作起来。不幸的是，他们的生活中的成年人在几个小时后可能依然恢复不过来。知道这种爆发在某些方面对孩子们有疗愈作用，会拓宽成年人的视角，并通过缓解内疚感、不胜任感以及在他们感到应当阻止这种行为时通常会出现的担忧，来减轻对他们的情感创伤。

有些孩子发脾气可能只是因为他们还没有学会如何以更有效的方式沟通，并且感到无能为力。这种情形给老师提供了一个教给他们宝贵的人生技能的机会。

建 议

1. 如果你的学生们已经帮助你建立了一个积极暂停区，你可以问："去我们的冷静区直到你感觉好起来，会有帮助吗？"在一段冷静期之后，要告诉这个孩子："我们需要为你找到一个让我知道你有什么感受的方法，而不伤害你自己或他人。"

2. 如果一个学生没有伤害自己或他人，你要静静地站在旁边，并在他发完脾气时再去接近他。

3. 你可能想给这个学生看看下一页的情感脸谱，并问他是否能找出一张表达了他的感受的脸。有些学生会接受这种做法，并且这会消解他们的脾气。另一些学生则会在脾气中陷得太深，无法转移注意力。

情感脸谱

平静	兴奋	难过	震惊	自豪	怀疑	苦恼
无助	厌倦	自信	拒绝	害怕	坚定	无聊
厌恶	生气	伤心	好玩	嫉妒	羞愧	紧张
恼怒	绝望	喜爱	不知所措	没把握	暴怒	宽慰
孤独	平和	沮丧	满怀希望	暴躁	内疚	担心

187

4. 如果有可能，要让旁边起到观众作用的其他学生离开。没有了观众，发脾气就没那么大作用了。

5. 你可能会注意到，在被要求换到另一个科目或活动时，发点小脾气是一个学生的风格的一部分。如果这种行为没有伤害到任何人，并且这个学生在发完脾气后做了需要做的事情，你可以决定不予理会。对于有些学生来说，以这种方式处理这个问题会让发点小脾气不变成大发脾气。

6. 不要用你自己的大发脾气来回应一个学生的发脾气。要让你内心汹涌的情感平静下来，以便你能平静地处理这种情形。

提前计划，预防未来的问题

1. 要让学生们知道感觉他们的感受没关系，但他们要为自己的行为承担责任。然后，要花时间训练。这可能意味着要角色扮演替代发脾气的方法，或者要教给孩子们用恰当的词汇表达强烈的情感。情感脸谱可以帮助他们更了解以说出自己的感受来恰当地表达感受的方式。

2. 你让你的学生越多参与对他们有影响的决定，他们就会越少感到需要用发脾气来进行控制。

3. 要与学生及其父母谈一谈，搞清楚他在家里是否发脾气，以及他的父母如何处理这种爆发。要问学生及其父母对于处理这种情形的建议，并说一说你的想法。要一起制订一个以一致的方式回应发脾气的计划。

4. 咨询你的校长和学校辅导员。发脾气可能是一个更严重问题的迹象，表明这个孩子需要额外帮助。

5. 在一次班会上，将发脾气作为一般性的话题提出来。要探究人们发脾气的原因，并让学生们提出人们得到自己想要的东西的更有效的办法的建议。

激发灵感的故事

五岁的哈莉正在学校的操场上。她注意到滑梯那里没人排队，所以，她跑过去准备从滑梯滑下去，但是，克里先到了那里。哈莉很生气，以至于她开始尖叫并跺脚；她的脸变得通红，并躺在了地上。当她踢着腿尖叫时，肯普顿先生走了过来并抱住了她，以免她伤到自己或其他孩子。在那一刻，他选择了行动，而且没有说话。

肯普顿先生一直等到哈莉冷静下来，然后才轻声说："生气没关系，难过没关系。我们所有人有时候都会难过。"

当天晚些时候，当他看到哈莉能够倾听时，他说："我们需要为你找到一些让人们知道你难过的方法，而不伤害你自己或他人。"哈莉看上去很困惑，没有任何建议。肯普顿先生问她，她觉得在她下一次感到难过时，把这个问题放到班会议程上，而不是跺脚和尖叫怎么样。他补充说，她可以自己写上名字，或者把问题口述给他，由他写到议程上。

当哈莉再一次遇到一个问题时，她蹦蹦跳跳地跑到肯普顿先生身边，并说："山姆不让我玩攀爬架。你能为我把这件事写到议程上吗？"肯普顿先生说："当然能。你在控制你的脾气上做得多好啊！我确信同学们有很多帮助你解决这个问题的主意。"哈莉立即把攀爬架的事情抛在了脑后，跑去和其他学生玩了。

两天后，当她的问题在班会上得到讨论时，肯普顿再次感谢哈莉控制了自己的脾气并寻求帮助。然后，学生们讨论了这个问题，他们都学到了一些把问题说出来并寻求帮助的好办法。

父母们的参与

讨 论

父母们的参与会带来改变。研究表明，当父母们参与时，学生的考试成绩提高了，暴力事件减少了，药物上瘾或酒精滥用的情况变少了。参与是建立一种归属感的关键。当父母们感到自己在参与孩子的学校活动时，他们就不会以不恰当的方式寻求获得归属感（关于对父母错误目的的讨论，见第 194 ~ 198 页"父母们的沟通"）。

事实上，老师和学校非常需要父母们。父母是自己孩子的第一位老师。当孩子与其家庭参与学校的活动时，一种全面而丰富的教育就会最好地实现。

当欢迎并鼓励父母们参与时，他们就会参与。但是，学校必须邀请他们以有意义的方式参与进来，而不只是做那些老师不愿意做的事情。如果提供的唯一参与机会是在课间休息时独自巡查操场上的 300 名学生，或者收拾午餐后的残羹剩菜，志愿者是不会争相报名的。

重要的是，在一起要有乐趣。太多的时候，家长会和学校活动既没有乐趣，参与的人也不多。想象一次父母之夜，所有的父亲都穿着奇异的服装在台上一边旋转，一边合唱一首嘻哈歌曲。设想一下他们的 6 年级的孩子看到这种情形时快乐的样子。

如果父母们的参与少到都不出现，要找出其中的原因。改变学校提供的机会，结果也会随之改变。

建　议

1. 让你的每个学生都想出自己父母的一些独一无二和特别的事情（工作、爱好或家庭传统），并邀请父母们给全班同学展示这些技能，或者谈一谈文化和家族历史。

2. 在班会上，引导学生们就班级能做些什么来帮助父母们感到在学校里是受欢迎和特别的提出一些建议。

3. 如果你在让一位父母参与时遇到了极大的困难，要打一个电话或进行一次家访。多付出一点努力，通常会带来大的回报。

4. 和其他老师一起用头脑风暴想出让父母参与的方法。

5. 为家庭计划有趣的活动。要让孩子们参与制订计划，他们的热情会感染其他人。

6. 要认识到，当你让父母们参与你的班级活动时，你需要花时间训练。父母们有时候需要你提醒他们与一件事情相关的具体责任。例如，在进行一次校外考察活动时，学校可能要求你直接从学校到达目的地，中间不做任何停留。（见第 51 ~ 53 页 "花时间训练"）

7. 对于有些父母，你可能需要对他们的参与程度设定界限。对于一个过度参与的父母，一定要阐明需要完成的事情的指导原则。要指出任务的开始、中间和结束。在整个班级的需要与一位父母及其孩子的利益相冲突时，要毫不犹豫地顾及整个班级的需要。

提前计划，预防未来的问题

1. 要让学生们每个星期或每个月为父母们撰写并发布一份简报。学生们可以设计固定的专栏。当学生们参与准备工作时，简报就会进入学生们的家里。

2. 邀请父母们在不同时间和每周不同的日子来教室参观。

3. 在学校里给父母们提供属于他们的地方。这个"父母支持中心"可以是一个房间，或者甚至是房间的一个角落，要放上咖啡壶、几把椅子和一张桌子。父母们可以一起来这里，准备不同班级所需的各种材料（有额外的帮手为学生们剪出拼贴画所需的各种形状不是很好吗?），计划未来的活动。

4. 在学年的第一个星期，要给每位父母寄去一封信，在信中分享你的课程计划，并且提供一张他或她可以以何种方式参与活动的清单。其中要包括一些父母们可以在家里做的事情，以防他们因为工作安排或身体原因不能来学校。

5. 当一位父母帮忙或者参与活动时，要花时间给他们寄去一封感谢信，或者对他们的服务表示认可。更好的是，让学生们负责起草这些内容。要尽可能具体地说明一位父母的行动怎样给你、学生们以及学校带来了益处。

6. 审视一下你自己对父母们参与的感受和信念。你真的想让他们参与吗? 你愿意寻求并接受每位父母所能给予的帮助吗? 当父母们不期而至时，他们感到你把他们的到来当作是一个负担或麻烦吗? 不期而至的来访可能就是一些父母所能提供的全部参与。要把这种来访看作是机会，并通过在你的教室设立一个特别的地方（可能是一张荣誉父母椅）让父母们感觉受到欢迎。如果不期而至的来访对你来说是个问题，要告诉父母们，并和他们一起决定怎么做对你们双方最好。

激发灵感的故事

一个成功的关键

在一所学校里，学生们的学习成绩在纽约市的所有小学中是最差的。即将上任的小学校长相信，父母们的参与是学生们成功的关键。当她接手这所学校时，有人告诉她让这些父母参与是不可能的。她不相信。

在她召开第一次父母教师会（PTA）之前，她设计了一个活动来吸引父母们参会。她让孩子们每天回家都告诉自己的父母，期望他们来参加父母教师会。在每天工作结束后，校长开着车在社区穿行，对那些坐在门廊前的人们大声说她希望在父母教师会上见到他们。别的不说，她至少激起了他们对学校里这位新来的陌生女士的好奇。

她的策略取得了成功。在开父母教师会的那天晚上，有那么多父母甚至是祖父母都到场了，甚至连站着的地方都没有。她向他们解释说，这是他们的学校，而且她需要他们的帮助。她让大人们帮忙的形式有：做木工活儿、刷墙、修窗户、在办公室和教室里帮忙、监督走廊等等。父母们志愿报名，一种新的自豪感被激发了出来。学校变成了每个人都关心的地方。

来自加利福尼亚州索诺玛县花丽小学校长迈克尔·巴布（Michael Babb）的两个故事

第二杯咖啡

这是我们用来在学校里促进学校与家庭之间对话的一个快捷而容易做到的办法。每个月，我们的"花丽家庭支持小组"都会举办一次简单而非正式的"第二杯咖啡"活动。当父母们把孩子送到学校下车时，家庭支持小组的成员（校长、辅导老师、老师以及学校–社区联络员）会给他们端上咖啡和点心。天气允许的话，这个活动会在交通很繁忙的户外过道上进行。父母们和小组成员会打招呼并聊天，造成了一种分享学校活动信息的自然场合，而父母们可以问问题、提出建议，或者只是认识花丽学校社区的其他成员。父母和老师们都很期待这个每月一次的聚会！

开始了解你

就像很多双语教学的学校一样，我们学校定期举办父母语言班。在参加双语沉浸式教学项目的父母们的要求下，我们在晚上为父母们安排了英语和西班牙语的课程。然后，我们更进一步组织了交流环节。下课后，父母们会去一个公共区域，与来自另一种语言班的一位搭档练习他们学习的内容。除了提供一个以他们所学语言为母语的人为榜样的实际好处之外，这种交流真正具有了破冰的作用。父母们与自己以前几乎很少接触的其他父母建立了关系。一位母亲解释说："我以前见到其他父母时，最多也就是在送孩子时点头打个招呼；现在，我感觉我了解他们啦。"

父母们的沟通

讨 论

学生们的父母是敌人还是伙伴？这个问题总会时不时地在每个老师脑海中徘徊。当你为处理某些孩子的行为感到沮丧，而他们的父母似乎让事情变得更糟时，你就很容易责备父母们。其实，应该把这种情形看作是你和学生的母亲或父亲共同成长和学习的一个机会。当你们作为一个团队时，每个人都会赢。

沮丧会影响父母们和老师以及学生们。当父母们感到沮丧时，他们也会陷入四个错误目的，就像孩子们一样。听听下面这些话：

1. "你的做法不管用。你需要尝试一些其他的办法来帮助我的孩子!"这位父亲不停地纠缠着学校给他的孩子帮助。老师看着办公桌上放着的这位父亲的又一个便条,发出了一声叹息(这位父亲是在寻求过度关注)。

2. "我说了算!你不能告诉我要对我的孩子怎么做!没有人比我更知道需要做什么。我比你的学历高,老师!"(这位父母是在寻求权力。)

3. "我要报复。"这位父母发誓要控告学区,要去校长办公室控告老师的所作所为,或者要去行政部门控告校长的所作所为(这位父母是在寻求报复)。

4. "我放弃了。我什么也做不了。你有学历并受过教育,所以你来处理吧。"(这位父母已经放弃了,并寻求别因为孩子的事情来烦他)。

父母们追求这四个目的,是因为他们丧失了信心。老师和学校管理人员可以通过支持父母们帮助自己的孩子的努力,并通过给予他们一种归属感——向他们表明父母们是教育体系良好运转不可或缺的一部分——来鼓励父母们。为在父母和学校之间建立信任,沟通是绝对必要的。在信任建立起来之后,父母和学校将会为了学生的利益而相互配合。

建　议

1. 如果你与一位学生的父母之间出现了困难,就像上面的例子中那样,要承认你面对的是一位丧失信心的父母。(关于如何鼓励他们,见第18~19页的"错误目的表"。)

2. 要倾听并回应父母们的要求和关切。当抱着父母和老师共同学习的态度时,双方都会感到少一些戒备,并对解决一个问题的可能方案抱有更加开放的心态。

3. 把问题看作是让父母们参与的机会。找到双赢的解决方案，可以成为所有相关的人的一个学习机会。从一开始就要有"我们在一起的共同目标是鼓励你的孩子"的心态。

4. 当问题出现时，要记录下来，以便你能明确地转达问题的性质及其出现的频率："在吃午饭前，胡安打了马戈三次。"将这句话与"胡安的行为失控了！"对比一下，哪种信息更有可能让学生的父母想努力找到一个解决办法呢？哪种信息更可能让父母感到沮丧并想辩解？（重要的是要告知父母们孩子出现了不良行为，而不期待他们解决发生在学校里的问题。要让父母们放心，你正在教学生们通过班会来解决问题并相互帮助。）

5. 要尽量从父母们的角度来看待问题。作为父母，在这种情况下会有怎样的感受？你可能会有怎样的感受？文化差异有时会影响对这些问题的回答。一所学校发现，他们实行的在发生问题时给父母送去详细说明问题的便条的规定，给一个家庭造成了相当大的伤害。这个亚洲家庭的文化信念是，一个孩子的行为反映的是其母亲。这个孩子的父亲和母亲都感到痛苦和屈辱。当老师改为开始给这个家庭发送关于他们的孩子成功的信息时，父亲和母亲都感觉受到了鼓励。

提前计划，预防未来的问题

1. 给父母们提供怎样能联系上你的明确的说明。要告诉他们你的电话号码，以及最容易联系上你的时间。要迅速回应父母们的信息。

2. 给父母们提供信息。要定期给学生的家庭发送即将进行的学习计划的概述，以及快到截止日期的特殊作业的预先通知。这会让父母们有参与感，并且会支持你和他们的孩子的努力。作为对一条通知的回应，一位父母可能会及时安排去一次图书馆，或者把一份报告的提交时间写到家里的日历上。

3. 邀请父母们参与班会。当出现一个问题时，要欢迎一位父母和学生们一起寻找解决方案。要建议学生们基于班会的流程主动教自己的家人怎样开家庭会议。

4. 要通过给家里发送有关儿童发展的文章或本地举办的特别的儿童活动的通知，帮助父母们与他们的孩子以及其他父母建立联系。要定期邀请一些人与你的学生们的父母分享养育信息。

5. 每周或每两周提供一次关于学校和班级的信息。有些学校和老师会给每个父母寄去一个装有日程安排、报名表和通知的大信封；前面有一张衬页供父母签名并返回。这是一种定期双向沟通的手段。如果一个家庭从来不返回签名表，努力去发现其问题所在，可能会让学校或老师第一次有效地接触一个家庭。

6. 召开父母-老师-学生三方会（见第 80 ~ 83 页"家长会"）。一位父母或父母双方、一个老师和一个学生，可以变成一个致力于鼓励和改善的团队。

7. 要记住，一个孩子可能有不止一个家庭。要确保给父母双方或监护人都发送家庭通知。

8. 要帮助在你的学校开设能提供儿童看护服务的父母养育课程。要努力为所有孩子提供这些有特别活动的家庭时光，例如披萨之夜或大家一起参与的艺术项目。

9. 要通过家访，在学生们自己的环境里与家人见面。要给父母们提供这种选择，以便你和学生的家人能共度一段让彼此相互了解的轻松时光。

激发灵感的故事

一位特殊教育的老师被派去教一群有听觉缺陷的孩子。其中一些孩子有情绪问题和严重的行为障碍。管理人员告诉这位老师，她从这些孩子的父母那里不会得到任何支持。这位老师拒绝接受这种看法，她开始了一个通过鼓励让她的学生的家庭参与进来的活动。

这位老师通过家访与她的学生的家庭有了第一次接触。在有些情况下，她要到 50 英里远的地方去拜访一个学生的家庭。很多人的家里没有电话，所以打电话是不可能的。

在每次家访中，她都与父母们分享她在他们的孩子身上看到的所有积极的品质和能力。她还问他们是否有任何与他们孩子有关的特别的担心想与她分享。这些家访激发了信任和尊重。

此后，当这位老师寄去家庭通知时，就会迅速得到回复。父母们开始出席以前从不参加的会议（由于距离和汽油费的原因，这对他们大部分人来说都不是一件容易的事）。

因为学生们知道老师去过他们的家里，并且见过了他们的父母、兄弟和姐妹，他们更愿意与她合作。知道她想尽办法与他们的家庭建立联系，让学生们感到很特别。这个最初的行动打开了沟通的大门，这反过来带来了孩子们在学校的努力以及父母对待课程的态度的改善。

告　状

讨　论

"老师！老师！汤米拿了我的铅笔。""史密斯先生！爱丽丝又拿了水彩颜料。"

烦恼的小学教师们经常叹息："学生们总是告状。我感觉自己像个裁判员，而不是一个老师。"另一方面，到孩子们上了中学的时候，老师们常常会抱怨："我的学生们不告诉我任何为帮助他们而真正需要的信息，因为他们不想被别人指责为'告密'。"有趣的是，当学生们学习关注解决方案而不是"告状"或"告密"时，班会就能解决这两个问题。

学生们会因为各种原因告状。有些学生需要持续不断的关注。另一些学生是在从知道自己让另一个学生陷入麻烦中寻求一种力量感。还有一些学生，告状是他们报复一个对他们做了真实或想象中的坏事的同伴的一种方式。此外，告状还可能是学生们对自己想出解决问题办法的能力缺乏信任的结果。班会给了老师们一种有效的方法，把告状当作一种问题的来源，让学生们用来学习解决问题的技能并获得更有效的社会能力。

建　议

1. 当一个学生来找你告一个同学的状时，要问："这对你造成了什么问题？"有时候，这就足以帮助这个学生看到这是跟他无关的问题。

2. 儿童精神病学家鲁道夫·德雷克斯鼓励父母和老师们"让孩子们处境相同"。例如，当你的学生琼妮塔向你抱怨坐在她后面的女孩赛琳娜时，你要说："琼妮塔，听上去好像你和赛琳娜之间有个问题。我期待着听到你们两个说说打算怎样解决这个问题。"你可能想在教室里提供一个安静的角落，让学生们在那里解决他们的分歧。（见"提前计划，预防未来的问题"第4条的方式，他们可以在一起解决问题时采用。）

3. 要让告状的学生知道你关心他，你相信他有能力想出一个解决他的问题的计划。

4. 确定一个口头或手势的暗号，以提醒你的学生运用班会议程列出问题。

5. 不要忘记倾听和运用你的常识。有可能是一个问题已经足够严重，以至于需要成年人的干预，而不是在班会上解决问题。

提前计划，预防未来的问题

1. 在学年的一开始，让全班同学做出承诺——在出现问题时寻求解决办法而不是责备。在教室里挂上一个横幅，写上："我们班寻求解决方案，而不是责备。"当哪个学生在全班面前提出问题时，要将横幅当作是对班级目标的一个提醒。

2. 重要的是，要帮助你的学生们辨别哪些情形需要告诉成年人。从年龄小的学生开始，我们可以讨论告状和说出重要情况（通常会涉及到某种形式的安全）的区别。对于可能已经决定不信任成年人的年龄大一些的学生来说，创造一种让他们的看法和经验得到重视和认真对待的环境是尤其重要的。要与你的学生们一起做头脑风暴，想出哪些情形可能需要他们决定是否需要把情况告诉成年人。之后，应该进行一次关于隐瞒情况的后果的讨论。

3. 向你的学生解释，在正常上课时间，你不会听学生们说他们之间的问题，但是，他们可以把他们需要帮助解决的问题写到班会议程上，并且他们的问题会在班会上得到讨论。要让他们知道，如果他们认为一个问题太严重，不能放到班会议程上，他们可以在课间来找你，或者给你写一个便条。

4. 在学生们可以聚在一起寻找解决问题方案的地方，要贴出解决问题的四个建议：（1）不要理会对方。（2）以尊重的方式把问题谈开。（3）与另一个学生一起找出双赢的解决办法。（4）把问题放到班会议程上。要帮助你的学生们理解每个建议的含义，并通过角色扮演来练习这四种方法。在你确信他们理解了如何运用这些建议之后，当他们发生争执时，要让他们参考这四个建议。

5. 另一个可以贴在教室里或校园里的正面管教工具，是解决问题的选择轮。（见第 59～65 页"解决问题"）

6. 要努力在你的班级打造团体精神。要花时间与你的每个学生建立情感连接，并给他们经常性的机会以积极的方式相互建立连接。班会可以很好地做到这一点；在每次班会开始时用于致谢的时间是特别有价值的。当出现问题时，感受到彼此之间有一种连接感的学生们，会把更少的时间用于告状，而把更多的时间用来帮助他们的同学。

用班会解决问题

卡斯蒂洛夫人的 3 年级的学生们总是争吵。他们跑到她的讲桌前相互告状，都在地毯上磨出了一条痕迹。她很快就感觉自己像是一个坏了的唱片，反复告诉他们应该把问题放到班会议程上。就个人而言，她感觉他们的很多问题都很琐碎而且不重要，但她把这些想法都放在了心里。

在班会上，每个学生写在议程上的问题都会被按顺序读出来，并且会问这个学生："这对你来说仍然是个问题吗？"如果这个学生说"不是"，就会进行下一个议题。

一天，在一次班会上，十个问题被依次读了出来，每个学生都说那不再是问题了，因为他或她已经跟对方一起解决了问题。这时，一个学生要求发言，并且说，如果所有的学生都已经解决了他们的问题，他们不是应该在把他们的争吵放到班会议程上之前就尝试这么做吗？其他学生也同意，并讨论了小事在当时如何会看起来很大，但是，如果你等一会儿，它们似乎就不那么重要了。这次讨论给了卡斯蒂洛夫人一次机会，告诉她的学生们一个重要的解决问题的工具：一个冷静下来的地方（见第 65 ~ 69 页"积极的暂停"）。

卡斯蒂洛夫人感到惊讶的是，不用她再说教，学生们就自己发现了他们是在小题大做。此后，告状的事情就很少出现在议程上了，因为学生们开始只在他们真正需要帮助时才使用班会议程。

公　平

讨　论

要记住，当一个学生抱怨不公平时，他实际上可能是在寻求一个错误目的，比如过度关注或报复（见第 10 ~ 19 页"错误目的"）。公平可能甚至都不是问题所在。抱怨不公平为精神病学家鲁道夫·德雷克斯的教诲提供了一个极好的例子：一个行为不良的孩子，是一个丧失信心的孩子。

当学生们感觉不到他们有归属和自我价值时，他们就会丧失信心，并选择错误目的行为来实现归属感和自我价值感。他们可能通过抱怨不公平来寻求过度关注。他们可能通过确保自己获得最大的份额来寻求权力。他们可能会因为认为自己缺乏归属和自我价值而感觉受到了伤害，并通过在为自己争取公平时伤害他人来寻求报复。他们可能会回避公平问题，因为他们接纳了自己能力不足的信念，宁愿选择放弃也不愿追求公平。

感觉到鼓励的学生们不会担心不公平，他们会寻求解决办法。学生们能够认识到，公平不如搞清楚人们需要什么并帮助他们满足这些需要更重要。

建 议

1. 放弃你自己的"公平按钮"①。孩子们会变得非常了解我们的"按钮",这样他们就能通过按按钮使我们参与一次解救任务,或者偷偷地享受看着我们做出没道理的反应的结果。一位老师惊讶地发现,当她简单地说了一句"我不负责公平"时,她的学生们多么快地停止了抱怨不公平。

2. 想出一些积极的措施,处理校园里出现的不公正。要鼓励学生们找到双赢的解决方案,以便每个人都得到自己需要的东西,而不是担心什么是公平。

3. 要想出一些积极的措施,处理这个世界上的不公正。要通过鼓励学生们给那些对他们发现的不公正情形有权威的报社编辑、议员或其他人士写信,来教给他们知道自己是有影响力的。

4. 当一个学生感到自己遭到不公平对待时,要让他知道你理解并关心他的感受。要问一些"什么"和"怎样"的问题,让他多告诉你一些,并提出他自己的解决方案。如果他这样做有困难,要建议他把问题放到班会议程上,以便得到同学们的帮助。

5. 要注意公平是否是你正在寻求的东西。你的行为或话语,可能会招致你的教室里出现更多这样的行为。当学生们找你抱怨不公平时,你是在强调他们的抱怨不公平,还是你能够引导学生去寻找一个解决方案?

提前计划,预防未来问题

1. 在班会上,帮助学生们进行一次关于公平的讨论。列出一

---

① 能够让你一触即发的公平方面的问题。——译者注

张被认为是不公平情形的清单，并讨论它们事实上是否不公平，是否代表着真正的不公正。

2. 在班会上开展一次关于"各自眼中的现实（Separate realities）"的讨论。举一个类似这样的例子：露西认为凯特有一个铅笔盒是不公平。另一方面，简不在意有没有铅笔盒，因此，她并不认为这种情况是不公平。一个人认为不公平的事情，可能在另一个人看来是公平的，或者不是一个问题。

3. 要意识到出生顺序对一个孩子对公平的看法的影响。公平通常对于独生子女、排行老大或老小的孩子并不是一个问题。然而，排行中间的孩子可能会有一种强烈的公平和公正意识。事实上，很多排行中间的孩子的格言就是"生活是不公平的"。这些孩子通常是"处于劣势一方"的支持者。记住这一点，要对排行中间的孩子保持敏感。要帮助这样的学生将其对不公正的敏感导向积极的方向。

用班会解决问题

费尔特先生的班级图书馆里的一本新书被撕烂了，有几页不见了。没有人承认做了这件事。他非常失望，以至于向他的学生们宣布这一学年剩下的时间将禁止所有学生进入班级图书馆。他听到几个学生抱怨说这不公平，他们需要用一些书作参考。

费尔特先生想了一下，决定把这个问题放到班会议程上。在解释了他听到的抱怨，并承认或许有别的办法来处理这种情形之后，他告诉全班学生，他需要他们的帮助。学生们决定，他们将举办一次募捐活动，并用募捐来的钱购买一本新书替换被撕坏的书。这个解决办法看上去对每个人都是公平的，因为他们一起努力替换了一本所有人都能用的新书。

害 羞

讨 论

安静、内向与害羞是不同的。害羞意味着害怕自己的行为举止不恰当或者不确定该如何表达自己，而内向是在进行信息处理时偏爱内省。社会往往试图决定一个人应该什么样。在美国，外向行为得到的评价要高于拘谨、内省的性格。如果给学生贴上害羞的标签，老师就会限制学生们的选择，并且通常无法做到尊重其独特性。

有些学生会接受"害羞"的标签，并且下意识地用它来达到自己的目的。他们可能会通过做"一个害羞的孩子"来找到一种归属感和价值感。害羞的行为可能会被用来给他们带来关注（即便他们看上去会回避关注）或者特殊服侍。一些学生会用害羞作为免于别人介入的方法，因为他们感到自己能力不足，并且想避免参与。

建 议

1. 要接纳一些学生声音轻柔，不那么有攻击性，以及更愿意参加小组活动而不是大的集体活动。如果老师们相信这些特点不太让人满意，他们就无法做到尊重不同的风格。

2. 不要代替一个学生说话，或者试图哄劝他在讨论中发言。要相信他在准备好的时候就会参与进来。当一种行为不再能达到一个目的时，孩子们通常就会放弃这种行为。

3. 要避免唤起对难为情的行为的注意。一个常见的错误是相信你说"你这么安静",是在帮助学生。相反,这会强化那些想得到过度关注的学生的行为,并且让那些感到自己能力不足的学生泄气。

4. 要让你的学生自己交朋友,而你不要插手。只要一个学生已经建立了一些友谊,就不要在不存在问题的地方造成一个问题。(更多信息,见第 381～385 页"友谊问题")

5. 不要强迫一个学生参与;要允许他自己主导。要留意他可能发送给你的一些微妙的信息。他对即将到来的班级表演发表看法时的犹豫不决,可能表明他愿意被分配一句台词或一个小角色。

提前计划,预防未来的问题

1. 要避免告诉学生、父母和其他老师某个学生害羞。当你使用标签时,你就强化了这个孩子的错误信念,并且会弱化他做出改变的选择。(见第 10～19 页"错误目的")

2. 要搞清楚一个学生是否把自己的害羞行为看作是一个问题。如果他没有,就要接纳他的内向风格。如果他将其看作是一个问题,要问他你可以怎样帮助他在与其他人相处时感到更自在一些。要和他一起列出一个可以尝试的主意和小步骤的清单。拥有更多和更好的技能会增强他的自信。

3. 不要让一个学生的害羞成为不参加班级项目的借口。如果一个学生所在的小组必须在全班同学面前介绍其成果,要这样鼓励他:"感到心神不安没关系,但你仍然必须解释这个项目的一部分。有什么办法可以让我帮助你感到更自在一些吗?"

4. 要确保有一个物品——例如发言棒——在班会上绕着圆圈传递,以便给予学生发言的机会;所有的学生都应当有一次机会，要么发言，要么说"过"。一个不太敢说出自己的观点的学生，在手里有这个物品时通常就会大胆地发言。

5. 要给孩子们提供不会感受到威胁的机会，站在全班同学面前并分享信息。在低年级孩子中的"展示并介绍"① 能让学生们轻松地接近全班同学。年龄大一些的学生可能喜欢展示一个不需要他们说太多话的技能。看着一个同学搅拌做巧克力蛋糕的生面团，或展示如何在鳟鱼钓钩上扎蝇饵，对于学生们来说是很有趣的，并且会增强他们对个人才能的尊重。对任务的熟练会减少难为情的学生在一群人面前的焦虑。

激发灵感的故事

尽管谢泼德先生的学生们定期召开班会，但他注意到有一个叫詹姆斯的学生在致谢和感激环节从来不说话。他还知道詹姆斯在课堂上不愿意发言，不愿意提问题或举手回答问题。

一天早上，谢泼德先生在其他学生到来之前与詹姆斯谈了谈。他说："我注意到你在我们的班会上致谢和感激时说'过'。"老师刻意只说了这一具体的行为，而没有说他在讨论时总是不贡献意见，以免让他不知所措。谢泼德先生和詹姆斯做了一次交谈，并了解到他不发言是因为害怕自己说的不对或者大家会嘲笑他。

谢泼德先生想出了几个他认为可以帮助詹姆斯的主意。一个主意是让詹姆斯在开班会时坐在他旁边。另一个主意是詹姆斯可以当时练习给予一个致谢。

詹姆斯对两个办法都愿意尝试。他提出了一个致谢，并在谢

---

① Show and Tell，孩子们从家里带喜欢的东西展示给老师和同学，介绍这些东西的样子、来历、用途、好处等等，甚至可以带自己的宠物。——译者注

泼德先生的鼓励下排练了几次。通过迈出一小步并体验到成功，詹姆斯获得了勇气。

当天晚些时候，詹姆斯在科学实验课上主动提出了自己的观察结果。第二天，他向一个同学致谢，就是他与谢泼德老师练习过的那个。在这一学期后来的时间里，詹姆斯的参与增多了。

"好"学生

讨 论

每个班级都有几个学生从来不给老师找任何麻烦：娜雅总是按时交作业，并且可以指望她完成得很好。贾斯汀总是专心听课，甚至不会考虑违一次规或者在没轮到自己时就说话。总是表现很好，可能会有看不见的代价。做"好"学生的负担可能包括完美主义和孤立。学业成绩和遵守规矩的能力是重要的。然而，同样重要的是学会作为一名团队的成员和大家一起工作，掌握沟通和交往能力，以及承担风险。那些仅通过学业成绩和服从来衡量成功的办法，会轻视孩子们在其一生中所需要的很多其他重要技能。当社会能力、解决问题的能力和团队合作在教室里也同样受到重视时，所有学生都会受到鼓励去平衡他们的长处与不足。

建 议

1. 要意识到贴标签造成的影响。如果你给一个学生贴上"好学生"的标签，那么，当他表现不好时他会怎么想呢？通常，这个学生会认定："如果我做得不好，那我一定是坏的。"

2. 要让学业成绩优秀但社会能力不足的学生与一个能够平衡这些长处和不足的孩子结成一对。要让马蒂帮助汤姆学习拼写单词，并建议汤姆作为交换可以在课间休息时和马蒂一起玩投篮，并教他一些小窍门。这种方法会表明，你因为这两个男孩能做的事情而对他们都重视。你既没有强调一种能力比另一种能力更重要，也没有因为缺乏任何一种技能而贬低他们。

3. 要积极地教给孩子们错误是学习的机会。可以以学习骑自行车为例进行讨论。"谁在这个过程中摔下来过？""摔下来是放弃尝试的一个理由吗？""摔倒是学习如何在自行车上保持平衡的一部分。"我们所犯的错误是我们自己的私人教师，也是我们所有人学习新事物的方法。

4. 要留意并鼓励承担风险的迹象，尤其是当冒险没有带来大的成就时。一个孩子可能会变得过于以成就为导向，以至于会被一次不那么完美的作业搞得不知所措。要帮助他理解，他从失败中学到的东西可以像从成功中学到的一样多。

提前计划，预防未来的问题

1. 要鼓励学生参与对他们来说全新的领域。班上的数学奇才可能喜欢作为排球队的一员与同学交往。或许，你可以吸引他的父母在这方面提供帮助。不幸的是，有些家庭把学业之外的追求看作是没有价值的，因此不鼓励他们的孩子参与这些活动。玛丽，一个全 A 的学生，从来不参加她感兴趣的美术课，也不参加高中游泳队，因为她的父母认为这些活动是浪费时间。结果，玛丽错失了在很多重要方面获得成长的机会。有时候，教育父母是促进孩子发展的第一步。

2. 要平衡个人活动与集体活动，以便在班里的成功从不同方面得到衡量。一位交了一篇出色的科学报告的学生，可能在必须与其他几个同学合作设计一个移动太阳能装置时遇到挑战。两种类型的学习都是重要的。

3. 要鼓励学生们承担一些合理的风险。角色扮演，对于班里的每个人做出与自己平时不同的行为都是一个大好的机会。假设约翰总是按时坐在座位上，并做好上课的准备，不仅把铅笔摆在课桌上而且把它们削好。在今天的班会上，当学生们讨论没有削铅笔的问题时，约翰可以角色扮演一个从来不记得削铅笔的学生。对于他来说，安全地做一些在平时上课时害怕做的事情会很有趣。对约翰来说，这是一次很小但很健康的冒险。

引以为戒的故事

这是学校的拼字比赛时间。每个班级的冠军将与其他年级的班级获胜者进行比赛。这一天，巴里小姐 5 年级班上的所有学生都在比赛中败下阵来，除了两个人：乔娜斯和丽塔。班里的"大脑"现在是一对一比赛了。在接下来的三天，全班同学都耐着性子看完了这场单词的"网球比赛"。最后，丽塔赢了。

30 年后，丽塔仍然能告诉你使她获胜的那个单词。她还会告诉你，她从那以后拒绝再参加拼字比赛，或任何类似的竞赛。她感到如此尴尬，并因为这次经历感到被如此孤立，以至于她参与比赛的意愿受到了永久的影响。

当孩子们被迫表现时，他们会付出代价。但是，在一种没有压力的情形中，他们能体验到出色地完成一件事情的满足感，而不会感到自己需要赢。或许，巴里小姐原本可以让丽塔和乔娜斯放学后留下来进行拼字比赛。当然，当比赛超过两天时，宣布两人不分胜负，会让两个学生都晋级，并卸下对她们的表现造成的越来越大的压力。要想象一下其他学生在这三天里有什么想法和感受。这次经历让丽塔和乔娜斯和她们的同学的关系更亲密了吗？当然没有。事实上，这种压力可能会让那些努力应对着孤立的学生进一步被孤立。

所有的学生都需要胜出和失败的机会。以一种积极的态度面对错误，能促进学习，并让孩子们自由地进行能导致带来新发现的冒险。

哼　唧

讨　论

"利——斯特拉——夫人，我不喜欢我的午餐。"你能想像出一张皱成一团的小脸用悲伤的眼神盯着你的情形吗？哼唧的学生相信，只有当别人不停地为他忙碌或注意到他时，他才有归属。对于一些学生来说，哼唧是他们所知道的得到自己想要的东西的唯一方式，可能从来没有人教过他们以尊重的方式要求他们想要的东西的技能。对于其他学生来说，这是他们经历的一个阶段，一旦他们找到更好的归属方式，哼唧就会消失。

建　议

1. 当哼唧开始时，要停止对这个学生哼唧着抱怨的问题做出回应。要说你注意到了他声音的变化。要让他换一种语气重复他刚才说的话。

2. 让这个学生想出一个你在听到他开始哼唧时给他发的暗号。要将其作为对出现的情况一个友好的提醒。

3. 要把行为和做出行为的人区分开。要让你的学生知道，你真的喜欢他，但你不喜欢哼唧。然后，要决定你怎么做，并要告诉他："当你哼唧时，我不会做出回应。当你的声音变回愉快的语气时，我会很高兴回答你的问题或者帮助你。"

4. 运用情感诚实的句式："当我听到哼唧时，我感到很恼怒。我关心你，并且我希望你足够关心你自己，用一种愉快的语气说话。"要记住，说出你的愿望并不意味着一个人会满足你的愿望；然而，你是在让学生看到你可以感觉你的感受并希望得到你想要的，而不期待其他任何人有相同的感受或给予你想要的。

提前计划，预防未来的问题

1. 如果一个学生习惯性地哼唧，要通过与他安排特别时光并找到让他在班级里参与的方法，来处理他对归属感的需要。要给他提供一件班级事务，例如帮助写公告栏，给一个年龄更小的学生阅读，或者在放学后和你一起把作业本分类并码放整齐。

2. 花时间教给学生尊重地表达愿望和需要的方式。要让学生们知道，如果他们尊重他们自己以及他们的感受、需要或愿望，他们就更容易以一种尊重的方式表达出来——但其他人可能不会有同样的感受，或者给予他们想要的东西。

3. 定期召开班会，会给学生们提供一个舞台，让他们能得到倾听，并得到对他们表达自己的方式的反馈。

4. 要留意一个经常哼唧的学生用一种正常语气说话的时刻："我真的感激你努力把话说清楚。谢谢你。"

5. 哼唧的学生，可能是一个不知道如何告诉你其归属感受到了威胁的丧失信心的学生。要通过指出他以积极的方式为班级作贡献的那些时刻来鼓励他。

6. 要注意，哼唧有时候是一个人无法明确地表达一种感受或想法时所采用的一种方式。要通过马上给予反馈，来帮助学生意识到这一点："我注意到你选择了哼唧，并且可能不知道怎样明确地说出你想要什么。我怎么才能帮助你？"

激发灵感的故事

这是九月份，加里森先生开始了解他的新班级。当他发放学习用品时，他听到罗伯特的声音变成了刺耳的哼唧，他立刻感到很恼火。加里森先生做了一个深呼吸，对罗伯特说："当你用正常语气说话时，我会很高兴帮助你并回答你的问题。"罗伯特改变了语气，加里森先生回答了他的问题。二十分钟后，罗伯特的声音又变得很刺耳。加里森先生咬紧牙关，再一次告诉他要用正常声音说话。这个模式持续着，而加里森先生恼怒的程度超过了罗伯特哼唧的分贝。

那天晚上，加里森先生找出了他的正面管教笔记。在翻阅的时候，他看到了"错误目的表"。第一行就是对他处理罗伯特的哼唧的答案。他自己的恼怒让他认识到，罗伯特的目的是通过寻求过度关注来寻求归属感和价值感。表中最后一栏建议的解决办法中，最符合加里森先生需要的似乎是忽略这种寻求关注的行为，并通过让罗伯特在班级里参与来以更恰当的方式满足他对归属感的需要。

第二天，尽管确信罗伯特牢记着"在你用正常的声音说话之前，我不会回应你"的回答，但加里森先生仍然花时间在私下又向他解释了一遍。这一次，他补充说他不会回应哼唧，甚至都不会提醒，因为他现在相信罗伯特知道他的期望。

接下来的几天，加里森先生在进行一个让罗伯特一整天都参与帮忙的活动时，坚决不理会他的哼唧。加里森老师邀请罗伯特点名，协助分发午餐盒，在班里的学生练习加法时为他的小组举闪视卡。到第二周，罗伯特对班级日常事务非常投入，以至于他哼唧的需要消失了。加里森欣慰地出了一口气，并把一张"错误目的表"放在了自己的书桌上。他已经帮助罗伯特改变了为感觉到自己重要和得到关注就需要哼唧的信念。

话匣子

讨 论

各个年龄都有喜欢说话的人。有时候，老师们发现喋喋不休的学生很讨人喜欢。比如，你或许认识一个梅根："活泼""热情"和"充满活力"，是一位又一位老师在梅根的成绩报告单上写的评语。梅根很有魅力，让她的老师们注意不到她只是在不停地说。她喜欢说话，并且对每件事情都有很多话说。当这个可能很讨人喜欢的特点违背情形的需要时，比如另一个人正在说话或者需要做作业，问题就出现了。

当这个世界上的梅根们不那么擅长用魅力迷住他人时，他们就只会让人厌烦。当他们在不恰当的时间脱口而出时，老师们可能会变得对他们很生气，或者感到很震惊。

无论老师们把一个"话匣子"看作是令人愉快的，令人烦恼的，还是无礼的，"口才"都是一种天赋。老师们可以通过引导学生以能促进课堂学习的方式运用这种天赋来尊重其价值。

建 议

1. 给喜欢说话的学生分派一个在班里发言的事务。让他知道你认可他的天赋，并且相信他在课堂上会以建设性的方式运用它。他的职责可以是介绍新同学、宣布通知，以及引导很少说话的学生多说话。

2. 与喜欢说话的学生确定一个暗号。你们可以约定，当他说话开始妨碍到情形的需要时，你拽一下自己的耳朵或者把你的手放到心口（只有当这个学生承认暗号有帮助——尤其是如果由他提出对自己管用的暗号时，这种做法才会有效）。

3. 如果你注意到学生在不恰当的时间说话，你在说任何话之前要先等待并观察一下。当学生们注意到你在耐心地等待时，他们通常会停止说话。如果你事先向全班同学解释过，当并非所有学生的注意力都集中在你身上时，你打算停止讲课，这会更加有效。

4. 爱说话的学生会错过讲课的内容。要与这些学生进行一次讨论。要告诉他们，你今天注意到，在拼写和数学课上，他们都没有听你讲课。要问"什么"和"怎样"的问题，帮助他们认识到他们说话妨碍了他们跟上课堂进度："当你错过讲课的内容时会发生什么？""什么原因造成了这种情况？""这对老师和其他同学造成了怎样的影响？""你有什么解决问题的主意？"这种交谈会让他们为自己的行为承担起责任。

5. 你自己做到情感诚实会有帮助。要用这样的句式："当_____的时候，我感到_____，我希望_____。"在面对一个健谈学生的情形中，你的话可能听上去像这样："当我重复说明很多遍时，我感到很沮丧，我希望我只需要讲一次。"要注意，这个句式中没有提到"你"。要将关注点放在你自己的需要和观察到的事实上；不要说你想如何改变或者控制学生的行为。当学生们听到你尊重地说出自己的感受时，他们通常会更愿意合作。

提前计划，预防未来的问题

1. 学生们愿意合作并做对他们最有利的事情。但是，如果你对他们不尊重，他们就会竭尽全力表明你不能对他们发号施令。要运用错误目的表（见第 18 ~ 19 页）去破译为什么一个孩子会选择不停地说。他是在寻求关注、显示权力、报复或掩盖对感到自己能力不足的焦虑吗？要用表中的最后一栏来找出有效的回应办法。

2. 不要试图控制健谈的学生，而要教给他们如何控制自己。要帮助他们学会在享受交谈的乐趣之前，先列出需要做的事情的清单。当说话妨碍到讲课时，要让他们检查自己的清单。

3. 把爱说话的学生叫到一边，问他是否愿意帮助你引导那些不敢说话的更内向的学生多说话。可以教健谈的学生寻找另一个学生想说话的迹象（诸如胆怯地举起手这样的身体语言）。他们可以通过说"我想听艾瑞尔要说什么"来鼓励这个学生。

4. 要帮助那些不恰当地说话的学生看到其行为的长期后果。要以一种友好的方式问他们，当他们没有听到讲课的内容时会发生什么，当他们没有完成作业时会发生什么，以及当其他人没有相同的发言时间时可能会有怎样的感受。学生们需要了解有关其行动后果的信息，当他们参与收集这种信息的过程时，他们就会倾听。然而，他们对说教会充耳不闻。

5. 在一次班会上做一次角色扮演，探究当有人在课堂上不断地说话时会发生什么。然后，要让学生们用头脑风暴提出解决这个问题的建议。

6. 设计一个在公开场合讲话的活动，给健谈的学生提供经常面对集体发言的机会。

7. 要鼓励爱说话的学生竞选学生会的职位，演讲技巧以及在其他人面前讲话的意愿在学生会中是一种优势。

用班会解决问题

林德伯格先生对学生们在他的课上总是说话一直感到很恼怒。他决定把这个问题放到班会议程上。在接下来的班会上，他解释了他有怎样的感受，并指出做一次角色扮演也许能帮助大家理解他的处境。他让两名志愿者扮演学生，一名志愿者扮演他。他递给扮演他的学生一本书，并让这个学生假装正在讲关于名词的内容，让另两个学生在前者讲课时说话。

之后，林德伯格先生通过问扮演者有什么想法、有怎样的感受，以及他们决定未来怎么做，帮助学生们对角色扮演进行梳理。他感到，他对全班同学此时已经理解了他的需要并且会做出相应的回应充满了希望。

第二天，当林德伯格先生给学生们读自己的笔记时，他们表现出了对这个问题的体贴，他们克制住了自己，没有不停地说话。但是，这个问题并没有完全解决。几天之后，一个大胆的学生向林德伯格先生建议，如果他少说一点儿，并允许孩子们更多参与，他们或许就会发现更容易做到安静地坐着听课。

林德伯格先生惊讶地张大了嘴，但是，他很快就意识到自己冗长的讲课是造成问题的一个原因。他还很感激班会能让人大开眼界——而且，不只是对学生。

忌　妒

讨　论

来自加拿大阿尔伯塔省埃德蒙顿市卡那封小学 3 年级老师比

尔·蒙罗（Bill Monro）的故事

当我与老师们分享新版的《正面管教》时，我让他们看看列出的主题，并让他们提出感觉被遗漏的问题。6年级的老师洛娜·汉克提出的是"忌妒"。然后，我们计划了一次帮助学生们讨论忌妒的班会。

我问学生们忌妒感会造成什么问题。他们提出了下面这些：偷东西、打架、被冷落、骂人，以及贬损（"恼怒"）。引起忌妒的原因包括，别人受欢迎、长相、着装、智力、运动能力和运动成就。很多学生还举了自己的例子。

然后，我们问他们对如何处理自己和同学的忌妒感有什么建议。学生们想出了以下这些。

建 议

1. 用自我对话鼓励自己。
2. 当你倾听别人时，要运用共情。
3. 尽量不要把自己与他人做比较。
4. 要帮助人们看到他们自己的长处。
5. 接纳你自己。
6. 尊重你自己的天赋和能力。
7. 向学生提出这一思想：请赋予我平静，去接纳我无法改变的；赋予我勇气，让我改变我能改变的；赋予我智慧，让我知道这两者的不同。（这是在课堂讨论中一位老师建议的。摘自神父雷茵霍尔德·尼布尔的《平静祷文》。）

鼓舞人心的结论

全班同学被分成了小组，要求每个小组都构想一个关于忌妒的角色扮演，并表演至少两种建议的方法。学生们将自己在真实生活中的经历体现在了角色扮演中。

作为一个班级，我们得出结论：一旦一个人认识到忌妒是造成自己贬低别人或者被别人贬低的原因，他就能放弃忌妒，并感到更平和。而且，学生们还认为，这种理解本身就可能改变负面行为以及对它的回应。

学生们和老师们计划进一步探讨这个问题，因为他们都感到自己只是接触到了问题的表面。此外，老师们和我还意识到，我们必须帮助学生们在识别自己的感受方面变得更有经验。

家庭作业（非传统的）

讨 论

成千上万的学生、父母和老师都在传统的家庭作业问题上遭受着痛苦。下面的方法，可能会引起很多寻求消除家庭作业造成的挫败感的人的兴趣。

建议、提前计划以及激发灵感的故事

辛迪·怀特是位于加利福尼亚州花岗岩湾一所名叫"花岗岩湾校舍（Granite Bay Schoolhouse）"的私立学校的所有者和校长。辛迪不相信传统的家庭作业，布置给每个学生的唯一的家庭作业就是计划一些与自己的家人在一起的时间。

辛迪之所以采取这种革命性的方法，是因为她相信家庭作业往往更有害，而不是更有帮助。她概括了几个原因：

1. 如果学生们理解了一个概念，他们为什么还要做 20 个几乎完全相同的题目呢？如果他们掌握了某个知识，为什么还要练习呢？（想一想，如果我们为了练习，而不是为了快乐或完成一件具体的事情，每天晚上不得不骑自行车围着街区转 20 圈，我们将会被剥夺多少骑车的乐趣？）

2. 如果孩子们不理解一个概念，或者没掌握他们应该掌握的知识，他们怎样能把自己不理解的东西告诉父母呢？这个问题通常最终会毁掉这个家庭的夜晚，让每个人都感到很沮丧，并损害孩子的自尊。

3. 如果由父母来做家庭作业，这个孩子会学到什么呢？例如，父母们经常接手孩子的科学展览作品。因此，一个完美的作品被送到了学校，但是，孩子被排除在外了。这种经历会让他感到自己无能和不重要。这个孩子怎么能达到其父母那样优秀的能力呢？唯一得到赞叹的作品，就是由父母们完成的那些。那么，那些少有的由自己完成作品的孩子——他们的作品相比会黯然失色——会有什么感受？

花岗岩湾校舍的老师们每天确实会布置家庭作业——从"家庭"和"作业"的最佳意义上来说。家庭作业——计划一些与家人在一起的时间——是由学生来完成的。每个孩子都要负责选择一个全家人一起参与的活动，并使之实施。通过这种家庭作业，孩子们学会了计划时间、制订并执行计划，以及珍惜与家人在一起的时间。

每一天，学生们都会被问到前一天晚上的家庭作业做的是什么。他们以写日记、小组合作，或者与一个朋友或父母志愿者一对一分享的方式来做出回答。

一个孩子说，他爸爸想要修剪草坪。这个孩子决定让他的爸爸允许他做一张应该如何修剪草坪的地图。他们一起画出了地图，然后，孩子跟在爸爸旁边，以确保爸爸按照地图修剪。他们都度过了一段愉快的时光。

有些父母太忙了，以至于很难找到时间陪孩子（这提出了一个优先事项的问题，但这并不是这里讨论的重点）。请想一想，没有好几页的数学题让人烦恼，没有另一张地图要描画和填写，将会给孩子和父母留出多少相互陪伴的高品质时间。

家庭作业可以简单到让孩子为一个家庭成员选择一本书并让他或她读给大家听听，或者决定在晚餐之前而不是之后洗澡，以便为家庭娱乐活动留出时间，或者帮助准备晚餐。重点是让孩子为家人和睦相处承担起责任。

在听到这个令人兴奋的概念之后，父母们可能会反对："但是，家庭作业会帮助父母了解孩子正在学什么，以及孩子学得怎么样。"辛迪的回答是，如果父母们想知道自己的孩子学得怎么样，他们可以自愿到教室里来。孩子们喜欢看到自己的父母来学校，即便只是在中午休息时来15分钟。

传统的家庭作业造成很多压力。有多少父母逼迫他们的孩子完成作业，直到孩子们相信自己的价值取决于学业的成功？有多少父母因为自己的孩子没有得到全A而评判他们？这些评判会对孩子们造成什么影响？有多少父母因为自己的孩子没有邻居的孩子做得好而感到自己不胜任？孩子们对自己的认识会发生什么变化？把家庭作业时间转变为家庭时光，可以消除很多这样的问题。然而，当老师们决定实施这种类型的家庭作业时，他们应该告诫孩子们和父母们，他们计划待在一起的时间不能用来进行说教；只有令人愉快地渡过这段时间才满足这种家庭作业的要求。

家庭作业的这种概念，为那些正在摆脱家庭的高中生们提供了各种有趣的可能性。这会有助于平衡他们对同龄人群体的强烈需要。

父母们能够为自己孩子做的最棒的事情，是与他们共度高品质时间。没有任何其他事情比这件事更能满足孩子们的最大需要——感觉到归属感和价值感。花岗岩湾校舍布置的家庭作业，是让父母们认识到这一事实的一个很好的提醒，并会把这一真理逐渐灌输到孩子们的生活中。

家庭作业（传统的）

（另见"不交作业""家庭作业［非传统的］"以及"不及格"）

讨 论

家庭作业有很多可能的目的。学生、老师和父母们需要理解各种不同作业背后的目的，以便他们都努力实现同样的目标。这些目的可以包括：

1. 家庭作业能让学生练习他们在课堂上学习的技能。
2. 家庭作业会教给学生为选择运用时间和努力学习承担起责任，并为作业负责。
3. 家庭作业会教给学生坚持不懈，因为学生们必须学会坚持做很难或要求高的作业，直到最终完成。
4. 家庭作业会培养学生的自律，因为学生们必须在面对更有吸引力的事情时选择做作业。
5. 家庭作业会培养个人的学习能力和习惯。
6. 家庭作业为父母们提供了与自己孩子的学校和学习生活的一种联系。
7. 家庭作业能教给学生做时间管理——如何组织个人的时间

并按时完成作业。

无论这是不是老师布置的家庭作业背后的目的，或者老师是否有不同的目的，老师、学生及其父母都应当知道作业背后的理由。以这种理解作为出发点，围绕着家庭作业的问题就都可以用上面列出的清单进行检验。想一想下面的例子：

约翰有一份应该在一个月内完成的读书报告。他为此需要做的第一步是什么呢？找一本书并阅读，对吧？约翰没有考虑到这些小细节。在该交报告的前一天晚上，看着刚选的一本书，约翰遇到了一个问题——他第二天无法交读书报告。但是，当出现这种情况时，真正的学习却开始了。

"为什么没有写完报告？"史密斯女士问约翰。

"我没有时间看完这本书。"

"噢，为什么会这样？"

"我昨天晚上才开始读。"

"你还记得你什么时候知道要做这个作业吗？"

"我想是上个月。"

通过对话，史密斯女士帮助约翰探究了哪里出了问题，以便他开始认识到自己需要培养的时间管理的技能。她帮助他接受了这一信息，并将其运用到以后的作业中："你对于下一次布置写读书报告时该怎么做，有什么主意吗？"

下一次，约翰可以看看日历，并数一数到交报告还有多少天。通过减掉他预计写报告并润色需要的天数，他就能安排自己的阅读计划了。一旦他知道他必须在多少天内读完一本书，他就会看看书有多少页。然后，他就能制定一个每天读多少页书，或者决定在某个日期前读完书的一半内容的阅读目标。

这个过程会帮助约翰感觉到自己处于对整个情形的控制中，并且对自己处理未来作业的能力感到乐观。这还达到了前面列出的清单中的三个目的：培养自律、教给学习技能，以及让学生看到如何运用时间管理技能。

把这种方法与惩罚的方法做比较："约翰，你没有交读书报告，因此，今天放学后你必须留校。"这种办法能实现前面提到的家庭作业的哪个目的呢？当以家庭作业的目的为背景进行考虑时，老师们对待家庭作业问题的方式就会完全改变。

建　议

1. 要考虑给家庭作业另起一个名称。将其称为"投资时间"会促进一种积极的态度转变。

2. 永远不要用家庭作业作为一种惩罚。

3. 对于如何处理不交或晚交家庭作业的情形，要有一个明确的指导原则（见第 112～116 页"不交作业"）。

4. 要考虑改变每天都布置作业的做法。家庭作业可以在星期一布置，星期五提交，以尊重学生们各自的步调。你可以选择在一些科目上这样做，并且每天增加一个其他科目。

提前计划，预防未来的问题

1. 在学年一开始，开展一次关于家庭作业的讨论。共同商定一个关于家庭作业的目的或目标的清单。把这张清单贴在教室里，可以用诸如"家庭作业帮助我们……"这样的标题。

2. 让学生们把家庭作业目的清单的复印件带回家，以便他们能与父母分享。

3. 定期回顾家庭作业目标清单，并向学生们核实，看看达到了哪些目标。

4. 定期让学生们带便条回家给父母，让父母们概括地了解课堂上学了什么，并让他们知道即将布置的任何特别的项目或作业："在5月份，我们要开始学习行星的知识。在5月23日，每个学生都要展示自己在家里准备的一个行星模型。对这些模型的指导说明以及一张所需的材料的清单，将会在下个星期让孩子带回家。请于下周末之前安排好计划，帮助你的孩子搜集所需要的物料，以便开始进行这个项目。如果你在获得任何材料上有困难，请联系我。"类似这样的便条会给父母们一种连接感（家庭作业的目的之一），并会得到他们对作业的支持。

5. 要发给父母们一份关于如何支持自己的孩子通过家庭作业来学习的建议清单。下面是给父母们的便条的一个例子：

为了你的孩子成功完成家庭作业的提示

A. 提供一个做家庭作业的整洁的空间。这个地方最好与主要的生活区域分开。孩子房间里有一张书桌或桌子是最理想的。

B. 用下面几种方法协助孩子们理解家庭作业的实际内容：

- 帮助他们理解难住他们的概念或问题。

- 回顾或检查完成的作业（如果孩子要求的话）。

- 提供制订学习计划或者安排何时以及如何获得所需物品的帮助。

- 如果开始出现抱怨、争论或吵架，就以尊重的方式停下来，并离开孩子的房间。

C. 建立做家庭作业的惯例。要对什么时候做家庭作业达成一致——放学后马上做，每天四点钟的时候做，吃完晚饭收拾妥当后马上做，或者在你和你的孩子都感觉最合适的任何时候。（这个惯例会取代你的唠叨以及每个人的挫折感。）

D. 要记住，这是你的孩子的家庭作业。更重要的是要发现孩子是否理解学习的内容，而不是确定你是否理解这些内容。如果你的孩子遇到了困难，要鼓励他或她让老师知道这个问题。这会帮助老师确定哪些地方可能需要在班上再教一遍或者进行更多的学习。

6. 要花时间与做家庭作业有困难的学生一起解决问题。要专注于帮助他们制订在未来取得成功的计划。不要因为过去的失败而责备或惩罚他们。

7. 要定期问学生们，哪些作业或哪类作业在他们看来是最有帮助的。（即便他们不会在讨论家庭作业时高兴得跳起来，但他们可能喜欢一些作业胜过另一些作业。）如果有一类作业是他们特别不喜欢的，开展一次他们从这些作业中可能会学到什么技能的讨论，或许会帮助学生们感到不再那么害怕这类作业。老师们或许还会发现，换一种类型的作业可能会更有效。

8. 如果家庭作业问题持续存在，老师可以在班会上提出这个问题："我有一个问题，我收到了一些书写潦草、写在皱巴巴的纸上或者留有很多涂改痕迹的作业。对我来说，看这些作业非常困难。有人能想出我们能够解决这个问题的方法吗？"除了建议老师不要布置作业之外，学生们的建议可能还包括把很难看懂的作业还给学生重做，或者减少作业的数量，以便交回的作业做得更认真。老师们可能会发现，有些作业太乏味了，以至于学生变得很沮丧，导致作业很潦草。在这种情况下，老师可以选择彻底改变作业的类型。这样一次讨论的结果——无论选择哪种解决方案——很可能是老师要更认真地准备家庭作业。

9. 要引导学生们提出关于未来的作业的建议。家庭作业和课后项目可以成为兴奋地合作完成一件事情的一种来源。当学生们参与计划时，他们会发现他们的作业更有意义，并且他们的热情会提高。家庭作业甚至可以很有趣！

激发灵感的故事

来自华盛顿州埃弗雷特市 6 年级老师克里·麦考儿（Kerri McCaul）的故事

正面管教让我知道了如何对"我没带作业"的困境放手。对我来说，这种回应办法在 90% 的情况下都会管用，这远比以前试过的威胁和恳求的办法更好，而且我每次从学生们那里得到的表情都是很有趣的。当该交一个重要的作业时，我喜欢在教室里来回走动，从每个学生手里收作业。这让我可以和每个学生简短地聊一聊他们做作业的情况，等等。这还让我能与那些没有准备好交作业的学生定好交作业的时间。

我想，太多的时候，老师们会因为接受学生不交家庭作业的借口而让学生摆脱了困境感到内疚，而且学生们的表演做得很完美——低垂着的头，凄惨的声音，真诚、悲伤的眼睛。孩子们很擅长让老师相信他们！正面管教是让学生承担责任。当学生们没有准备好他们的作业时，我会倾听他们，并对他们的解释感同身受。然后，我会解释为什么我觉得这个作业很重要，并且仍然需要完成。之后，我会问："你认为你什么时候能完成作业？"（并看着他们张大的嘴巴）。我会温和而坚定地坚持我的立场，直到我们约定一个交作业的日期（通常是第二天）。我会跟学生握手以确定我们达成约定，并要求学生当面把作业交给我，以便我能想起我们的约定。我仍然会对迟交作业进行处罚，但在 90% 的情况下，即使是给一个低分，学生在第二天也会走进来并得意而自豪地将作业交给我——这正是我们约定的！很多时候，我会在约定的最后期限前收到作业。是的，在教室里来回走动并从每个学生手里收作业，会花费额外的时间。是的，我与同样的学生一次又一次地达成过很多约定。但是，这也给了我机会向我的每个学生了解情况，向他们表明我在倾听，向他们表明我关心他们。我也是在用一种尊重的方式让他们承担起责任。而且，我让家庭作业交上来了！

用班会解决问题

在开学第一个月的一次班会上，塞林先生和他的学生们制定了一张他们想要在这一学年实现的家庭作业的目的清单。一名学生自愿在教室的电脑上打出了这张清单，而另一名学生主动提出为每个学生复印两份，再加一份张贴在公告栏里。每个学生手中的两份，一份拿回家给父母，另一份贴在他们的笔记本的第一页。班级决定，当学生们对家庭作业感到沮丧时，他们可以看一看这张目的清单，看看这是否能鼓励他们。

塞林先生还让全班同学帮助想出一个收家庭作业的办法。学生们决定用一个颜色鲜艳的盒子来收作业，并且每周安排一名不同的学生负责在早晨上课铃响起时传递这个盒子，收前一天晚上的作业。装饰这个盒子成了开学后第一周的一个午后美术项目。

此外，全班决定，所有的家庭作业要在星期五上午返还给学生们，并制定了一个让学生帮忙分发批改过的作业的办法。班级要求星期五是无家庭作业日，塞林先生同意了。从十月初开始，家庭作业的收和发就完全由学生们负责了。当偶尔出现问题时，一个学生或塞林先生会在班会上提出来，问题随之就被解决了。家庭作业变成了班级里顺利运行的一个惯例。

嚼口香糖

讨 论

对学生们来说，嚼口香糖是在课堂上分心的众多原因中的一个——是一种造成老师恼怒的满意方法。有节奏的咀嚼声是对争斗的一种极好的邀请。即使你不允许在你的课堂上嚼口香糖，也一定会有其他类似的行为激怒你，激起一场意志的较量。你可能会在一项反戴着的棒球帽下的挑衅的脸上，或者从一个被偷偷地在书桌后打开的糖果上，发现对你个人的挑战。

当你面对一个嚼口香糖或类似的其他行为的学生时，想一想错误目的表（见第 18～19 页）是有帮助的。你对不良行为的反应会给你提供一个了解学生的目的的线索。当你面对一种情形时，在你的胸中涌动着什么感受？或许，你只是感到恼怒。如果你立刻生气了，这种情感可能会迅速地升级为暴怒，并且产生一个这样的想法："在这个教室里，你这样的行为不会逃脱惩罚！"

如果你的反应更接近于恼怒，那么，你面前的这个孩子是想得到关注。他相信，只有成为关注的中心，他才能感觉到归属感和价值感。口香糖是他用来达到让你为他忙得团团转的目的的一个工具。无论他得到哪种关注，甚至是负面的关注，他都达到了目的。

如果你感到愤怒并准备战斗，那么，这个学生是在追求一个不一样的错误目的，比如寻求权力。无论学生的行为目的是什么，你都不要只是斥责或重申规则。要选择一种帮助学生在你的班里感觉到归属感，并学会以建设性的方式得到关注或运用权力的鼓励性回应。

建　议

1. 如果你注意到一个学生违反规定嚼口香糖，你可以采用下面几种办法之一（其中任何一种办法都比说教、提醒或斥责更有效）：

A. 描述你看到的情况："我看到劳拉在微笑着嚼口香糖。"

B. 提供一个有限制的选择："你想把口香糖扔到教室前面的垃圾桶，还是教室后面的垃圾桶?"继续嚼口香糖不是一个选择。

C. 使用一个词："口香糖"或"请"。然后，静静地等着，直到这个学生做出为遵守规则而需要做的事情。

D. 只做不说。拿起一个垃圾桶，走到学生面前，不要说话，向他指明把口香糖放进垃圾桶里。

下面这些建议适用于学校没有关于嚼口香糖的规定的情形：

2. 要考虑尽可能减少对学生的限制。对于有些班级来说，教给他们如何有礼貌地嚼口香糖并负责任地丢掉，要比不得不经常与嚼口香糖的学生纠缠更管用。如果你的目的是让学生合作，就要倾听你的学生们的主意，并和他们一起决定在你的班里最管用的办法，而不是以一个预想的"必须这么做"的清单开始一个新学年。

3. 如果学生嚼口香糖不会让你分心，并且孩子们想出了解决可能出现的问题（例如口香糖黏到桌子上）的办法，要考虑允许学生有嚼口香糖的特权，只要他们承担与特权相应的责任。

4. 如果一个嚼口香糖的学生是在寻求关注，当有别人在场时，要忽略其不良行为，但是，当班里的学生在课间离开教室后，要让他留下来一会儿。要问他班里关于嚼口香糖的规则是什么。问他为什么选择违反规则，以及他怎样做才能在以后记住规则。要主动给他提供一个暗号，例如，如果你注意到他忘记了规则，就拽一下你自己的耳朵。这是对他的个人提示，让他悄悄地站起来丢掉口香糖。通过让他参与问题的解决，并以尊重的方式给他关注，你就能减少或消除他对以不恰当方式寻求关注的需要。

5. 如果一个嚼口香糖的学生是在寻求权力，那么，好消息是权力之争至少需要两个人参与。幸运的是，你完全能控制其中的一个潜在参与者——你自己。不要进入权力之争并要求他马上扔掉口香糖，你可以从下面几种回应方式中选一种：

A. 向所有学生宣布，他们可以用接下来的两分钟为下一堂课做准备。再加一句，这是一个扔掉口香糖、削铅笔和收拾课桌的好时机。没有了一对一的对抗，嚼口香糖的学生得到了一个有尊严地合作的机会。

B. 你可以提供一个选择："乔，你愿意把嚼口香糖的问题放到班会议程上吗，还是由我来？"

C. 你可以请求帮助："同学们，我需要你们的帮助。忘记了我们的嚼口香糖规则的同学，现在能注意一下吗？"那些想要权力的孩子通常会对请求帮助做出回应，因为这能让他们以积极的方式使用权力。此外，对全体同学提出要求避免了对个人的挑战。

提前计划，预防未来的问题

1. 要熟悉你的学校对嚼口香糖的规定。要把这些信息分享给你的学生。

下面的建议，适用于嚼口香糖是各个班级自己决定的事情的情形。

2. 在学年一开始，要让学生们参与制定嚼口香糖、戴帽子、吃糖果以及其他分心行为的规则。（如果当你上课时学生嚼口香糖让你分心，你要提出自己的建议并寻求他们的帮助。）要帮助学生们进行一次讨论：为什么嚼口香糖可能是不尊重的，或者这可能会造成什么问题。如果你和学生确定了一个"不许嚼口香糖"的规则，他们还可以决定如何执行以及解决出现的任何问题的办法。

3. 把规则贴在每个人都能看到的地方。最好让学生来制作规则的海报，可以用这样的标题"我们决定……"或者"我们一致同意……"无声地指向一个规则，就能立即停止那些忘记了规则的学生的不良行为。

4. 当你注意到问题在增多时，要在班会上提出来，引起学生的注意："为什么在教室里嚼口香糖的人增加了？"有时候，只是唤起大家的注意，就会扭转问题的增长趋势。

5. 当学生们理解了规则背后的原因时，他们会更愿意尊重规则。全班同学要一起检查一下桌子底下，并用半小时时间刮掉发现的已经变硬的口香糖。然后，要求他们假装自己在给一群新生做关于嚼口香糖会造成的问题的演讲，让他们分享自己学到了什么。（如果一个学生利用这一点争辩说教给学生如何恰当地处理口香糖，要比规定不能嚼口香糖更有意义，不要认为这是一次失败。要记住，你的目的不是要操纵学生，而是一起学东西。）

6. 如果学生嚼口香糖的真正问题是老师发现这会让自己分心，那么，他可以向全班同学解释自己的问题，并寻求帮助。当孩子们把自己看作是能做出贡献的人时，他们就不会感到怨恨或被控制。参与会满足他们的需要：感到自己重要并且有归属。

激发灵感的故事

巴布·戈布尔是华盛顿州蒙特萨诺市灯塔小学的6年级老师。在一次关于如何在教室里运用正面管教的培训中，她参加了一次以寻求权力为目的的嚼口香糖的孩子为焦点的角色扮演。目的是表明怎样避免一场权力之争。

为了进行角色扮演，几个老师把他们的椅子摆在那里用来代表一个班级的学生，那个嚼口香糖的孩子玛丽在第一排。巴布扮演老师，开始讲一节关于介词的课。当嚼口香糖的行为变得很明显时，巴布不失时机地说："例如，我们可以说，在玛丽嘴里有口香糖。"说着，巴布拿起垃圾桶，走到玛丽身边，并把垃圾桶伸向了她。在递给玛丽垃圾桶时，巴布没有停止说话，而是继续说："我们还可以在这样一句话中用这个介词，'现在，口香糖在垃圾桶里了。'"（玛丽把口香糖放进了垃圾桶，没有大惊小怪。）

玛丽还戴了一顶帽子（表明不尊重另一个规则）。巴布平静地把帽子取下来，放到了椅子下面，说："现在，帽子在椅子下面。"学生们听得入迷了，而嚼口香糖的孩子太惊讶了，无法做出反抗。随着对介词的讨论的继续，甚至玛丽也在听课了，课堂的效果实际上得到了增强，没有出现冲突或负面的关注来扰乱课堂的顺利进行。

巴布提供了一个"做出乎意料的事情"的好例子。她还表明，老师可以在保持所有相关的人的尊严的同时，做到和善而坚定。她没有试图强迫学生去做事情（摘掉帽子），而是专注于自己的行为，并做自己能做的事情（她自己去把帽子摘下来）。（精神病学家和儿童教育专家鲁道夫·德雷克斯经常说："要决定你怎么做，而不是你让学生怎么做。"）因为她的行为没有表现出愤怒或试图控制，就没有招致学生对帽子进行一场争夺战。在处理口香糖的问题时，巴布做出了运用幽默和优雅的榜样。她表明了和善与坚定并行既是尊重的又是有效的。

节 假 日

讨 论

节日带来的是一种复杂的情感。兴奋、疲惫、期待、失望，甚至沮丧，都是对节假日的真实情感。承认并接受你和你的学生们出现的这些情感，可以让平时的校园生活和节假日之间的转换更容易。你让你的学生越多地参与计划特别的节日活动，节假日就会过得越顺利。

建 议

1. 每个人对于节日应该如何庆祝都有不同的想法。要分享你的想法，并对其他人的庆祝方式保持好奇心，而不是坚持只有一种正确的方式。在一次班会上，要给每个学生一个机会说说自己的家庭庆祝哪些节日以及如何庆祝。

2. 当你的学生们来自不同的文化时，要邀请有意愿的父母们到你们班里来，与你所有的学生分享他们的食物、传统服饰、习俗的知识等等。

3. 在制订计划时，要运用有限制的选择："我们的轮值家长们（Room Parents）说，他们在下星期五的上午 11 点或下午 1 点有空。我们的派对是在上午还是下午举行？"这给了学生们一个在时间安排上有发言权的机会，而且还增强了他们对考虑其他参与者的需要和时间安排的意识。

4. 要向你的学生们解释，在假期里还有课程以及某些不能被忽视的责任。为了避免唠叨，要把日常的课程安排写下来，让你的学生们看，并将其贴在教室里。要让这张课程表说了算。

5. 使用"一……就……"句式，例如，"一完成数学和科学作业，我们就有时间做节日艺术品了"，以及"一交上文学作业，我们就有时间穿节日服装了"。

6. 将不同的班级合起来，以增强欢庆的气氛。让6年级的学生和幼儿园的孩子一起雕刻南瓜，是在学生们之间建立特别的情感纽带的一种方式。

提前计划，预防未来的问题

1. 要照顾好你自己。想一想你自己对某个具体的节日的愿望。然后，要确保你在学校的责任不影响你自己对这个节日的庆祝或愿望。

2. 有些学校，为了努力照顾不同的文化和信仰，禁止庆祝宗教节日。然而，要承认节日就在教室外面进行着，并且会对你的学生有影响。小学的孩子们，会从策划那些能疏导他们澎湃的激情和活力的特别的活动——任何与平常不同的事情——中受益。

3. 要运用班会让你的学生们提出对节日活动的想法。问他们对派对、活动和假期有什么主意。要让他们参与创造一种节日假期即将开始的感觉。在假期开始之前，要让他们想象假期中会发生的典型问题，然后用头脑风暴想出解决办法。

4. 放下你对完美的需要，将精力集中在一起享受乐趣上，而不是做出精美的装饰、礼物和贺卡。节日活动是班级所有成员做出贡献的大好机会。

激发灵感的故事

感恩节马上就要到了。在两位轮值家长的帮助下，希思夫人已经依照传统为感恩节的前一天筹划了一场特别的大餐。她在这一年已经开始了与她的 4 年级班的学生们开班会。带着一些担心，她决定把这次大餐的筹划放到班会议程上。让她惊讶的是，这个话题让学生们进行了很多讨论，并提出了很多有创意的建议，一直持续了好几次班会。

希思夫人和她的学生们决定设立几个委员会来负责策划不同的部分。因为习惯于由自己负责所有必要的策划，希思夫人对于采用一个新的办法感到不知所措，并且担心学生们执行计划的能力。同时，她对于看到学生们为了一个共同的目标一起努力感到很兴奋。在这个过程中，希思夫人对感恩节大餐的想象开始有了变化。

当这一天到来，并且大餐开始时，希思夫人喜出望外。她注意到了漂亮的装饰、个性化的餐位餐具、丰富的食物，以及学生们对他们策划的娱乐节目的兴奋。她还注意到，传统的苹果酒被遗漏了，开始担心他们喝什么。她的第一反应是派轮值家长去商店，但她没这么做，而是给了她的学生们一个解决这个问题的机会。他们一起决定喝水就行了。

在接下来的那次班会上，学生们有了一个机会感激他们自己。他们回顾了他们的成功，还回顾了犯的错误。希思夫人对于她看到的班里的学生培养出来的新技能，以及她自己放手的能力感到很兴奋。她发现自己期待着明年的庆祝活动，并且很想知道明年的班级会如何准备他们的感恩节大餐。

接吻和其他的公开示爱

讨 论

年龄大一些的学生，在自己的人生中正处于开始探索亲密关系的时期。老师们的两难处境是，既要能表达对学生的理解并保持与他们的情感连接，同时还要帮助他们意识到什么是恰当的示爱，以及在什么时候这种示爱对他人和自己是不尊重的。当我们说教并惩罚学生时，往往会错过引导他们的机会，并会鼓励偷偷摸摸和对抗。当沟通建立在相互尊重的基础之上时，我们才能做得最有效。

建 议

1. 如果学生们的行为不恰当，要与他们单独谈话。要表明对他们的感觉的理解。要对你的学生们可能会有的想法、感受和决定表现出好奇和兴趣。要跟学生谈谈你们学校现有的指导原则，并让学生和你讨论一下这些指导原则的目的。

2. 检查你自己是否有偏见。如果你把这种行为看作是坏的或者乱交，而且无法摆脱这种想法，在对待这些学生时，要从其他教职员工或上级主管那里获得支持。不是每个人都能处理每一种情形。

3. 真诚地说出你的感受："在我看到公开示爱时，我感到不舒服。我希望我们能想出一些对涉及到的每个人都表现出理解和尊重的办法。"当你为你自己的感受和愿望承担起责任，而不是评判和责备时，学生们通常都很愿意用头脑风暴想出对每个人都管用的解决办法。

提前计划，预防未来的问题

1. 在学年的一开始，要讨论你们学校已有的指导原则。要检查学生的理解情况，并让他们讨论。如果有学生强烈反对并且抱怨这些指导原则，要鼓励他们写出情况说明并递交给学校的相关部门。

2. 发起关于一代又一代的社会习俗发生的变化的讨论。在讨论为什么会发生那些变化时，一定要考虑到电视、电影和音乐的影响。

3. 邀请学生们做头脑风暴，想出对所有人都尊重的解决方案。

4. 在父母与老师的会议上，尤其是在初中和高中阶段，要让这些成年人做头脑风暴，列出他们在与学生同样年龄时对他们来说的重要事情的一个清单。然后，要与学生们在班会上整理出来的清单做比较。这会给成年人提供一个绝好的机会，让他们想起青春期是什么样的，并且看看他们那时关心的问题和现在的学生们关心的问题的相似之处。在讨论诸如公众场合接吻和类似行为的相关规定时，这是一种可以采用的有效方式。

5. 不要夸大一种情形，并因而造成一个根本不存在的问题（见"激发灵感的故事"中的例子）。

激发灵感的故事

温盖特中学没有任何关于公开示爱的规定。在这一学年过了一半的时候，有人看到几个 13 岁的学生在午餐后吻别。人们还经常看到几个十几岁的孩子手拉手从一个教室走到另一个教室。

在一次全校大会上，校长宣布了一个简短的通告，不再允许学生们在校园里接吻或以其他方式示爱。学生们很震惊，但当时没有说什么。他们大多数人甚至根本没有意识到这会是一个问题。有些学生感到很愤怒，并且已经决定了他们要怎样对待这个新规定。

有些学生决定按照要求去做，并且没有质疑这个规定。而对另外一些学生来说，这变成了一个以前并不存在的挑战。他们在私下谈论将如何迎接这个挑战。这变成了一场看看他们能把规定违反到什么程度的博弈。更大胆一些的学生则开始就他们能多么经常地逃脱惩罚进行打赌。另外一些以前从未考虑过在学校有亲密接触的学生，现在则把这看作是他们想参与的一种冒险。

体育老师琼·戴维斯在一次教职工会议上表达了自己对在学生当中听到和看到的情况的担忧。"我们可能犯了一个错误，而且因为宣布关于公开示爱的规定的方式，而导致它变成了一个更大的问题。"她说。

经过讨论后，学校的管理人员和教职员工同意宣布他们犯了一个错误——在寻求一个直接影响到学生的问题的解决方案时忽视了学生们。此外，老师们决定在所有班级的班会上讨论这个问题。一个由学生、教职员工以及行政人员组成的小组将收集各个班级的建议，并一起制定一个新的规定。

老师们把这个问题放到了他们的班会议程上。他们对这个问题所带来的有趣而热烈的讨论感到非常惊讶。当讨论结果被交给制定规定的小组时，他们看到成年人和学生的看法和建议并没有太大的分歧。

在让学生们参与找出一个解决办法之前，管理部门是以宽泛的措辞来描述公开示爱的。在收集了学生们的观点和想法之后，管理人员了解到，大多数学生和老师对于在学校里接吻都感到不舒服，但对于牵手或拥抱能接受。因而，这个小组得出结论，设立允许学生们进行除接吻之外的其他示爱的指导原则是合理的。这个小组决定，对于出现的任何情形都应个别处理，或者让学生们寻找解决方案，而不对那些忽视指导原则的学生规定后果。小组成员想避免提出可能会被理解为惩罚的后果。

温盖特中学的新规定把公开示爱变得不是一个问题了。让学生们和老师们一起制定规定的一个意料之外的结果是，他们决定计划并参与一个"十几岁孩子与成年人的对话之夜"的活动，他们还邀请了学生们的父母参加。这个特别的活动让学生和成年人了解了彼此的世界。

纠　缠

讨　论

那些要求持续得到关注的学生是丧失信心的学生。他们可能已经决定，他们需要这种关注来证明他们是令人喜欢的，或者纠缠不休是感觉到自己的权力的一种好方式。也可能是他们感到自己肯定无法成为一名"好"学生，但至少能成为"让人很讨厌的人"。

学生们能够学会尊重和礼貌，以及如何以积极的方式得到关注和运用权力。重要的是要让孩子们通过自己照顾好自己来感到满足，而不是需要不停地从别人那里得到服侍和关注才能感觉到归属感和价值感。

建　议

1. 当一个学生纠缠别人时，要给他一个有限制的选择："彼得，你是想在上午课间休息时，还是在午餐时和莎莉说话？"

2. 当纠缠采取的是告同学状的形式，并且看上去是想努力得到关注时，你可以说："我相信你能解决这个问题。"还可以说："你为什么不把它放到班会议程上呢？"（见第 198～202 页"告状"）

3. 要提醒被纠缠的学生想一想解决问题的四个建议：

A. 不要理会对方。

B. 以尊重的方式把问题谈开。

C. 找到一个双赢的解决方案。

D. 把问题放到班会议程上。

4. 要避免给学生贴上"讨厌鬼"的标签。要把行为和做出行为的人区分开。

提前计划，预防未来的问题

1. 在一次班会上，让学生们角色扮演纠缠不休的行为。要先处理参与角色扮演的那些学生的反应。要问他们每个人有什么感受，他们在想什么，以及他们做出了什么决定。然后，要问班里的其他学生注意到了什么以及有什么感受。让全班同学用头脑风暴为纠缠别人和被人纠缠的学生找出新的选择。让被纠缠的学生和纠缠的学生各选择一个主意，在他或她感到被纠缠或者开始纠缠别人时试行一周。通过让这两个学生报告他们在接下来一周的经历，来确定这些解决方案的效果如何。

2. 如果你发现自己因为被一个学生纠缠而感到恼怒，这种感受可能是说明你的学生认为只有在他被关注时才重要的一个线索。（见第 10 ~ 19 页"错误目的"中关于鼓励你的学生以及你自己的建议。）

3. 如果你感觉受到了挑战、被激怒或者受到了威胁，这个学生可能是在通过纠缠你来确立自己的权力（见第 10 ~ 19 页"错误目的"）。

4. 有时候，学生们会作为一个团队来让老师们为他们忙个不停。他们已经学会了群体纠缠的技能。这种教室版的同胞争斗是为了让老师站在自己一边，并且不适当地干预。要通过将这个问题放到班会议程上进行集体商议，把问题交给全班同学。要帮助他们成为以建设性方式而不是破坏性方式相互支持的团队中的一分子。

激发灵感的故事

一天上午，阿特曼女士的一个 2 年级学生来找她。路易莎抱怨说，她的同桌南森一直在她耳边小声说话。阿特曼女士提醒路易莎运用解决问题的四个建议，这是班里所有的学生一起学习过的，并且张贴在了教室里。当路易莎说她已经尝试过了所有的建议时，阿特曼女士指出最后一个建议是把这个问题放到班会议程上。

在开班会时，在进行过相互致谢之后，议程表上的第一个问题就是路易莎对南森的抱怨。她让大家帮助解决这个问题，而阿特曼夫人建议进行一次角色扮演可能会有用。在进行过角色扮演并且问了每个参与角色扮演的同学的感受之后，阿特曼女士说，有时候，只是提出一个问题并观看对这一问题的角色扮演，就会带来改善。学生们决定在一个星期后向路易莎了解情况，看看是否已经有改善。与此同时，阿特曼女士为南森安排了一个新的班级事务，以帮助他感觉到自己在班级里有归属和价值。虽然永远无法确切地知道是这件班级事务还是班会上的讨论造成了改变，但是，南森已经停止了在路易莎耳边说悄悄话。

噘嘴生气

讨　论

一些学生噘嘴是因为他们已经习惯了为所欲为，并且在做不到这一点时不知道该怎么办。那些感到被过度控制的学生，在老师要求他们做一些事情时，可能会以噘嘴作为一种温和的抗议（而不是明目张胆地反抗）。

如果你斥责、威胁或羞辱一个噘嘴的学生，你处理的只是他的行为，而没有处理这一行为背后的信念。运用允许学生体验他们的感受，并且同时对情形做出回应的非惩罚性方法，会更加有效。学生们会知道自己的感受是可以被接纳的，但不能让感受支配他们的行为。他们能够学会以健康、尊重的方式表达自己的感受，而不用诉诸于噘嘴。当学生们参与做决定，并且感到自己在解决方案中不可或缺时，他们就很少会噘嘴。

建　议

1. 不要斥责或羞辱一个噘嘴的学生。

2. 为你做出的可能招致噘嘴的事情承担起责任。你控制过多吗？你说话的语气招致了对抗而不是合作吗？你的学生们感到你倾听他们并且认真地对待他们吗？你认可他们的想法和主意吗？

3. 如果你的学生把噘嘴作为一种操纵的手段，要告诉他："我知道你很失望，但我相信你能处理好。"或者，你可以说："我感觉到了你的抵抗。我们需要一起谈谈这件事，还是在班会上让大家帮忙？"当你以尊严和尊重的方式处理这种情形时，他很快就会断定噘嘴是不管用的。

4. 说出导致这种行为的感受："我知道你感到失望和生气。当事情不像我希望的那样时，我也会有同样的感受。"学生的行为通常会仅仅因为自己的感受得到认可而发生改变。

5. 提供有限制的选择："我知道你感到生气，但是，我们仍然需要把我们的学习用品收好。哪个办法最适合你：开始自己捡起这些作业，还是选择一个同伴来帮你？"

提前计划，预防未来的问题

1. 在一次班会上，讨论当事情的结果不像我们希望的那样时所感觉到的失望。让每个人讨论处理这种情形的办法，以及在同学感到失望时支持他们的方法。

2. 邀请学生们做头脑风暴，想出他们在自己的愿望没有实现时可以做的其他事情，或者可以告诉自己的话。如果没有人提出下面这些主意，你可以加入到头脑风暴中：试着做几分钟深呼吸，把自己的感受告诉一个伙伴，或者努力从另一个角度看待当时的情形。要安排一次角色扮演，让学生体验到对待失望的一种新方法。他会看到，尽管他可能仍然感到失望，但他能花几分钟的时间进行调整，然后可以用尊重的方式说出自己的感受。要告诉学生们，你知道这可能很难，并且可能需要练习。

3. 在私下告诉噘嘴的学生，你不想用口头提醒让他尴尬，所以你想确定一个暗号（例如眨两次眼），当他需要找到另一种沟通方式时，你可以给他发这个暗号。

激发灵感的故事

迈克先生正在操场上照看学生们。乔治正一个人坐在长凳上，耷拉着肩膀，噘着下嘴唇，眉头紧锁。对麦克先生来说，这是一种熟悉的场景。他为乔治感到担心，又一次感到了给乔治一些特别的关注并哄他回去与其他孩子一起玩的强烈愿望。

然而，这一次，迈克先生审视了这个男孩的行为以及自己的反应和感受。他意识到乔治感到很沮丧，而他想找到一种更好的方法来增强乔治在集体中的归属感和价值感。迈克先生在乔治身旁坐了下来，并说："我能看出来你很失望。当事情不像我希望的那样时，我也会有这种感受。"麦克先生不得不克制住自己，不说更多的话。

他们静静地在那儿又坐了五分钟。迈克先生感到了不自在，并且想做些什么，然而，最终乔治站了起来——他的肩膀依然耷拉着——向秋千走去。没用多久，他就和其他学生玩了起来。在这几分钟里，他知道了迈克先生关心他，但不会给他特别的关注和服侍。

哭 泣

讨 论

哭是一个自然、健康的释放压力的过程。为了学生的心理健康，应该允许他们哭。然而，如果你认为一个学生是在用眼泪的力量来操纵你，你要承认他的伤心，而不接受他的操纵。

建　议

1. 如果你注意到一个学生在哭，要问他是否愿意停下来，并且在平静一些之后和你谈谈："卡尔，你愿意喝点儿水吗？中午我会和你谈谈。"

2. 什么也不说，走到这个学生身旁，递给他一张面巾纸，并轻轻地抚摸他的后背或者轻轻地捏一下他的手臂，给他一个安慰，然后继续给学生上课。一个真正伤心的学生的感受值得获得尊重。不要轻视他的感受，也不要试图阻止他哭泣。要通过允许他感觉自己的感受并将其释放出来，给其伤心的感受以尊严。要默默地提供支持和安慰。

3. 提供一个有限制的选择。要问学生是愿意现在花几分钟跟你谈谈掉眼泪的原因，还是在课后跟你谈。

4. 如果一个学生习惯于用眼泪进行操纵，要在私下对他说："我注意到当你不安或生气时，你就会开始哭。在你哭的时候，我无法帮助你。下一次再出现这种情况时我们能做些什么，你有什么主意吗？"

提前计划，预防未来的问题

1. 要意识到，哭是会影响到一群人的一种情感流露，就像笑一样。不仅要认可哭泣的学生的感受，还要认可他身边的人的感受。在一次班会上，要让学生们谈谈哭对他们有怎样的影响，并让他们提出一些如何给予帮助的主意。

2. 要认识到不良行为的四个目的（见第 10 ~ 19 页 "错误目的"）：

A. 可能是学生在家里得到了过度关注，导致他相信别人应该照顾他（其目的是寻求关注）。

B. 眼泪可能表明，昨天晚上他设法向自己的父母证明他们不能强迫他做家庭作业，但他今天对这个决定感到后悔，并且决定运用他的"眼泪的力量"（其目的是寻求权力）。

C. 一个对自己在课间受到老师的批评仍然感到痛苦的学生，可能看到了一个让自己的老师感到内疚的机会（其目的是报复）。

D. 哭还可能表明这个学生感到自己没有能力完成任务（其目的是自暴自弃，他想放弃）。

3. 要记住，一个行为不良的孩子是一个需要鼓励的丧失信心的孩子。在这种情况下，老师可以通过教给他有效的人生技能，并帮助他看到过度使用眼泪不是一种解决问题的有效办法来鼓励他。

激发灵感的故事

曼纽尔在午餐后回到班里，觉得胃像打了结一样。他没有为这次数学考试好好学习，并且知道自己无法不参加考试。萨兰蒂诺夫人发下试卷，让学生们开始答题。曼纽尔在试卷的最上面写下了自己的名字，感觉眼睛里充满了泪水。他变得更难受了。没过三分钟，眼泪就顺着曼纽尔的脸颊流了下来，他在默默地抽泣。全班同学都知道了他在哭。萨兰蒂诺夫人慢慢地走到曼纽尔身旁，问他是否想休息五分钟，喝点儿水，然后继续参加考试。

萨兰蒂诺夫人为曼纽尔感到难过。她意识到，对他来说，休息一下恢复平静是很重要的。她还意识到，完成测验并学会不用眼泪逃避，对他来说也是很重要的。

曼纽尔回到了座位上，完成了考试。他考得不好。萨兰蒂诺夫人让他放学后来见她。她问他发生了什么事情。

曼纽尔说："我没考好。"

"你认为是什么原因造成的？"萨兰蒂诺夫人问。

曼纽尔不好意思地承认他没有学。

萨兰蒂诺夫人问："你对此有什么感受？"

"我不喜欢这样，"曼纽尔说，"这让我胃不舒服。"

萨兰蒂诺夫人接着问："你以后怎样运用你这次学到的东西？"

"我要学习。"曼纽尔说。

萨兰蒂诺夫人说："这取决于你。要记住，我们班讨论过错误是学习的大好机会。听上去你已经学到了很多。"

邋遢（凌乱和马虎）

讨 论

在一个人看来是邋遢，可能在另一个人看来是完全可以接受的。看一看老师们的办公桌，你会看到有的很整洁，而有的就乱糟糟。人有不同的风格。

当一个学生的外表、作业（包括字迹）或者课桌没有达到老师的标准时，老师们变得生气或者沮丧是没有帮助的。对老师们来说，惩罚这个学生，或者娇纵他并在他后面帮他收拾干净，也是没有帮助的。有帮助的做法是，老师们要避免羞辱，要花时间训练并将需要的技能教给每个学生。要找到鼓励学生们努力的方法。要为学生的进步感到欣喜，而不要因为任何地方不够完美而悲叹。

建 议

1. 跟学生说说你的担心，以及他的杂乱给你造成了一个怎样的问题。你可以说："看你的作业会有困难。当一个学生交给我一份因为涂改、边角被撕烂和字迹难以辨认而很难看清楚的作业时，我感到很沮丧，因为我无法进行批改或者在你的作业上帮助你。"

2. 与学生讨论杂乱可能会给他造成一个怎样的问题。如果他认识不到这个问题，要问他这样的问题，"当你尝试再读一遍你的作业时，会出现什么情况"，以及"当你无法在你的课桌或者笔记本上找到东西时，你有怎样的感受"。这是为了帮助这个学生得出对他有意义的结论，而不是对他进行一次说教。

3. 要注意到进步，并对其进行评价。要让这个学生知道你感激他的努力，而且看他最近的一次作业对你来说容易多了。

4. 对于掌握一门功课的其他方式，要抱着开放的心态。现代科技使得以各种方式取得成功成为可能。一个写字又差又吃力的学生，需要学会用电脑打字。就长期的成功而言，这一技能与清晰的书写同样宝贵。

提前计划，预防未来的问题

1. 不要告诉其他老师、学生或者父母们某个学生邋遢。贴标签会强化一种形象，并限制这个人做出改变的能力。

2. 要帮助你的学生们列出一张你和他们都认为别人能看明白的作业标准的清单。把这张标准清单贴出来，作为对学生们的一种提醒，然后，要让这张清单说了算。当一个学生没有达到其中的一个标准时，要让他去参阅这张清单，问他"我们的约定是什么"，以及"你需要怎么做才能达到这个标准"。

3. 确定全班同学定期一起打扫的时间。要问一个难以让自己的物品保持井然有序的学生，是想让你还是一个同学帮助他（见第 164～166 页"打扫卫生"）。

4. 如果你们学校有着装要求，要确保所有学生及其家人都清楚其中的各种规定。要给学生们留出问问题和提出异议的时间。即便着装要求无法改变，一个说出他们的观点的机会会让遵守规定少一些不愉快。要讨论为什么着装要求可能很重要，并要让学生们讨论自己能做些什么来配合。

5. 当出现一个问题时，要将其当作进行更多学习的一个机会。要召开一次班会，让学生们能讨论问题并找出解决方案。

用班会解决问题

玛莎每次打开她的书桌，作业都会掉到地上。她总是找不到自己的作文和课堂笔记。

她在班会上寻求帮助。了解到她不是唯一找不到作业的人，使她受到了鼓励。在进行了一次讨论并用头脑风暴列出一张建议清单之后，玛莎从中选择了她相信对自己最有帮助的一个主意：她将选择一个伙伴，她们俩将每周两次轮流整理彼此的书桌。

老师在接下来的班会上向玛莎了解情况。玛莎说，她对于自己的书桌井井有条并且不再那么担心丢东西感到很开心。

引以为戒的故事

德克萨斯州南部的一所高中制定了一套严格的着装要求，在决策的过程中没有让任何学生参与。学校的行政人员和其他老师感到学生们的外表已经变得太邋遢了。这些成年人把邋遢看作是不尊重。他们还感到，尽管天气炎热并且学生们要在外面通过长廊才能到达他们的教室，但穿短裤应该被禁止。在做出这个决定之前，是允许学生们穿及膝短裤的。

在这一年的夏天，来自其他高中的学生们来参加在这所高中举办的暑期班。这些学生们穿着裂开口子并且很邋遢的衣服，而且女孩们穿着很短的短裤。本校的学生们感觉行政部门用着装要求来惩罚他们是不公平的，他们相信这是对来自其他学校的学生们的一种反应。

这所学校的一些学生在历史课的一次班会上，讨论了着装要求。学生们表达了沮丧、愤怒，甚至是一种报复的愿望。他们提出的促成改变的一个建议是，学生们进行抗议，并引起新闻媒体的注意。然而，在进一步讨论之后，学生们认为行政部门可能会因此感觉受到了威胁，并因而拒不让步。一个学生指出，新的着装要求没有禁止超短裙，这比以前允许穿的短裤更过分。

历史老师建议学生们看一看以前的人们在试图修改一个自己认为不公平的法律时是怎么做的。有人建议写请愿书，还有人建议向行政部门及其员工提出一个口头和书面的建议，请求他们和一群选举出来的学生重新审查新的着装要求。有些学生建议对提出建议的不同方式进行角色扮演，以便他们能够练习并体验这个请求在成年人听来会怎样。

学生们决定尝试所有的建议，除了示威抗议——他们将此保留作为以后可能会使用的方法。当学生们和老师评估这次班会时，他们对大家一起为一个目标努力从而消除了他们的挫败感，感到很惊讶。他们感到充满希望，并且感到能够带来积极的改变。愤怒和报复已经被建设性的行动替代了。

这个故事并没有一个令人满意的结局。行政部门不愿意给学生们发言权，并拒绝倾听他们的建议。这些管理人员给他们的学生做出的是糟糕的榜样。这些成年人既没有看到他们在尽力控制学生时做出的不尊重的榜样，也没有认识到学生们做出的是尊重的行为。

离　婚

讨　论

很多因素可能都会影响学生的学习，包括诸如父母离婚这样的个人问题。尽管老师无法控制学生的家庭环境，但他们可以提供一个让那些经历着压力的学生生活得容易一些的具有鼓励性的校园环境。

建　议

1. 如果你知道一个学生正在经历某种心理创伤，要问他下面哪种方法对他最有帮助：放学后和你谈一会儿，与心理咨询老师待一会儿，或者与一位倾听伙伴待一会儿（见"提前计划，预防未来的问题"的第二条）。

2. 要允许一些懈怠。学生们有时候对情感鼓励的需要要超过对学业优异的需要。当他们感觉好起来时，就能在学业上赶上来。另一方面，不要过度保护，因为学生可能会开始用他的问题来获得特殊服侍。和善而坚定是关键。在这种情况下，和善可以理解为共情。坚定可以理解为相信学生在经历过短暂的哀伤期后，学业就能赶上来。

3. 要鼓励你的学生参加为孩子们设立的离婚支持团体，如果有的话。

4. 孩子们通常会想当然地认为是他们做的什么事情造成了父母离婚。如果你有机会和一个其父母正在离婚的孩子单独谈话，要向他保证离婚不是他的错。从一个成年人那里听到这样的话可能会有帮助。

5. 不要期望学生能马上适应。适应父母离婚需要一个过程。

6. 通常，一个父母正在离婚的学生会感到对自己的生活失去了控制。要觉察到这种感知，并有意识地给这个学生提供做出选择并对班级事务发言的机会。

提前计划，预防未来的问题

1. 要与学生的父亲和母亲都进行沟通，对学生来说，一个常见的问题是要同时面对两个家庭所造成的挑战。要建议父母双方为他们的孩子提供一个能帮助他完成和提交需要完成的学校作业的办法。要问父母双方想怎样处理与学校的沟通问题。

2. 要告诉学生们，我们所有的人在生活中都会经历痛苦，有时候与另一个人分享自己的感受会有帮助。要教给学生们倾听的技能，然后，要让那些正在经历个人问题的学生选择一位倾听伙伴。要为学生们去积极暂停区（见第 65～69 页 "积极的暂停"）做几分钟分享与倾听的暂停建立指导原则（要强调保密的重要性）。

3. 要相信你的学生们能处理他们生活中的痛苦，尤其是在你提供了一个稳定的、充满爱的班级氛围，并教给他们诸如解决问题和从错误中学习的重要人生技能的情况下。然而，这并不意味着他们能立即解决严重的问题。

4. 学生们会注意到你的心态。与感觉到你发现他们处境悲惨相比，如果他们感觉到你的共情和对他们的信任，他们会更加自信。

5. 要定期召开班会，以便学生们学到面对生活挑战的技能。

激发灵感的故事

当 6 年级的老师凯勒夫人听到杰夫的父母正在离婚的消息时，她要求与他的父亲和母亲开一次会。杰夫的母亲拒绝参加。然而，凯勒夫人与杰夫的父亲进行了坦诚的沟通，并分享了她认为可能会有帮助的一些信息。凯勒夫人分享了《为了孩子的利益》[①]书中的一段内容，该书作者克里斯·克莱恩和斯蒂芬·皮尤博士在书中指出：

在离婚和分居的过程中，孩子通常会被忽视，或者被一方或双方父母用来报复对方，或者用来传话，以便父母能在了解对方情况的同时避免与对方直接打交道。孩子们会发现自己陷入的角色——通常是由于父母的疏忽——并不总是健康的。两个大人太多的时候都陷入在自己的情感动荡中，没有花时间考虑或计划孩子在离婚过程中所扮演的角色。

在这本书中，两位作者提供了打破这种会导致更多痛苦的行为模式的有效方法。在为写作《为了孩子的利益》做准备时，他们问孩子们是否有任何给予正在离婚的父母的建议，以便使经历父母离婚的其他孩子少一些痛苦。下面是他们得到的一些建议：

---

① 克里斯·克莱恩和斯蒂芬·皮尤，《为了孩子们：愤怒之下如何与前配偶共同抚育你的孩子》（罗克林，加州：Prima Publishing，1992 年，第 18 页）。——作者注

- "尽量不要在你的孩子面前以负面的方式谈论对方。你们的问题要留在你们两人之间。"

- "尽管你们即将分手，但要努力好好相处，我的意思是，就像其他人一样，就像你们需要在工作中或其他方面与其他人好好相处一样。你们知道，这是为了孩子，为了孩子能不失去父母双方。要努力好好相处。"

- "当你妈妈说，如果你爱她你就不能再爱你爸爸，或者，你必须爱她胜过爱你爸爸时，这是不公平的。"

- "要允许孩子喜欢另一方父母。要让他知道喜欢另一方父母没关系。如果你不喜欢他们，又能怎样呢？微笑着忍受吧。"

如果说在与孩子的交谈中始终会出现一个鲜明的主题的话，那就是被允许平等地爱父母双方而不必选边站的愿望。

凯勒夫人对杰夫的父亲说："我知道，在我们自己经历那么多的情感痛苦，尤其是当一方父母打破了友好离婚的所有规则时，要记住什么对我们的孩子最好有多么困难。然而，我知道，即使父母中有一方愿意考虑孩子的需要，就能带来极大的不同。"

杰夫的父亲被凯勒夫人的关心感动了。他发誓会记住那些经历过离婚的其他孩子的建议。

从那之后，他拒绝以牙还牙，并且不再允许他的儿子被当作"人质"。令他有些惊讶的是，离婚变得不那么充满敌意了。他尊重地对待杰夫的母亲，无论她做了什么，而且，她的行为最终也开始变得更尊重了。

最令杰夫的父亲高兴的是，他看到杰夫不再那么焦虑并且又开始了茁壮成长。杰夫仍然对父母离婚感到痛苦，但是，父母向他保证他们都爱着他，这使得离婚不再那么让他恐惧和伤心了。

轮　流

讨　论

"谁排在第一个？""还要等多久才轮到我用电脑？""她霸占着秋千！""我举手了，怎么没有叫我？"

所罗门王在面对所有这些要求老师做出公平决定的情形时也会畏缩。让一群孩子一起做事情，涉及到分配有限的资源。从时间、空间、课堂材料，到权限、具体的事务，以及注意力和资源，都必须被很多使用者共享。为了处理这种情形，大多数老师都让孩子们轮流。

轮流的做法，会让学生们了解公平、相互尊重、合作、控制冲动以及作为一个群体的运作方式。管理轮流有无数的方法，但最重要的一点是要记住，当孩子们参与决定他们将在何时以及如何轮流的规则时，他们就会合作。

建　议

1. 要摆脱你的"公平按钮"。孩子们似乎知道他们何时能按这个按钮，只要值得，他们就会这么做。

2. 要运用反射式倾听。"你认为这不公平吗？你生气了。"在倾听之后，你可以问："你对于如何解决这个问题有什么主意吗？"如果这个学生没有线索，你可以建议："把这个问题放到班会议程上怎么样？"

3. 轮流是一个持续的过程。当出现问题时，要对其进行讨论。要把新问题放到班会议程上，并一起找出一个解决方案。

4. 当发生纠纷时，不要选边站。当两个孩子为材料或一个特权而争论时，要同等地对待他们。要把两个孩子都送到队尾去，而不是试图决定谁该排在最前面。更好的做法，是让这两个孩子参与找出双方都能接受的解决方案。

提前计划，预防未来的问题

1. 帮助你的学生们找出他们需要轮流的情形。你班里的学生特别看重的是什么？如果开班会时挨着老师坐，在你的班里是"稀世珍宝"，全班学生可以想出一个每次开班会让不同的孩子轮流坐这两个位子的办法。如果另一群孩子觉得课间休息时留下来帮助老师比中彩票还好，一张报名表可能是确保每个想帮忙的孩子都能轮到的最佳办法。

2. 要与你的学生们一起，对某些大家都需要的物品的使用达成一致。对于只有一台电脑的班级，可以决定将每个人的使用时间限制为20分钟。

3. 要考虑使用一盒写有学生名字的卡片。这些卡片可以用来随机地挑选参加各种活动的学生，直至整盒卡片被用完。

4. 要考虑提供有限数量的某种受欢迎物品，以便让孩子们必须学会合作使用。在"自由时间"架子上只放三个拼图，你的学生们要么以小组的形式一起玩，要么就得想出一个轮流的方法。

5. 要教给孩子们，任何资源的数量都是有限的。通过这种讨论，你可以给学生们介绍这样一些话题，例如农作物轮作、土壤耗损、节约用水、回收利用，或者世界上的饥荒或人口离散的影响。

6. 当孩子们平静地轮流时，要祝贺他们。一定要认可你想鼓励的那些行为。（见第1~9页"鼓励"中对鼓励与赞扬的讨论）

7. 在班级事务清单中，要包括对轮流的监督。承担这项事务的孩子，可能要负责记录谁负责每天早上在日历上写上日期、哪个阅读小组先介绍故事，或者该由谁负责把当天的考勤表送到办公室。

8. 要通过解释你不会叫那些第一个从座位上跳起来想做志愿者的学生、那些大喊"我！我！我！"的学生，或那些使劲挥手的学生，来鼓励学生们控制冲动。

9. 不要忘记讨论在增强认知和合作方面所具有的力量。在班会上，要讨论个人空间的问题（有些人需要很大的空间；有些人喜欢小一点，还有些人不在乎）；讨论当人们没有被选中参加一个特别的项目时，他们有怎样的感受；或者，人们对于没有足够的时间让每个人都轮到会有怎样的反应。认知会解决很多问题。

用班会解决问题

来自华盛顿州海岸线市赛尔小学 2 年级老师特里比尔·科恩（Trilby Cohen）的故事

我的 2 年级学生花大量时间解决由于轮流而造成的争执。我每天都被他们的争吵搞得疲惫不堪，便在班会上提出了这个基本的问题。孩子们进行了讨论，并提出了"公平"罐的主意。

他们在纸条上写下每个孩子的名字，并把纸条放进罐子里。每当他们需要决定该轮到谁时，一个孩子就会从罐子里抽出一个同学的名字。被抽到名字的孩子就会被轮到。随着这个办法的出现，因为轮流而发生的混乱平息了。

后来，每天争论孩子们在排队时要站在哪个位置开始演变成了危机。再一次，班会议程上都是关于这一困难的各种问题。

很快，问题的原因就变得很明显了：孩子们在乎的是站在自己的朋友旁边，而不是他们在队列里的位置。一个孩子想站在他最好的朋友旁边，而这个朋友又想站在另外一个孩子旁边，而后者又想站在其他人旁边，等等。

对真正的问题有了更好的理解之后，班里的学生们提议排成平行的两队来代替排成一队。这个计划让每个孩子能挨着朋友站的机会增加了一倍。

第二天，孩子们排成了两队。躁动、喧闹和替别人占位置的情况都立即不存在了。我对孩子们提出的简单、富有创造性和有效的解决办法感到很欣喜。

骂人和脏话

讨 论

"坦白地说，亲爱的，我他妈不在乎。"看《乱世佳人》①电影的观众，对白瑞德这句话的反应是难以置信地倒吸了一口气。那是在 1939 年，电影行业的一个规则已经被打破了。今天的电影、音乐、电视以及各种各样的广告可以随意地使用曾经被禁止的话语。老师们应该已经意识到了时代的变化，但是，在对待学生使用语言的问题上，没有改变的是相互尊重仍然很重要。

建 议

1. 骂人话通常能得到令人印象深刻的回应。不要表现出吃惊或生气，只需要说这种语言是不合适的。要以一种坚定而和善的

---

① 乱世佳人（Gone with the wind），是根据玛格丽特·米切尔小说《飘》改编的爱情电影，于 1940 年 1 月 17 日在美国上映。影片以美国南北战争为背景，讲述了主人公斯嘉丽与白瑞德之间一段跌宕起伏的爱情故事。——译者注

方式向学生提醒学校的规定（见"激发灵感的故事"）。

2. 把一次班会当作一个论坛，以坦率而非评判的方式讨论骂人话。要通过问下面这样的问题，帮助学生辨别不合适的语言及其后果："当有人说脏话时，裁判员会怎么做？""你的祖母对说脏话有怎样的感受？"以及"这就是我对说脏话的感受。"

3. 要鼓励学生们分享说脏话对他们个人的影响。对于那些已经习惯了咒骂的学生来说，听一听其他学生的反应，要比平常听老师或校长说教作用更大。（然而，如果一些学生说，说脏话在他们家里是司空见惯的事，你不要感到惊讶。）

4. 要做到相互尊重："我尊重你，我想听你想说的话。我也尊重我自己，因此我希望在听你说时不要听到脏话。"

5. 对于年龄小的学生，要说："我们在学校不说这种话。"要带着说脏话的孩子离开集体，并在他愿意使用可接受的话语时再邀请他回来。对不适当的语言视而不见，无法让小孩子知道其行为的指导原则。

提前计划，预防未来的问题

1. 学生们说脏话可能是为了获得在同龄人中的地位，或者是为了能让成年人震惊。通常，老师们会只关注行为，而忘记行为背后的信念。要知道不良行为的四种错误目的。如果学生们能以积极的方式得到关注、拥有权力、处理受伤害的感受，以及在想要放弃时能得到帮助，他们就不会诉诸说脏话。

2. 要注意你自己在学生面前说话的用词。他们对双重标准非常敏感。

3. 要承认某些骂人的话是表达强烈情感的一种方式。要让全班同学用头脑风暴想出可接受的表达强烈情感的声音或词语。

4. 要教给学生们知道，使用某些词语会被看作等同于性骚扰和种族歧视。

激发灵感的故事

女孩们的歌

来自北卡罗莱纳州夏洛特市莎伦学校心理咨询教师苏珊娜·史密莎（Suzanne Smitha）的故事

凯·罗杰斯4年级班上的一个男孩来找她，说有几个女孩子最近一直在唱的一首歌让他感觉受到了冒犯，因为歌词中有脏话。罗杰斯女士没有听到这首歌，所以，过了一会儿，她就让这几个女孩把这首歌唱给她听。尽管她没有发现这首歌会冒犯谁，但她告诉了女孩们自己让她们唱这首歌的原因。当天晚些时候，在操场上，这几个女孩问她是否认为那个男孩会接受她们的道歉。罗杰斯女士鼓励她们去问他。她从远处看着其中的两个女孩走向那个男孩，并把他带到那群女孩们站的地方。她们后来告诉罗杰斯女士，她们已经因为冒犯他而向他道了歉，并且同意不再唱这首歌了。他接受了她们的道歉，这个问题解决了。

给予和得到尊重

来自华盛顿州埃弗雷特市6年级和7年级老师克里·麦考儿（Kerri McCaul）的故事

我的7年级科学课上的一个学生，正在接受是否要进入学区的行为障碍项目的评估。有一天，他走进我的教室，把他的双肩背书包扔到了他课桌旁边的地板上，并且说出了一串会引起敌意的脏话。我让他和我一起到教室外面去，他的回应是又说了几句更加难听的话，并跟着我走到了走廊上。

我最喜欢问学生的正面管教问题是"发生了什么事"，而不是"你是怎么回事""你为什么要这样"或"这是谁干的"。我发现，问"发生了什么事"会吸引学生分享，而不会有戒备心理并感觉受到了威胁，而且还会让他们知道我在倾听。

这个男孩解释说，他以前的班级让他难以忍受，他克制不住自己，老师就给校长写了他的行为报告。当我问他在我的班里说脏话的事情时，他回答说他"认为他已经惹上了麻烦"，并且"要看看有多少老师会把自己交给校长"。在说这些话时，他没有看我，而是低着头摆弄着自动饮水器。我问他，我能做些什么来帮助他（我第二喜欢的正面管教回应方式），我们两个一致同意他需要一个冷静期——一段冷静下来并感觉好起来的时间。

我们沿着走廊走到了行为障碍老师的办公室，他被邀请待在那儿，并且同意 30 分钟后到我的教室门口碰面，谈一谈他是要留在学校，还是要回家。他按照我们约定的时间准时出现在教室门口，说他感觉好一些了，准备好上课了，并且想留在学校里。当天中午，我在另一堂课上又见到了他，他很好。在那堂课结束时，他走向我，感谢我让他"发脾气"，并且给了他"第二次机会"。他告诉我："我当时已经准备好了发脾气，并且计划让你像我一样发脾气。谢谢。你救了我。"当天晚些时候，当我向行为障碍老师了解这个学生的表现时，他告诉我："你处理这种情形的办法真的太酷了。我知道这个孩子，他已经准备爆发了。大多数老师已经受够了他的态度，并且非常乐意把他踢出班级，交给校长。但你没有。我知道他尊重你。"

在我开始运用正面管教之前，我会落入这个学生的陷阱，并且会陷入他所寻求的与他面对面的冲突。他想让我把他踢出我的课堂！与他在教室外面的单独沟通，让他保持了自己的尊严和尊重；让他去另一个教室冷静下来，使他参与了解决问题，鼓励了他为自己的行为承担责任；而且，通过遵守与我的约定并重新获得自我控制，他表现出了责任感。而且，他最后的那句"谢谢"就是我期望并希望得到的回报。

黏　人

讨　论

　　"我教 3 年级。今年，我的班里有个总是黏着我的小女孩。她不让我离开她的视线。一来到学校，她就来到我的桌旁，告诉我她昨天晚上做了什么。在上课时，每一个小问题，她都会向我寻求帮助。甚至在课间休息时，她大部分时间都会站在我身边。这快把我逼疯了。"

　　这个学生对关注的需要是很明显的。老师在培养其独立性的同时，要以尊重和关爱的方式给她关注。设立明确而坚定的限制，然后将这些限制坚持到底是很重要的。当学生对关注的需要以一种始终如一的方式得到满足时，她就会感觉到你关心她，并且会看到她的需要对你来说很重要。她还能学会尊重你的需要。有了这种安慰，她独立自主的勇气就会逐渐培养出来。

建　议

　　1. 当黏人的学生来到学校时，要给予她专一的关注。要和她打招呼，并关切地倾听她大约 30 秒。

　　2. 和她一起计划她第二天想做的事。花一点时间以这种方式和她一起想象，会给她一种安全感。

　　3. 要给你和她的互动设立明确而合理的限制。要向她解释，你无法整个上午都过来回答她的所有问题。要问她，当你顾不上回答她的问题时，她能否想出一个可以求助的同学。

4. 如果有必要，就确定你在课间休息时具体能给她留出多少时间，或者在上课时她最多可以向你寻求几次帮助。

5. 立即寻求她的帮助。给她安排一个任务，比如帮忙开门，以便她不用黏人也能感觉自己是重要的。

提前计划，预防未来的问题

1. 让黏人的学生帮助班里的其他学生。这会促进她的社会责任感的培养；当她感觉到对其他人的关心时，她就不再只关注自己的需要了。

2. 让其他孩子和这个孩子一起参加小组项目。她会因此而进入一种社会情形，尽管她还不具备足够的社会能力来独自尝试这么做。

3. 当她来到教室时，或者在课间休息时，给她安排一个既能给她一个独立的角色，又能帮助她在班集体中体验到归属感的特别的事情。

激发灵感的故事

这是 10 月中旬，塔利亚小姐意识到她需要找到一种新方法来处理她的一个 1 年级学生的行为。丽萨在上学的头几天过得很艰难。她哭着不想让妈妈把她留在学校。终于，丽萨慢慢地接受了妈妈的离开，却开始每天早上粘着塔利亚小姐。除了感到恼怒和时间紧迫之外，塔利亚想鼓励丽萨变得更独立。

她想找一个办法帮助丽萨为班里做出贡献并感到自己很重要，并且把自己看成是班里的一员，而不是只依赖塔利亚小姐来得到关注和安慰。她决定利用即将进行的一个班级项目。这个项目有很多准备工作要做，例如把纸张分类、把物品分装到不同的容器里。塔利亚小姐跟丽萨说让她来做这件事情，并让她选择一个搭档来帮助她。丽萨对这个项目感到很兴奋。她立刻感到自己很重要并且很有用。她对自己能选择一个人和她一起做感到很兴奋，并问塔利亚小姐是否詹妮能做自己的搭档。塔利亚小姐同意了，并让两个女孩在课间休息时来见她，她会告诉她们需要做些什么。她提醒她们，第二天早上下了校车后，需要直接到教室开始这个项目。

第二天早上，塔利亚小姐高兴地看到两张笑脸出现在教室门口。这是与以前的每天早晨不同的一种方式。在那一天以及接下来的几天里，塔利亚小姐注意到丽萨与自己以及班里其他同学的关系有了显著的变化。丽萨不再只将注意力放在老师的身上，而是寻找各种方式与她的同学们在一起。

尿裤子

讨 论

想象一下，感觉一股温暖的液体突然顺着你的腿流下来，并渗进了你的袜子里。没过几分钟，一股明显的气味从你身上散发出来。这时候，你像需要干爽的衣服一样需要同情。

糟糕的日子、压力和意外的事情会发生在我们所有人身上。尿裤子有很多原因，其中包括生理问题，并且对学生来说是很尴尬的。

在班里始终运用鼓励，就会保持一种氛围，使一个人的错误和意外不会削弱其归属感和价值感。当考虑到一个孩子对尊严的需要时，一个老师感觉到的任何个人的厌恶或反感都将无关紧要。如果不造成任何人的尴尬，一次意外就只是一次意外而已。

建　议

1. 要保持一种保护孩子的尊严和自尊的心态。

2. 在小学低年级，要为发生意外的学生准备一套衣服。要以简单而尊重的方式让他们知道，他们可以去"衣柜"那里挑选一些衣服换上。

3. 千万别用苛求的语气谈到出现的意外。要就事论事但亲切地说："有时候，当人们感到不舒服时，他们可能会打喷嚏或咳嗽，并且会漏尿。或者，有时候，人们对一些事情太专注或太兴奋，以至于他们推迟去洗手间，膀胱里的尿就会溢出来。"

4. 如果一个孩子在卫生间里待的时间很长，要让一个成年人去看一看。这个孩子可能已经弄脏了自己的裤子，并且可能在尝试自己清理。

提前计划，预防未来的问题

1. 如果一个孩子经常尿裤子，要与校医和孩子的父母进行沟通。要建议去做一次医学检查，看看是否有生理问题或发育问题。通过与父母沟通，你可能会发觉学生生活中压力的来源。膀胱或肠道控制能力的倒退，可能是对父母离婚或小弟弟或妹妹出生的一种反应；也可能是一个更严重的问题的征兆，例如性虐待。要毫不犹豫地去寻求学校辅导员或心理咨询老师的帮助。你或许想提供一个让小学生的父母们填写的调查问卷。要在问卷中问孩子是否有老师应该知道的任何特殊困难，例如，尿裤子或拉在裤子里。另一个问题应该是孩子家庭生活中目前的压力源，比如一个新出生的婴儿、一次搬家、父母离婚或者新的婚姻。

2. 有时候，学生需要老师协助安排上厕所的时间。仅仅通过帮助学生安排时间，可能就会产生很好的效果，并且对学生是一种鼓励。

3. 在学年一开始，在制定使用卫生间的原则时，要花时间与你的学生们谈谈出现意外会怎么处理。要指定一个存放额外的衣服的地方，所有的孩子都应该很容易去这里找衣服。

激发灵感的故事

来自贝特西·李奇亚德洛（Betsy Licciardello）的故事

这一年，我的班里有一个来自虐待家庭的小女孩。她有严重的自尊问题。她在学校里每天都会尿裤子并拉在裤子里。我的助手和我尝试了很多方法。我们帮她清洗干净——她非常喜欢这种关注。我们让她自己清洗干净——结果没有改善。我们尝试每半个小时就为她的裤子没有湿而拥抱她一下，但结果却很不一定。

有一天，当我和这个女孩一起去办公室换干袜子时（她已经尿湿到她的鞋子里了），我决定要告诉她我对她有怎样的感受。我说："莎莉，我爱你，并且会一直爱你，无论你做什么——做得好的日子还是糟糕的日子。即便你每天都尿湿裤子，或者永远不再尿湿裤子，我都会爱你。我更喜欢干裤子，但是，我会爱你，无论你选择什么——湿裤子或者干裤子。"

自从这次简短的谈话之后，她再也没有在学校里尿湿过裤子。作为一个提醒，我们每隔一段时间就会谈一次，并且我们仍然经常拥抱。她再也没有过尿湿裤子。万岁！

讨 论

这个故事最重要之处在于，当贝特西说即便这个小女孩继续尿湿裤子，她也会爱她时，她是当真的。贝特西没有假装，或者用爱的宣言操纵这个小女孩改变她的行为。重要的是要认识到，孩子们几乎总是能分清这两者的区别。

虐　待

讨　论

根据由美国国会资助的"1991 年美国儿童虐待和忽视发生和流行情况的研究"，美国每 1000 名儿童中有 22.6 名是虐待的受害者。这个数字基于实际报告的案例，因此，真正的数字可能甚至更高。一个老师从来遇不到一个正在遭受虐待的学生，是不太可能的。

很多受到虐待的孩子获得帮助和干预的最好机会，是通过一位老师的努力。那些营造出一种信任氛围的和蔼可亲的老师，是学生们的一个潜在的密友。

美国大多数州的法律都规定，教师对怀疑学生受到虐待的情形都必须报告。对于这么可怕的一个问题，想想一个警觉的老师的支持和行动能给孩子的生活带来怎样的变化吧。

明确的定义非常重要。当一个对儿童的幸福负有责任的人引起、允许或造成有可能导致孩子的身体或情感健康的损害、任何身体功能的丧失或受损、身体的缺陷或者死亡时，就是虐待。其中包括过分的体罚、折磨和任何的性侵犯。当一个对儿童的幸福负有责任的人抛弃这个孩子，或者未能提供适当或必要的支持、教育、医疗护理，或其他的基本照料时，就是忽视。大多数州都将儿童定义为任何未满 18 岁的人。

虐待的另一面，是经常出现的对老师受到指控的担心。意识到这一点并采取相应的措施是很重要的。

建　议

为了孩子们的安全

1. 要明确告诉孩子们，他们因为个人的担忧来找老师是受欢迎的。要向孩子们解释，他们随时都能得到帮助和支持，而且，受到虐待必须要报告。

2. 要学习你所在地区的儿童保护法律，要有一个在虐待被揭露或者你怀疑学生遭受虐待时如何处理的计划。

3. 学会识别虐待的迹象。

4. 永远要将你看到的一个孩子身上的伤处用书面方式记录下来。

5. 要将引起你担心的不寻常的行为或交谈按日期记录下来。

为了成年人的安全

1. 要尽量避免与一个孩子单独相处，尤其是在封闭或与外界隔绝的地方。

2. 在与小孩子们一起做事时，如果需要给他们换衣服，首先要问他们是否需要帮助，还是他们自己能换。如果他们需要帮助，要确保有两个成年人在场。

3. 要记录一个孩子在到达学校时的所有伤处。（当学生的父母错误地声称孩子在学校里受伤时，日常的记录会保护老师们。）

4. 你可能习惯了拥抱，但为了尊重学生，要先问他们是愿意握手、击掌，还是拥抱一下。有的孩子可能不想被人触碰。

5. 要保护隐私。不要在非职业场合讨论你的学生。

6. 要通过与你的学生明确你与他们的关系，来避免含混的信息。如果你对一个可能以不恰当的方式接近你的学生感到不舒服，要将这种情况告诉你的主管或学校的心理咨询老师，并问问他或她的建议。

提前计划，预防未来的问题

1. 要营造一个孩子们感到能自由、坦率地谈论问题的环境。

2. 要教学生了解虐待，以及他们能采取的保护自己和他人的措施。

3. 孩子们需要感到自己有力量。你可以通过帮助他们进行就事论事的讨论，给他们提供为他们自己的利益而可以采用的办法，来赋予他们力量。

4. 当孩子们感到无助并感到自己只能做受害者时，他们通常看不到摆脱困境的方法。知道有一个成年人会倾听并给自己提供支持和协助，真的是一条救生索。

5. 成年人可以通过表明对他人和自己的尊重来营造一种安全的环境。重要的是，要教给孩子们知道自尊包括确保他们自己的需求得到满足。

6. 对于很小的孩子，要提供有大人和孩子的形象的玩具屋。当孩子们玩玩具时，要对孩子们用玩具表演出的情形保持警觉，尤其是那些行为令人不安的孩子。

7. 建立一个儿童图书馆，里面要有提到各种虐待问题的童书，要在故事时间阅读并讨论这些书。对于大一些的孩子，要把涉及到这些话题的图书列入你们的阅读计划。这些故事会帮助孩子们理解遇到这些情形的孩子不是坏孩子或做了错事，而且可能会打开质疑或揭露的大门。

激发灵感的故事

5 岁的苏茜正在上幼儿园。她很难和其他孩子一起玩耍。她经常选择一个叫黛安的孩子作为玩伴。在这种"玩耍"中，苏茜经常给黛安造成身体伤害，或者伤害她的情感。每一次，苏茜的行为都会通过运用积极的暂停（见第 65~69 页"积极的暂停"），或者解决问题环节或如何一起合作地玩耍的角色扮演得到处理。

然而，几个星期后，情况变得更糟，以至于没有孩子想和苏茜一起玩了，因为她总是伤害他们。苏茜的老师劳伦决定在班会上提出这个问题。劳伦先和苏茜谈了谈，并问她，当孩子们不想和她一起玩时有什么感受。苏茜感到很伤心。她非常愿意在班会上提出这个问题。

在班会上，劳伦解释说，苏茜感觉受到了冷落，并且需要一些朋友和她一起玩。劳伦说，苏茜想努力学习如何和其他孩子玩耍而不伤害他们，并问哪个孩子愿意做她的朋友。有几个孩子愿意，而且，这几个孩子在接下来的两个星期都主动邀请苏茜和他们一起玩。

尽管做了这些包含大量支持和反馈的努力，但伤害仍在发生，事实上，情况还变得更严重了。此外，劳伦注意到，有时候苏茜的眼神很茫然，就好像她根本不知身在何处一样。劳伦把出现的情况都认真地记录了下来。

苏茜的行为变得更糟了，正在这个时候，有人发现黛安和苏茜在一起时裤子被脱了下来。黛安说，苏茜威胁说如果她不把裤子脱下来就不和她做朋友了。结合之前的书面记录和担忧，以及这次新出现的行为的含义，劳伦向当地的儿童保护组织报告了这一潜在的问题。最终，性虐待的可能性被证实了，苏茜被送去参加一个包括心理辅导和积极治疗的特别项目。

苏茜是幸运的，因为劳伦认识到了她的行为不只是不良行为。没有劳伦的干预，苏茜就不可能从她的处境中解脱出来。

排　　队

讨　　论

让学生们排队的目的是什么？当老师要求学生们排成一队时，他们的目的是保证学生们安全地从一个地点走到另一个地点，尤其是在有成百上千个学生需要离开教室去餐厅、乘坐校车和集合的时候。年龄大一些的学生似乎知道如何在校园里行走而无需组织。然而，年龄小的学生想要跳、蹦并且在走廊里跑。通常，他们对于要求排队的反应，会造成诸如权力之争、控制问题、抱怨不公平、打人、推人和骂人的问题。排队问题能为训练学生们的人生技能提供很多机会。

建　　议

1. 在学生们能三三两两快速、安静并安全地往返目的地的情况下，可能不需要要求这些学生排成一队。无论何时出现问题，都要让学生们在班会上找出解决方案。

2. 当学生们在队列中出现问题时，要让队伍停下来，什么也不要说，一直等到学生的行为做出改变。如果学生们事先知道当他们的行为不恰当时，你不愿意让队伍前行，这种方法会最有效。

3. 要让抱怨排队或者排队有麻烦的学生把问题放到班会议程上。这通常就能满足他们，并暂时消除问题。

4. 当队列中出现一个问题时，要问所有的学生："现在谁能告诉我违反了哪条排队的规则？"然后问："谁能提出一个我们需要怎么做的建议？"这通常就足以阻止问题。

5. 当一个学生争抢队列中的一个位置或者造成混乱时，要平静地让这个学生到队伍的最前面或最后面去，你要和他并排一起走。

6. 要问一个很难排好队的学生，他觉得是坐到积极暂停长凳上直到他准备好礼貌地排队有帮助，还是把这个问题放到班会议程上以便全班同学能找出一个解决办法有帮助。（当然，只有在积极的暂停被接受的情况下，这么做才会有效。见第 65～69 页"积极的暂停"）

7. 当一个学生排队总是出现问题时，要花时间与这个学生单独谈一谈，并一起用头脑风暴找出一个可以尝试一周的解决方案。要让这个学生知道，你到时候会与他一起检查这个解决方案，并且要感激他愿意与你一起解决这个问题。

提前计划，预防未来的问题

1. 在一次班会上，开展一次关于排队目的的讨论。要将学生们提出的所有想法列成一个清单。

2. 如果你愿意接受，要让学生们提出一个无需排队就能快速、安静并安全地往返于目的地之间的计划。

3. 当需要排队时，要让学生们用头脑风暴列出一个排队规则的清单。这时，要决定关于插队、重新回到自己的位置、保持一个人的位置，以及可能确定一个排队顺序的班级规则。一些老师喜欢轮换排队的顺序，以便消除谁排第一、谁排最后等问题。要问问你的学生们有什么主意。

4. 列出排队时的各种职责清单，例如队首监督员、队中监督员，以及队末监督员。要让学生们讨论并决定每个职位的职责描述。各个职位要轮换。

5. 在一次班会上，要讨论并角色扮演学生在排队时出现的典型问题，并用头脑风暴寻找解决方案。

激发灵感的故事

来自佐治亚州玛丽埃塔市洛基山小学学前班辅助员芭芭拉·伊万杰利斯塔（Barbara Evangelista）的故事

每次需要排队时，安迪总是要么打、要么推学前班里的其他学生。他经常弄疼他的同学，甚至把他们惹哭。安迪的名字经常出现在班会议程上，但是，学生们的解决办法都不管用。

安迪和我做了一次"感觉好起来"的私下聊天。我问他，我们怎么做才能帮助他记住我们的格言"手是用来帮助别人的，而不是用来伤害别人的"。他和我想出了一个他在排队时把双手放在口袋里的解决办法。这个办法帮助了安迪，很快，所有的学生走路时都把双手放在口袋里或背在身后。

安迪现在上 1 年级了。最近，我看见他经过走廊。我们相互笑了笑，猜猜怎么着？他的双手插在口袋里。

用班会解决问题

来自西弗吉尼亚州摩根敦市山景小学的学校心理咨询教师 J. 迈克·菲克（J. Michael Fike）的故事

在自动饮水器前排队时，很多 1 年级的学生会插队。在炎热干燥的天气，这真的是一个问题。有一个班级已经完全掌握了尊重的概念，并且总是在寻找与问题相关的解决办法。因此，这些学生甚至都没有提到过通常的解决办法——让插队的学生排到队伍的最后面。

在做了很多头脑风暴之后，一个同学建议插队的学生可以"自己排一队，并且在班里排队的学生都取完水后，他的'队伍'才能取水喝。"这个简单而尊重的方法非常管用。

偏　爱

讨　论

当老师对学生有偏爱时，学生们通常都会知道，并且知道被偏爱的学生是谁。即便老师感觉自己没有厚此薄彼，学生们通常都能指出谁是他的宠儿。当老师们强调竞争，即强调比较和评判而不是合作时，他们就为厚此薄彼的出现创造了可能。

建　议

1. 要意识到你在对学生进行比较或偏爱一个学生。只要对你的行为和想法做出调整，就会有助于建立公平的氛围。

2. 感觉与某些学生或班级有特别的情感连接是很自然的。危险在于将其当作激励其他学生或班级达到某种水平的一个工具："我去年的那个班级总是安静地进入礼堂。"

3. 要确保每个学生在一周的某个时刻都有自己与你的特别时光或与你有情感连接。这可以采取每天单独问候每个学生的形式，可以在学生到校时，也可以在他们放学时。为了确保你不遗漏任何一个学生，可以悄悄地在班级名册上的名字前打钩做记录。

4. 如果你把一个学生看作是处于劣势的一方，并试图保护或解救他，你只会让这种情形变得更糟。要找到赋予这个学生力量的办法，比如让他参与解决问题，使他可以从中发现新的行为方式。（见第298～302页"受害者"）

提前计划，预防未来的问题

1. 老师们常常发现，自己在安排任务时会反复用到某几个学生。对于挑选学生做特别的项目或任务，或代表班级发言之类的事情，要设计一个能确保学生们轮流的办法。

2. 要进入你的学生们的内心世界。你认为是因为某个学生需要鼓励而安排给他的事情，可能会被班里的其他学生理解为偏爱。要通过给学生们机会说出他们对特殊待遇的感受、想法和结论，来了解他们的看法。

3. 帮助学生们做"他们知道你的关心吗?"活动：把学生分成6人一组，让他们用头脑风暴想出老师怎样才能表明关心学生的办法。要让学生们分享并把他们想出的办法列成清单贴出来。要把他们的清单保存起来，以便能给你提供一些表达关心的方式的主意。

4. 在班会上，要让学生们想出一个轮流做特别的事务和项目的计划。这种方法会消除由老师做所有选择所造成的对某些学生偏爱的看法。

用班会解决问题

这是星期四的早上。上课铃声刚刚响过。莉兹知道，今天是挑选学生去参加为学校音乐教室创作一幅壁画的日子。她感觉自己很有希望，然而又焦虑不安，因为她一直有一个不安的想法，认为汤姆和劳拉将再一次被选中，代表她们班去参加这个项目。

九点钟到了，特林布尔夫人果然不出所料地宣布了她的决定，指定汤姆和劳拉作为代表他们班的艺术家。莉兹感到生气、愤怒和伤心。她不想跟汤姆、劳拉说话，甚至不想跟特林布尔夫人说话。莉兹以前从来没有用过班会议程，但是，她见过其他同学把让人生气或伤心的问题放到班会议程上。于是，她决定用班会议程让特林布尔夫人知道自己有怎样的感受。

在班会上，莉兹感到很担心。当她的问题被提出来时，特林布尔夫人问莉兹，这对她来说是否仍然是个问题。莉兹说她仍然感觉很糟糕，因为她从来没有被选中去参加任何特别的艺术项目。特林布尔感到很震惊，并立即感谢了莉兹有勇气把这个问题提出来。她问其他学生是否有类似的感受。令她吃惊的是，其他学生也说出了他们对没有被选上去参与一些项目的想法。特林布尔夫人跟大家说了挑选学生对她来说有多么难。

在讨论之后，全班同学用头脑风暴想出了一些让更多的学生参与特别项目的方法。其中一些建议是，从一个罐子里抽名字、按照名字的字母顺序轮流、按照生日轮流，以及允许其他人做选择，而不总是由特林布尔夫人来指定。

这个过程的真正价值不只是找到了一个解决方案，还在于帮助学生们和特林布尔夫人对这个问题涉及到的感受有了更多的了解。

歧　视

讨　论

"他们和我们不一样，这意味着他们不能被信任……我们必须敲响战鼓。"在迪士尼电影《风中奇缘》① 中，原住民和刚抵达的英国士兵同时唱起了这段副歌。这是对歧视多么完美的描述啊！不同和未知是令人恐惧的。当人们感到恐惧时，他们为保护自己就会发起攻击。

如果让你描述一个走进你的教室的学生，你可能会说："这是一个穿着蓝色毛衣的亚洲男孩。"肤色、性别和衣着通常是被描述的细节。它们是被立即看到的。种族、性别和阶层歧视是与之相应的。我们看到差异，我们害怕未知，并因而导致歧视。

教育应当通过将不熟悉变为已知来启蒙学生。目前教育中的一种趋势是设置反偏见课程。这一课程的目标是要教给孩子们，差异不只是要被容忍的，而且代表着独立发展的生活方式。一个头上裹着白头巾的孩子并不怪异，她的宗教也不愚蠢。她的家庭信仰导致了她这样穿戴。

在一个进行过这类训练的班级里，当一个学生结结巴巴地说一个英语单词，或者用他的母语西班牙语来代替想不起来的短语时，教室里不会爆发出嗤嗤的窃笑。学生们已经知道西班牙语是世界上很多人使用的语言，而且他们的同学能说双语是很幸运的。

差异不等于危险。教育，有足够的力量让歧视像恐龙一样灭绝。

建 议

1. 鲍比用一个带种族意味的名字称呼吉姆。吉姆感觉受到了伤害和羞辱。当出现歧视时，要用以下三种方式进行处理：

---

① 风中奇缘（Pocahontas），华特·迪士尼动画于1995年制作并发行的一部画电影，讲述的是印第安公主宝嘉康蒂勇救英国探险家进而化解了一场异族间的战争的故事。——译者注

A. 明确地告诉鲍比和吉姆，这种行为在这个教室里是不能被接受或允许的。吉姆不应当受到不公平的对待。

B. 问鲍比是否知道被一个同学伤害会有什么感受。帮助他认识到他的话伤害了吉姆。要给鲍比提供一个机会，做一件帮助吉姆感觉好起来的事情。

C. 计划一个认可吉姆的文化的班级活动。

2. 要求学生们尊重地对待彼此。要记录下那些表明不信任或缺乏了解的话语和行为。不要忽视这些。要让学生们参与讨论并寻找解决方案。责备和羞辱不会改变歧视的信念或方式，而教育能做到这一点。

提前计划，预防未来的问题

1. 帮助学生们开展一次关于他们之间的相同之处与不同之处的讨论。要以好奇和欣赏的态度来对待差异。

2. 运用班会来处理出现在学校里的歧视。要达成一个班级约定：这个学校里的所有学生都会得到尊重的对待。

3. 运用媒体中的例子来帮助学生们学会识别歧视。讨论当人们受到歧视时会有怎样的感受。要让班里的学生说一说他们的经历。

4. 对书中描绘人的方式提出质疑。牙科医生有女性吗？有黑人警察吗？男人照料孩子或做饭吗？

5. 要建立一个呈现多种文化的环境。不要只在班级研究大平原印第安人的那个月才挂上美洲印第安人的图片，要始终展示各种图片。一个亚裔医生、一个非裔美国士兵，以及一个纳瓦霍人议员的图片，反映着美国的多样性。要经常运用一些来自于其他文化的布料、乐器和艺术品。当你以正常且可理解的方式呈现各种文化时，它们就会从令人惊异变得让人熟悉。

6. 让学生们接触不同的性别角色、社会地位以及一些其他类型的差异。在教诸如政府或社会科学之类的科目时，不要错过讨论歧视和多样化的价值的机会。

激发灵感的故事

玛丽·艾伦和蒂若米在 2 年级是玩伴。一天，玛丽·艾伦向蒂若米宣称自己不喜欢她了，因为她的皮肤是黑色的。克兰先生听到了这句话，并且被震惊了。他告诉玛丽·艾伦，黑色皮肤很美，并要求她收回这句不公正的话。玛丽·艾伦坚决拒绝收回自己的话。这时，到了放学时间，他们三个人都生着气回了家。

第二天，克兰先生决定尝试另一种办法。首先，他找到蒂若米，并告诉她，没有人有权说她的肤色不好。他说，他很抱歉昨天她的情感受到了伤害。在克兰先生的鼓励下，蒂若米练习了对这种贬损的话的回应。她学着说："你说的不是真的。我为自己感到自豪。"她练习了从诋毁她的人面前有尊严地转身走开。

接下来，克兰先生与玛丽·艾伦一起坐了下来，并问她是否记得她感觉受到伤害的一个时刻。她点点头，眼泪开始流了下来。她爸爸这个星期从他们家里搬了出去。玛丽·艾伦哭泣着，克兰先生把他的手放在她的肩膀上安慰她。

当她平静下来之后，他问她，是否想过她昨天说因为肤色不喜欢蒂若米时对方感觉受到了伤害。玛丽·艾伦同意蒂若米可能感觉受到了伤害。克兰先生想知道玛丽·艾伦是否愿意想出一个能帮助蒂若米感觉再好起来的办法。玛丽·艾伦热情地提出了一些建议，然后决定为伤害了蒂若米的情感而给她写一封道歉信。

玛丽·艾伦可能是因为自己对家里发生的事情的感受而攻击

了她的朋友。当孩子们感觉受到伤害时，他们往往会向随便什么人发泄。帮助孩子们与他人的感受共情，是教育他们反对歧视的一种极好的办法。

缺乏积极性

讨 论

一个缺乏积极性的学生，是老师面对的最有挑战和最令人沮丧的情形之一。对于一个在班上表现懒散的学生，老师的典型反应是替他做事情，更努力地督促他，或者造成他对自己感觉很糟以期他会有所改变。其他反应方式是试图让他难堪，或者只好回避他。所有这些反应只会让情形变得更糟。对于老师来说，挑战在于停止做那些不管用的事情，并花时间找到鼓励他们自己以及这些学生的方法。

建 议

1. 问"什么"和"怎样"的问题："怎样才能对你有用？""如果你这样做，对你的现在和未来有什么好处？""如果你选择不做这件事，会对你有什么影响？""如果你做了这件事，会对别人有什么贡献？"这些启发式问题只有在你真正对学生的想法和感受感到好奇时才会有效。如果听上去完全是说教或威胁，就会造成学生的防御心理和沮丧。

2. 用一个词告诉学生需要做什么："数学。""打扫。"要看着对方的眼睛，并尽量以坚定而和善的方式表达。

3. 说出你的真实情感："我感到很不安，因为你把时间都花在了其他事情上，但就是不做作业，而我希望你优先考虑作业。"

4. 行动。对于年龄小的学生，要拉起他的手，和善而坚定地把他领到需要完成的任务的地方。

5. 让后果成为老师。如果一个学生什么也不做，这会从糟糕的成绩和错失的机会中反映出来。当学生体验到后果时，你要表达共情，而不要表现出"我告诉过你"的态度。随后，要用"什么"和"怎样"的问题帮助他理解原因与结果，并用这一理解来制订一个迈向成功的计划。

6. 当一个通常积极参与的学生突然不再参与时，要特别注意。这可能是家里发生了什么事情的一种迹象，例如父母离婚或有人得了严重的疾病。或者，他与同龄人的关系可能出现了一些问题。

7. 一起解决问题。一起确定问题是什么，以及有什么可能的解决办法。要先说出你的观点："我注意到，你最近在班里不贡献你的想法，并且似乎对分配给你的事情不感兴趣。"然后，让这个学生说说他对发生的事情的看法。问他是否愿意在班会上让大家帮助他解决问题。

8. 另一个方法是克制住，不说出自己的看法，而是让这个学生说出他对问题的看法。学生们通常知道发生了什么，由他们说出问题而不是由别人告诉他们，他们会感到自己更有责任。

9. 和学生一起坐下来，列出他做得好的所有事情，要让他先说。

10. 别把学生的问题当成是针对你的。如果你发现自己经常为一个学生做事，或者总是担心他，你可能是在告诉自己："只有我才能找出替他解决问题的方法。"要让这个学生来选择解决方案。放手和放弃有一点不同。当你放手时，你在把问题的责任交还给学生的同时，与这个学生保持着情感的联系。当你放弃时，你切断了所有的联系，并发出你不再参与的信息。

11. 让学生确信你知道他有能力很好地完成分配给他的一件特别的事情。你们俩可以一起确定他已经有了全部必要的材料与信息；然后，你应该放心地依靠他去做他的工作。

提前计划，预防未来的问题

1. 通过不良行为的四个错误目的，探究你的学生缺乏积极性的原因（更多信息见第 10 ~ 19 页"错误目的"）。要为学生找到获得关注、感觉自己说了算、处理受伤的感受或者在他感到想放弃时得到帮助的有效方法。

2. 让学生们在一次班会上对缺乏积极性进行讨论。要记住两件事。第一，当学生们参与做决定时，他们会受到激励遵守这些决定。第二，当学生们理解他们所做的事情的相关性时，他们会更愿意参与。

3. 要考虑对待压力的不同风格。一个感到害怕的学生可能会退缩，并且任何事情都不做。你能为这个学生做的，就是尊重他的步调，帮助他认识到他害怕什么，找出迈向目标的第一小步，并要求他向目标前进——无论多么慢。

4. 要着眼于长处。如果一个学生在某一方面做得很好，要鼓励他在这方面投入更多的时间。（不要要求他在另一个科目上取得进步之前，不能把时间花在做得好的科目上。）一个学生需要在他擅长的方面感受到鼓励。要教给他弥补自己的不足，并让他知道只要他在自己擅长的方面做得很好，在其他科目上有时勉强及格或不及格也没有关系。

5. 要为有能力提供帮助的学生和在学业上需要帮助的学生制订一个同伴辅导计划。

激发灵感的故事

英格勒先生以极大的兴奋和激情，带着很多新颖的计划，投入到他的第一份教学工作。他希望每一个学生都参与进来。他相信自己能鼓舞这些孩子由衷地热爱学习。

学期一开始，他遇到了克雷格，这个孩子认为上学是浪费时间，并且选择在上课时很少或完全不参与。英格勒先生感到既害怕又无助。他发现他开始怀疑自己是否能胜任这份工作了。

怀着要找到扭转克雷格的状况的关键因素的希望，他与同事中的一位资深教师进行了交谈。这位老师提出，克雷格的懒散可能是他想得到关注、寻求权力、伤害他人或应对自己缺乏技能的一种方式。

在对克雷格丧失信心的程度进行评估时，英格勒先生理解了自己的无助和害怕的感受——这表明克雷格的行为目的可能是自暴自弃。他决定努力一小步一小步地鼓励克雷格。第一步是表达出对克雷格作为一个人的信任，而不只是作为一个学生。英格勒先生想出了一个方法帮助克雷格在班里感受到自己的价值。他列出了每天需要完成的三件事情，并让克雷格选择一件对自己有吸引力的。克雷格选择每天放学后帮助打扫教室 10 分钟。

至于学业方面，英格勒先生没有解救克雷格，也没有给他特殊服侍。他让克雷格自己的行为后果说话。当这些后果呈现出来时，英格勒先生通过友好地与克雷格谈论他的生活，并分享他自己的一些经历来继续表现出关心。

一天，英格勒先生告诉全班同学，他曾经认为自己不够聪明，在学校里没法取得好成绩。他解释说，他行为很叛逆，以此假装自己不在乎。幸运的是，一位老师看穿了他的做法，并让他参与了同伴辅导计划。因为那位老师对他的信任，他自己也成为了一名教师。

大约 3 个星期后，克雷格找到英格勒先生，承认他感到自己不够聪明，学不好学校的功课，并且表现得好像自己并不在乎。他问自己是否能加入同伴辅导计划。英格勒先生很快就安排了这件事情。

这位老师为鼓励克雷格而采取的这些小步骤，产生了极大的效果。克雷格开始表现出对学校作业的更大兴趣，在一段时间后，他的成绩也提高了。

丧失信心（功能失调）的家庭

讨 论

让我们从改变在看到或使用"功能失调"这个词时的观念开始这里的讨论。重要的是，要将用"功能失调"来描述个人、家庭或机构，转变为将他们描述成"丧失信心"的个人、家庭或机构。

功能失调描述的只是行为。这个词会贴标签，忽视整体性，造成隔膜，并否认人们做出改变的能力。丧失信心的意思是人们已经失去了勇气，或者从来没有足够的勇气。

勇气是通过鼓励的力量形成的。鼓励会让人们建立情感连接，并逐渐形成对自己做出改变的能力的乐观态度。当人们学会有效的人生技能以替代他们无效的方法时，他们会感觉受到鼓励。

"功能失调的家庭"这个术语无疑被滥用了。有一幅漫画描绘的是一个礼堂，在舞台的前面挂着一个大横幅，上面写着"全国健全家庭会议"。整个礼堂里空无一人。

尽管功能失调这个术语被滥用了，但无可否认，很多孩子生活在被各种社会弊病毁坏的家庭中。从虐待、药物和酒精成瘾以及贫穷开始，这个清单还仅仅只是个开头。一位老师能在处于危机和痛苦中的孩子们的生活中起到什么作用呢？老师们既不是社会工作者，也不是心理咨询师。很少有哪个老师具有我们看的电影中所描绘的那种神奇能力。尽管我们很多人都渴望满足所有人的所有需要，但我们做不到。老师们能做的是鼓励学生，不加评判地倾听他们，并且不要加重他们生活中的不公。学校可以为一个处境艰难的学生提供一种让他感到安全的环境，以鼓励他在情感和智力上的成长，并且学会重要的人生技能。

建 议

1. 给予同情和理解，但要拒绝为在丧失信心的家庭中挣扎的学生感到难过。为他们感到难过，会否认他们做出改变和选择不同方式的能力。

2. 倾听，并接纳你听到的。当一个学生绝望地抱着头坐在那里时，有一个人听他的故事就是一种疗愈。"我的家正在土崩瓦解，"他告诉你，"我的哥哥是黑帮成员。我的姐姐死了。我的妈妈总在大喊大叫。"你无法安排这个 10 岁孩子的生活。但是，你可以和他坐在一起，倾听他，并让他把痛苦说出来，而这可能会给予他面对今后生活的力量。你没有卸下他肩膀上的重担，但是，你已经减轻了它的重量。

3. 要帮助一个因为家庭状况感到不堪重负的学生将注意力集中在他能控制的事情上。他可能无法控制发生在家里的事情，但是，他可以把精力集中在他在学校以及和朋友们在一起的生活上。要提醒他，他的生活中的这些部分是他的"工作"，能让他备受鼓舞。

4. 惩罚、责备和羞辱不会改善行为。当一个学生遭受着家里各种状况的折磨时，他最不需要的就是在学校里也遭受各种状况的折磨。你可能无法改善他的家庭生活，但是，你至少没有给这个孩子制造另外一些危机。

5. 当你对一个学生的不良行为做出回应时，要问你自己，这个特定的不良行为是否干扰了学习。如果一个学生几门课不及格并且和其他同学打了架，那么，他在上课时脱掉鞋子是否是一个值得关注的问题？这个学生已经有了那么多丧失信心的机会，你就尽量用一种更轻松的方式来处理一个特别的癖好吧，要小心地挑选你要处理的问题。

6. 要记住，你在处理丧失信心的家庭的过程中并不孤单。要利用你在你的学校和社区的资源。要从社会服务机构、当地的报纸或网络上来查找诸如匿名戒酒者协会这样的互助团体的信息。这些团体为小孩子和十几岁的孩子提供支持。

提前计划，预防未来的问题

1. 要营造一种支持、接纳和敢于挑战的班级氛围。每个学生都应该感到无论家里发生了什么事情，他或她能依赖班级这个避护所。

2. 要用班会培养学生的各种技能，并为每个学生提供一种健康的归属感和价值感。班会的办法回答了老师们通常抱怨的问题——有太多的学生需要他们，而他们的时间又太少——因为，班会的过程能让学生们相互帮助和相互鼓励。教150名学生的高中老师们发现，与老师单独解决问题相比，通过班会在学生们之间建立一种支持网络，会让那些在困境中挣扎的学生中有更多的人得到关注和支持。

3. 无论一个人有怎样的人生经历，他都能选择自己的行为。要通过给学生提供选择并帮助他们用头脑风暴想出在困境中的各种选择，来教给他们如何做选择。

4. 与选择相对的是责任。不要为解救一个学生而不让他做选择，也不要因为他的糟糕选择而惩罚他。后果（既包括好的也包括坏的）是选择造成的结果。要通过"什么"和"怎样"的问题，帮助一个学生探究他的选择会造成的后果，以帮助他了解他的选择对他体验到的后果的作用："你在努力实现什么？""你做了什么？""你的选择造成的结果是什么？""你学到了什么？""你下一次可以怎样处理这种情形？"要注意这种方法与强加一个后果有怎样的区别。当学生做出糟糕的选择时，你的同情能帮助他们拥有前行的勇气。

5. 要教给你的学生："发生在我们身上的事情对我们的影响，远不如我们选择怎样看待它以及我们选择如何做对我们的影响大。"要寻找、分享并讨论那些在生活中经历过巨大困难并设法取得成功的人的例子（这可以作为一项班级作业）。

6. 要教学生们对出现的情形发挥积极的影响，而不是做出被动的反应。老师可以通过选择在生气时不大声吼叫，或者不对不良行为立即进行报复来做出榜样。通过以尊重的方式控制自己的行为，老师是在示范一种很多学生从未见过的回应。随后，他可以开展一次班会讨论，以明确什么是令人满意的回应。

老师：当杰克把他的作文揉成一团扔进垃圾桶时，你们看到我做了什么？

学生们：你转身走开了。

老师：走开意味着我认为可以这样对待作文吗？

通过一次这样的讨论（老师事先需要得到杰克的允许才能用

他的例子），全班的学生学到了一种新的方法。在杰克冷静到能坐下来与老师讨论这个问题之后，他在当天晚些时候捡起了被揉成一团的作文。在为作文承担起责任的同时，杰克还学会了几种自己在下次感到受挫时的回应方式。他得到了尊重的对待，他的行为得到了处理，而全班同学也对一种新的行为方式有了全面的了解。

7. 当知道你的班上的一个学生家里有人有药物依赖，或正处于康复阶段时，你要学习一些关于药物依赖和康复阶段的知识。你的认识和知识，在你与学生及其家庭打交道时，会对你有帮助。

8. 要记住在你的影响范围内尽你的最大努力。你可能无法挽救所有落水的孩子，但是，你至少能扔给他们一条由技能、关爱和对自己能力的信念做成的救生索，直到有一天他们能自己从丧失信心的海洋中爬出来。

激发灵感的故事

两个丧失信心的男孩

两个男孩打了一架，其中一个受了伤。在他们的学校，这种行为通常的结果是在星期六被留校。但是，他们的老师在学校管理部门的支持下，选择与这两个学生约定在第二天早上与他见面解决问题。两个男孩的行为是危险的，并且需要得到处理，但是，留校一天并不会改善这种状况。这两个男孩已经被留校过很多次了。

这个老师认识到，这两个男孩都遭受着极大的情感痛苦。即将到来的星期天是母亲节。其中一个男孩的母亲在监狱里，另一个男孩母亲的男朋友有严重的虐待行为。学校在社会服务机构的配合下，已经在处理这些情况，但是，这个老师从未直接处理过这两个男孩的这些问题。这个老师知道，伤害他人的孩子们自己也在遭受痛苦。

当他们在第二天早上见面时，老师做的第一件事情是倾听这两个男孩。他们说出了一些强烈的感受。一旦这些感受被表达出来，他们就接着讨论了打架的事情，尤其是一个男孩受的伤。他们最终同意，下个星期两人都去庇护所帮助那些无家可归的人4小时。两个男孩被给予一次为他人的幸福做出贡献的机会，他们会把自己看作是能帮助别人的人，而不是伤害别人的人。

这种解决办法当然无法保证两个男孩不再打架。但留校并没有带来任何好的改变，而这个老师的做法并没有加重男孩们的负担。他无法改变他们的母亲或者他们家庭生活的任何方面，但是，他能找到一个办法，以同情和尊重来对待每个男孩的需要。

鼓励查理

查理是一个16岁的高中生，他在学校里表现很糟。在一次世界历史课的班会上，查理与其他学生分享说他的家庭生活很糟糕。学生们和老师费尔南德兹夫人做了头脑风暴，想出了他们可以对查理表达支持并帮助他的办法。有些学生提出帮助他辅导学习吃力的科目；其他学生提出每天给他打一个电话，以便让他知道他并不孤单；还有一些学生提出在学校里和他一起玩。

大家决定把他们的计划实行一个月，然后，和查理一起检查一下，看看这些办法对他是否管用。这个月还没有过完，在一次班会上的致谢时间，查理感谢了所有学生给他提供的所有帮助。他说，如果不是大家对他的帮助，他可能已经退学并离家出走了。

生病和假装生病

讨 论

我们大多数人可能都记得自己至少有一次在学校生病，并感到太难为情而没有告诉老师，或者害怕老师不会相信我们。我们大多数人可能还记得一次我们声称自己病了，是为了逃避什么事情或为了得到特别的关注。

有时候，学生们会因为害怕或丧失信心而声称自己生病了。他们可能害怕一个欺负人的孩子，或害怕被嘲笑，或者正对自己学业感到灰心丧气。

不管上演的是哪出戏，都不要不理会学生。如果他不是真的生病了，你可能会从他说的话中找到引领你发现真正问题的线索，从而让你能够帮助他。

建 议

1. 如果一个学生说自己感觉不舒服，你要认真对待，而不要想当然地认为他在试图欺骗你。要倾听他，并认可他的感受。你可以对你认为的原因做出猜测（见"激发灵感的故事"）。

2. 无论一个学生是否真的生病了，都要信任你自己的担忧的感觉。要从学校的护士那里得到帮助，或者直接跟学生的父母通话。

3. 如果一个学生有慢性病或者过敏症，要将此作为教全班同学了解这种疾病的一个机会。在此过程中，你会培养学生的同情心。

4. 如果一个学生需要按时服药，你要协助他，以便他能为自己的服药时间、剂量和备好药物承担起责任。

5. 如果你怀疑你的学生说自己病了是为了逃避一次班级活动，要以一种不会让他感觉到威胁的方式探究可能的原因："我不太确定，但是，我想知道你说你病了是否是为了不用做口头报告。"

提前计划，预防未来的问题

1. 让你的学生们在班会上讨论假装生病的问题。引导他们讨论学生们为什么会这么做，以及能采取什么不同的做法。学生们通常会通过与其他有同样感受的学生讨论，以及和他们一起用头脑风暴想出解决问题的办法来找到勇气。

2. 对于学生们偶尔需要"心理健康假"，要以开放的心态接受。学校或家里的压力可能会让孩子们难以承受。允许一个学生请一天假，会让他感到轻松，并消除其对假装生病的需要。

3. 要鼓励你的学生们说出他们有怎样的感受，然后，要认真地对待他们的感受。要教给他们说"我感到担心"，而不是不得不用"我生病了"来得到帮助。

4. 要让全班同学知道，到该交作业时，你不会为任何一个学生破例，除非他们解释了令其无法完成作业的情况。要让你的学生知道，当他们告诉你实情时，他们无需害怕受到责备或羞辱。另一方面，要让他们知道，你在捕捉他们的操纵方面是非常聪明的。

激发灵感的故事

肯恩，一个 6 年级的学生，在每个星期二和星期四都会去学校的医务室。在 11 点的时候，他会抱怨胃疼和头疼，并且过了午餐时间就好多了。

学校的护士斯温格尔小姐很快就注意到了这种模式，并且决定与肯恩谈谈她观察到的情况。她确信下个星期他会准时来到她的办公室。

当他走进来并抱怨严重的头疼时，她像往常那样做了治疗。然后，她坐下来说她有一些想法要告诉他。"我不确定，"她说，"但是，我想知道你的头疼和胃疼是否可能与你的乐队的排练有关。"肯恩坐了起来，并否认这之间有任何关联。斯温格尔小姐继续表达自己的好奇，问他对吹长号以及在乐队里有什么感受。她还说了自己最近在必须向学区做一次报告时感觉胃不舒服的故事。她当时试图给负责人打电话，让他知道她无法出席会议。当她无法联系上他时，她意识到她应该说自己感到害怕和不知所措，而不是说自己生病了。这帮助肯恩进行了思考。他以前没有听到过大人分享他们的恐惧。

肯恩在随后的一个星期又来到了斯温格尔小姐的办公室。他问了她一些有关她怎么知道什么时候她是害怕了，以及什么时候她是生病了之间的区别的问题。经过一段时间，斯温格尔小姐教给了肯恩说出自己有怎样的感受，而不是假装生病。肯恩知道了承认自己的感受会让他有勇气感觉自己的感受，并继续前行。他没有再来斯温格尔小姐的办公室，但每次在校园里看到她时，他都会捂着肚子咧着嘴笑。

恃强凌弱

讨 论

根据苏伦和葆拉·弗里德在《欺凌者与受害者：帮助你的孩子在校园的战场上生存》[1] 一书中的介绍，在美国的学校中，有超过 200 万的欺凌者和将近 300 万的受害者。如果不进行干预，这个问题可能会变得更为盛行。

欺凌是强迫他人做出某种行为或同意某种行为的一种手段。它常常包括毁谤、身体攻击、侮辱性的语言，以及威胁或恐吓。重要的是要意识到，欺凌者是一个感觉自己不如周围其他人的人。在潜意识中，欺凌者相信他们在生活中的唯一价值——即他们获得归属的方式——来自于使自己比别人更有力量。

欺凌者似乎有一种直觉能力，能发现并选中比自己更弱的人。有一种鱼叫河豚，它通过把自己的身体膨胀得更大来吓退敌人。欺凌者就像一条受到威胁的河豚——也就是说，他们会膨胀起来并充满空气。欺凌者能运用的最好的工具，是对方心甘情愿地做一个受害者的意愿。当一个欺凌者遇到软弱的人时，他的气焰会被助长。当一个欺凌者遇到一个有尊严并果敢自信的人时，他通常就会变得微不足道。

---

[1] SuEllen and Paula Fried, Bullies and Victims: Helping your Child Survive the Schoolyard Battlefield. 纽约：Evans, 1996。——作者注

建 议

1. 当你通过观察或学生报告知道发生了欺凌行为时，你需要立即处理这种情况。你需要阻止这种行为，并采取措施评估欺凌的程度。如果这是一个孤立事件，你可以与这个学生谈谈他的行为以及他对其他人造成的影响。如果欺凌看上去像是一个持续的问题，你可能需要用更正式的方式来处理这个问题。在处理构成骚扰的行为时，学校和学区有可供查阅的指导原则。

2. 要让受害者知道这不是他们的错误，并让他们知道，他们可以为处理这个问题学习一些技能并得到一些帮助。

3. 把欺凌问题放到班会议程上，让学生们一起解决问题。听听同学们的看法，通常就能打消欺凌者的念头。

4. 关注学生们目前对欺凌的反应方式。要告诉他们河豚的故事。当他们学会改变自己对欺凌的回应方式时，欺凌行为可能就会终止。

5. 寻找积极的宣泄方式，以此让习惯于欺负别人的学生能用其力量为班级做贡献。要记住你想要消除的是欺凌行为，而不是欺负人的学生。要与你的学生们一起做头脑风暴，想出使那些以有害的方式运用自己的力量的人培养一种健康的归属感和价值感的方法。

提前计划，预防未来的问题

1. 与你的学生们讨论人为什么会恃强凌弱。把他们想到的原因列成一张清单。如果在讨论中没有提到，要让他们知道欺凌是后天习得的①。要让学生们知道，无论他们生活中的其他方面发

---

① 伦纳德·艾伦是密歇根大学的一位心理学教授，他相信欺凌行为中有一部分是通过过多地观看暴力电视节目习得的，而更大部分是从有欺凌行为的父母身上习得的。——作者注

生了什么事情，在你们的教室里，每个人都要学会以尊重的方式解决问题，不尊重地对待任何人都是不可以的。

2. 读一些有欺负人的角色的故事。儿童文学和民间故事中有很多恃强凌弱的人。当童话故事中的其他角色勇敢地抵抗时，女巫、巨人、龙和怪兽就会土崩瓦解。一定要让学生注意到，要挫败那些看上去很强大的人的傲气，武力或暴力并不一定是必要的。毕竟，在《绿野仙踪》中，当幕后那个男人的真面目被揭露出来之后，结果，魔法师不过是大家的集体想象。

3. 要教给学生如何维护他们的观点，并以尊重的方式要求他们想要或需要的东西。例如，孩子可以学会说："我不想抽烟。"那些依靠恃强凌弱来达到目的的孩子可以学着说："我想在今天课间休息时用那个绳球。"对所有的孩子来说，学会明确地说出自己的观点和愿望都是很重要的。

4. 角色扮演人们对欺凌行为的不同回应方式。要帮助你的学生们看到哪一种是有效的回应，哪一种是无效的回应。要探究一种坚定而自信的回应与攻击性或暴力的回应有怎样的不同。你可能想教给学生们一些基本的工具，比如设立明确的界限、对挑衅置之不理、在可能遭遇欺凌的场合与一群朋友待在一起、解决问题、寻求帮助，以及运用本书所描述的其他正面管教方法。

5. 要向你的学生解释，最具挑战性的欺凌是每个人内心中让自己丧失信心并恐吓自己的声音。要鼓励他们讨论从自己内心的批评中接收到的讯息，以及可以用于对待这个"内在的欺凌者"的办法。

6. 要记住，恃强凌弱者是丧失信心的人，并且找了一种错误的方式来对待自己的沮丧感。让学生们讨论他们可以怎样鼓励一个恃强凌弱者，可能会非常有趣。当学校安排能让学生们学会给予和接收致谢的班会，并且当他们学会专注于非惩罚的解决方案时，欺凌行为通常就不大会成为一个问题了。

用班会解决问题

来自华盛顿州埃弗里特市 6 年级老师克里·麦考儿（Kerri McCaul）的故事

我初次接触正面管教，是因为我的一位同事建议我读《教室里的正面管教》。我一直在跟他说，我对一个 6 年级班里孩子们的行为和态度感到沮丧和绝望，他们简直就是"来自地狱的班级"。刚到 12 月份，为了让他们相互合作并与我合作，我就已经用尽了所有的"锦囊妙计"。我对这个班级产生了越来越强烈的反感，并且知道班里的学生对我也是这种感觉。

我用圣诞节假期读完了《教室里的正面管教》，并且带着一种新的心态回到了学校。这些理论挑战了我的核心教学理念和做法，甚至挑战了我个人对自己孩子的养育方式。在那之前，我是一个坚定的"严厉纪律"[①] 的管理者。我在控制——我说了算！但是，这不起任何作用，并且我知道我没有什么好失去的了。

我们迅速行动，在第一周的每一天都学习一项"班会技能"。到第二周，我们已经为我们的第一次班会做好了准备（或者我是这么认为的）。班会持续了 90 分钟。我无法让我的学生们停止发言！他们有那么多话要说。他们感觉自己不重要、我不倾听他们、我很刻薄、我不在乎他们！我对他们的回应感到不知所措，感觉受到了伤害，并且心都碎了。但我不会放弃，我意识到正在发生一些重要的事情。我观摩了借给我这本书的那位同事的一次班会，我感到印象很深刻，并下定了决心。我们也可以这么做！我知道我们能！

---

① 严厉纪律（assertive discipline），又译为"果断训练"，是一种提倡教师使用增强原则和程序，来管理学生在教室里的行为的方法。——译者注

班会议程变成了一个强有力的工具。我们讨论（有时候是争论）家庭作业的布置、班级规则、学校规则、捣乱行为以及评分办法。课间休息后，他们会排队在议程表上写下抱怨。有时候，班会议程长达两页。我们的角色扮演的价值是难以估量的。在一次角色扮演中，转折发生在一个女孩告诉班里欺负人的学生，当他用很难听的话骂她时，她有多么伤心。当她扮演骂人的角色时，他惊讶得合不上嘴，并低下了头。他在全班同学面前承认，他应该用诚恳的道歉作为补偿。这真的是一个很倔强的孩子。我怀疑他在人生中是否有过道歉，但是，他道歉了。那个女孩接受了道歉，班里的学生欢呼起来，而且，我们开始和他一起努力控制他的伤害行为。

受害者

讨 论

你在训练某个学生成为受害者吗？在每次出现问题时，如果成年人都介入并承担责任，一个孩子可能就会开始把自己看作是无能为力的。他的思维过程是这样的："我对于发生在自己身上的事情没有任何责任。那都是别人的错。我无法做任何事情去解决问题。我需要叫来大人物。"

不断地解救学生，会让他们为自己找借口并推卸责任。那些把自己看作是受害者的学生很快就会知道，抱怨别人是得到关注和同情——以及减轻自己的压力——的一种极好方式。一个受害者会认定，自己与其他学生或大人产生的任何问题，都与他自己的行为完全无关。

受害者没有学会怎样解决问题，或怎样为自己行为的后果承担责任。相反，他们学会了怎样让别人怜悯自己并解决他们的问题。结果，他们的情感发展会受到阻碍。这并不意味着永远没有超出学生控制的情形而使其成为受害者的时候（见第 294 ~ 298 页"恃强凌弱"和第 268 ~ 272 页"虐待"）。重要的是，老师和学生要理解受害者心态与他们需要知道什么时候该如何寻求帮助之间的区别。

建　议

1. 要让那些把自己看作是受害者的学生把他们的担忧放到班会议程上。这会鼓励他们承担起个人的责任。仅仅通过为自己的问题做一些事情，这些学生就会体验到一种控制感。这是有效的，即便这些孩子真的在被别人加害。（见"激发灵感的故事"）

2. 让这样的学生填写"什么与怎样"表格，以便他或她在你依据他们在填写的过程中了解到的东西解决问题时，能对事情有一定的客观判断力。

"什么与怎样"表格

你在试图做什么或完成什么事情？

发生了什么事情？

什么原因造成了这件事情的发生？

你对发生的事情有怎样的感受？

你从发生的事情中学到了什么？

你对于解决这个问题有什么建议？

你怎样才能把你学到的东西用于将来？

3. 要注意扮演受害者的学生指控的不实之处。一声心满意足的大声抗议之后，通常紧跟着的就是他说一个学生又打他了或者抢走了他正在玩的秋千。不要大惊小怪，要倾听并点头，不要说任何话，或者只需复述你从他的话中听到的事实："泰伦抢走了你的秋千。""你对此感到很生气。"在这个学生发泄完并且你已经听完之后，要问他是否有如何解决这个问题的主意，或者他是否愿意把这个问题放到班会议程上，以便他能从全班同学那里得到一些主意。

提前计划，预防未来的问题

1. 要教给学生们知道，每个人都能控制自己的行为。即便当我们无法控制发生在自己身上的事情时，我们也能控制自己如何做出反应以及自己怎么做。

2. 要主动教给学生果敢自信的技能。对于年龄很小的孩子，这意味着当一个同学打他并且他寻求一个成年人的帮助时，他要学会回去跟这个同学明确地说："不要打人。我不希望你打我。"对于年龄大一些的学生，这包括说一句类似这样的话："别来烦我。听我在说什么。"要教给学生们，另一种选择是有尊严地离开当时的情形。

3. 要向你的学生们解释，当有人以不好或有害的方式对待他们时，他们要做的是要么明确地说出自己的需要，要么有尊严地离开当时的情形。要让他们角色扮演运用这些方法的情形。

4. 要教学生们运用"什么与怎样"表格，以便从他们自己的经历中学习，并且搞清楚自己的行为在一种情形中起到了什么作用。要向学生解释，他们填写这个表格可以只是为了自己理解这种情形，为了从自己的错误中学习，或者作为稍后与别人一起解决问题的一个基础。

5. 不要保护或解救处于困境中的学生，而要协助他计划一个行动方案并确定如何实现其目标。

6. 要定期召开班会，以便孩子们学习社会责任感——相互关心，避免相互伤害，专注于帮助担任受害者角色的学生和（或）受到别人不尊重地对待的受害者学生的办法。

激发灵感的故事

来自加拿大安大略省滑铁卢市 5 年级老师德洛丽丝·亚历山大（Delores Alexander）的故事

昨天，在与一位母亲、一位父亲以及他们的两个孩子进行的父母、教师和孩子的三方会议中，我经历了一次最难以置信的讨论。他们是去年下半年搬到我们学区的一个组合家庭[①]。我们讨论了我在教室里运用正面管教的方法，以及"错误是学习的大好机会"的概念。这位父亲非常支持。他的支持给两个孩子做出了极好的榜样。

然后，今天的班会也令人难以置信。我们讨论了矫正错误的三个 R（见第 53～59 页"错误"），而这造成了我没有预料到的一大堆麻烦。这个讨论鼓舞一名学生站了起来，维护班上的一个新同学。我们以前讨论过包容和接纳他人。闸门打开，风暴开始了。问题被扼要地提了出来，而涉及到的两个学生被全班同学关心的话语惊得目瞪口呆。一个男孩，就是我在前面提到的那对父母的一个孩子，宣称他是莎莉的朋友，无法忍受看着她受到这么严重的伤害。"毕竟，她刚来到学校，不应该没人管她。这不公平。"然后，他继续说，他不再喜欢那个做出这种卑劣行为的同学了。然后，全班同学都把矛头转向了他，并且说他是在进行人

---

① 组合家庭（integrated family），是指父亲和母亲都是带着孩子再婚组成的家庭。——译者注

身攻击，而不是在解决问题。好家伙，我被这种讨论征服了。我们不得不请法语老师再多给我们一点时间，因为我们无法把问题就这样搁置在这儿。

在课间休息后，我们继续讨论寻找解决方案。很多学生建议让她们俩去一起讨论这个问题。她们一开始有点不愿意，都说对方不会这么做。我提出，如果她们愿意，我可以做调解人。最后，其中一位女孩勇敢地说，她准备好了单独与另外一个女孩解决这个问题，她们俩都同意了。在班会的最后，一个男孩说："如果错误是学习的大好机会，我们今天在班会上真的学到了很多。"他接着说："这次讨论实际上是从今天上午的宗教课开始的，当时 A 夫人说，'上帝没有偏爱，我们应该用不同的眼光看待一种情形。'"

说　谎

讨　论

那些说谎或捏造事实的学生，既不是身心有缺陷，也不是不道德。对于那些害怕说真话会被嘲笑，或不被认真对待，或对自己有不好影响的人来说，说谎有时候是一种防御机制。如果说真话的结果是受到惩罚或遭到反对，人们就很难说真话。

老师们在帮助学生放弃说谎的需要之前，需要找到学生说谎的原因。在可能的情况下，要透过谎言或编造的事实看到其意图。通过允许学生们说话而不是纠正他们或者忽视他们，老师们可以了解到学生的大量情况。

小孩子说谎或编造故事，通常是因为真实和幻想的区别对他们来说是模糊不清的。大一些的孩子说谎可能是为了防止自己的父母和老师担心他们所做的事情，或为了避免伤害大人的情感。那些骗人的学生可能是感到自己陷入了困境，或害怕受到惩罚。他们可能害怕被拒绝，或者感觉受到了威胁。他们可能真的相信，说谎会让一种情形对每个人都更容易一些。他们可能是在努力让自己在别人的眼中显得更好，因为他们不相信自己本来已经足够好了。他们可能想给别人留下深刻印象，或者想让别人生气。他们可能是在努力告诉你一些重要的事情，但是，他们缺乏以其他方式达到这个目的所需的词汇或技能。

建 议

1. 要当心问一些可能招致谎言的圈套式问题。要关注于问题的解决方案，而不是责备孩子。如果你确定一个学生从班级的存钱罐里偷了钱，不要问："你拿钱了吗?"而要说："我知道你拿了钱，并且我愿意和你制订一个如何还上这些钱的计划。"

2. 如果你的直觉告诉你一个学生在说谎，你可以说："在我听来这不像是真话。我们大多数人在感到陷入困境或害怕时，都会发现很难讲真话。让我们俩都想一想我们如何才能专注于解决方案，然后，在午餐时间或放学后，来谈一谈这个问题。哪个时间最适合你?"

3. 处理学生的感受而不是其话语："当你告诉我这些时，你听上去很紧张。让我们来谈谈吧。"

4. 不要说："这不是真的。"而要试着说："再多告诉我一些吧。"

5. 如果你认为学生们是在和你耍花招，要让他们知道讲故事没关系，并且你喜欢听故事。要告诉他们，当他们讲夸张的故事时，尊重的做法是让听的人知道。

6. 要帮助骗人的学生看到他编造的事情如何影响其他人。他是在希望这个行为会吸引他人，可能没意识到这实际上是在把人们推开。

7. 要使用目的揭示法来理解这种行为的目的，并找到鼓励学生的方法（见第 309 ~ 314 页"四处走动"对"目的揭示法"的解释。）

提前计划，预防未来的问题

1. 在班会上教给学生如何看待错误。要帮助你的学生把错误看作是学习的机会，以便他们不再相信自己因为犯了错误就是坏学生，或者错误应该被掩盖起来。

2. 要营造让学生相信自己会被尊重地对待的氛围。要让他们知道，他们将有机会从错误中学习，并且在全班同学、老师或一个小组学生的帮助下找出问题的解决方案。

3. 一个没有安全感的学生可能会为改善自己的形象而说谎话。这个学生发现，他可以通过渲染自己的经历或编造故事来赢得关注和认可。要帮助这个学生找到获得认可或关注的其他方式。

4. 分享你有一次说谎并给你造成麻烦的故事。如果学生们知道你犯过错误，他们通常就能更轻松地承认自己的错误。你甚至可以分享你有一次对自己做过的事情很难说实话，但你决定更重要的是体验后果并保持你的自尊而不是保护自己的故事。要确保这是一次真诚的分享，而不是一次说教。

5. 你向你的学生表明你关心他们的所有方式，都将有助于减少说谎的发生。知道你的老师把你看作一个可爱的人，会增强你的归属感和价值感。

激发灵感的故事

犯错误没关系

　　来自加拿大安大略省多伦多市伍德布里奇镇圣西娜凯瑟琳学校 2 年级老师斯蒂芬妮·克维斯（Stephanie Corvese）的故事

　　我有一个从学年一开始就不断向我说谎的学生。他总是在课间休息时惹麻烦，或者做些干扰他的同学的事情，当然，他从来都不承认是他干的。当我抓到他戳他的同学时，他总会用一种非常震惊、困惑的声音说："谁，我，克维斯小姐？"我对他的说谎感到很沮丧，因此，我确保在任何时候有学生在班上"犯错"时，我都不惩罚他们。相反，我会说："哇，你犯了一个错误！欢迎来到真实的世界。我总是犯错误。让我们看看我们能做些什么来解决问题。"然后，学生们会想出一个积极的办法来解决这个问题。很多时候，我也犯错误。事实上，就在上个星期，我得了重感冒，教室里的吵闹声让我很烦。我不断地大声喊着让他们安静下来。第二天，我对冲他们大声喊叫感觉很糟糕，所以，我道了歉，并告诉他们我犯了一个错误。我感觉很糟糕，我只是想要安静。学生们非常亲切地说："没关系，克维斯小姐，我们也会犯错误！"这件事过去几个月之后，这个学生一定是意识到了犯错误真的没关系，所以，他再也不对我说谎了。

大卫与温塔纳先生

　　温塔纳先生看见大卫在化学实验室里打碎了一个烧杯。这个学生以前曾向温塔纳先生撒过谎。大卫有一种能力，可以用让人消气的话使自己摆脱难受或受到威胁的情形。

　　温塔纳先生没有问大卫是不是打碎了烧杯——这几乎一定会导致一个冗长的故事——他走向了大卫，并说："大卫，我注意到你打碎了烧杯。我们都会出现意外，但需要用新的烧杯来替换。我怎样才能帮助你更换烧杯?"通过说出他看到的情况，并专注于找出一个解决办法，而不是责备大卫，温塔纳先生帮助大卫为自己的行为承担起了责任。

说闲话

讨　论

"你听说她做的事情了吗?""然后他说……然后她说……"

精神病学家鲁道夫·德雷克斯教给我们，人们常常会为了夸大自我而贬低别人。换句话说，一个人可能会贬损别人，以便自己能感觉好一些。说闲话，可能是个体通过挑别人的错而试图让自己感觉更好的一种方式。

另一方面，说闲话可以是简单地提供和听到一些不加评判的信息。有时候，人们分享这种信息是因为他们关心。正如所有的行为一样，老师们应该审视其目的，处理这种行为背后的信念，并教给学生社会责任感的相关技能。

建　议

1. 当学生在任何时候抱怨有人说闲话时，都要建议他们把问题放到班会议程上。他们也许想进行一次讨论，只是为了对事情有更多的了解，或者，他们可能想找出解决具体问题的办法。在这种讨论中，要注意暴露出来的任何可能需要你进一步了解或采取行动的信息。

2. 要让学生们说一说当他们成为不好的闲话的目标时有怎样的感受。要注意什么时候闲话可能会过分，并变成一种骚扰（见第 294~298 页"恃强凌弱"和第 298~302 页"受害者"）。

3. 要让学生们用头脑风暴想出除了贬损别人之外，感觉到归属感和价值感的其他方式。意识到有其他选择，会让伤人的闲话少一些吸引力。

提前计划，预防未来的问题

1. 要教给学生们致谢和感激，以便他们有技能和机会关注彼此的正面信息。

2. 让学生们参加"外面是丛林"的活动①。在这个活动中，学生们可以以有趣的方式探索不同动物令人喜爱和不令人喜爱的特点。然后，他们可以把这种认识运用到现实中——我们所有人都是一样的，都有优点和不足。我们所有人都有能做出贡献的事情，以及可以改进的方面。而且，有时候，一个人认为令人喜爱的事情，对另一个人来说可能是不令人喜爱的。

3. 要强调相互帮助而不是相互伤害的重要性。要让学生们做一些海报张贴在教室里："我们在这里是为了相互帮助——而不是相互伤害。""你是在寻求责备，还是在寻找解决方案？"

用班会解决问题

来自加拿大阿尔伯塔省埃德蒙顿市卡那封小学 6 年级老师温迪·古德费洛（Wendy Goodfellow）的故事

---

① 简·尼尔森、琳·洛特、斯蒂芬·格伦著，《教室里的正面管教》，中文版由北京联合出版公司于 2014 年出版，170~172 页。——译者注

经常出现在我们的班会议程上的一个话题，就是说闲话。这个班里的学生正处于开始注意异性的年龄，所以，闲话的主题通常是谁对谁有兴趣。这些闲话有很多种形式：传纸条、写信、几个人闲聊，以及在放学后打电话。无论是哪种形式，结果都一样：打架，骂人，情感受到伤害，以及威胁。

我的学生们在开班会时非常坦率和诚实。他们记住了他们的目的是要帮助解决问题，而且他们从来不用班会侮辱别人。当讨论到议程上诸如下面这样的问题时，关于闲话的讨论就活跃起来了：

"有人正在传播关于一个人喜欢另一个人的谣言，而通常这不是真的，有人还在传播其他谣言。"

通过讨论某些谣言怎样影响到个人，学生们学会了控制自己在闲话传播中的作用。通过将闲话作为有益的一课，全班同学采取了进一步的行动。学生们用头脑风暴提出了对待闲话的三个步骤；然后，他们用角色扮演演示了自己对这些步骤的理解。

1. 拒绝听闲话；
2. 用头脑风暴想出对一个具体问题的解决方案；
3. 如果闲话继续，就走开。

由于知道说闲话是一个普遍的问题，学生们给其他班级也表演了这些角色扮演。他们还制作了反对说闲话的海报在全校展出。学生们在预防闲话中承担了一个非常积极的角色。

有时候，班会对一两个似乎是问题根源的学生没有产生影响。在这种情况下，我在课间休息时会与四五个学生开一个简短的会，他们要么是最先传播闲话的学生，要么是关于他们的闲话正在传播。

我们会要求全班同学给那些继续违反规则的学生提出一些特

别的选择。大家提出的建议包括以下几项：

1. 用课间休息时间写一个用什么行动来代替说闲话的计划。
2. 写一个道歉的便条。
3. 就闲话会怎样以及为什么会伤害他人，做一个演讲。

说闲话的人会被邀请选择一个对他或她最有帮助的办法。

四处走动

讨 论

有些学生似乎永远在动。甚至在坐着时，他们也在动——手、手指、腿、脚。他们寻找很多借口在教室里走来走去或者离开教室——他们需要削铅笔，去卫生间，去喝水，从朋友那里借纸，从外套口袋里拿东西，或者去拿回一个被他们掉到地上并滚到了别的地方的东西。

他们为什么要四处走动？你能在课桌前连续坐好几个小时不动吗？还记得上次你坐着参加了一整天的在职培训，疼痛的后背在冲你大叫吗？有四处走动的需要是正常的。另一方面，四处走动可能是注意力缺乏症的一种症状，以及一个孩子得到所需要的帮助的机会。（见第 399 ~ 405 页 "注意力缺乏症和注意力缺乏多动症"。）但是，不要想当然地认为每个难以坐着不动的学生都患有注意力缺乏症。性情也是一个因素①。

对性情的作用的科学调查始于"伯克利研究",这是对两种基本性情（积极和消极）的一项纵向研究。该研究揭示出，这两种性情是持续终生的性格特征；也就是说，消极性情的婴儿长大后会成为消极性情的成年人，而积极性情的婴儿长大后会成为积极性情的成年人。在这两者之间，存在着很多不同程度的积极与消极性情。四处走动的学生可能是拥有高度积极的性情。孩子们是不同的；有些孩子比其他孩子更需要动，然而，所有的孩子都被期待坐很长时间，就好像他们都是一样的。尊重个体的差异会怎样呢？

当然，老师们总是应该去查阅错误目的表（见第 18 ~ 19 页），看看四处走动的行为是否表明的是学生对归属感的需要。在你的教室里的四处走动是为了博得过度关注、权力、报复或不让人理他吗？

孩子四处走动是因为课程对他来说没有挑战性而让他感到无聊，或者他发现课程无关紧要吗？老师可以把这个问题看作是一个内省和评估的机会，以及让学生们参与解决问题的一个时机。

建　议

1. 每 15 ~ 20 分钟安排一次激发活力的活动：站起来扭动两分钟，唱一首伴有动作的短歌，或者绕着教室走一分钟然后坐下来。年龄大一些的学生（和老师们）喜欢站成一排或围成一圈，以便每个人都能帮前面的人揉一揉肩膀。30 秒后调换方向。

2. 一个四处走动的学生可以作为一个提醒，让我们想起每个

---

① 见《3~6 岁孩子的正面管教》第 6 章关于性情的详细讨论。简·尼尔森、谢丽尔·欧文和罗斯琳·安·达菲著，中文版由北京联合出版公司于 2015 年 2 月出版。——译者注

人都是独一无二的，精力和注意力持续时间都不一样。要给四处走动的学生一件建设性的事情去做，例如帮助另一个学生，或选择一个学生来帮助他。

3. 如果四处走动的行为没有干扰到任何人，而且没有干扰学生做该做的事情，对这种行为可以不予理会。

4. 当你看到一个学生四处走动时，要问全班同学："我们现在应该做什么？"这通常能起到一个温和提醒的作用，提到的是全班学生，而不是让一个孩子难堪。

5. 私下问四处走动的学生："我们对离开自己座位的合适时间的决定是什么？"（见"提前计划，预防未来的问题"中的第二条）

6. 要注意你对四处走动的行为有怎样的感受，看看这个行为是否符合四个错误目的中的一个。要查看错误目的表（见第18～19页），寻找如何解决这个问题的主意。

提前计划，预防未来的问题

1. 在一次班会上，让学生们讨论四处走动的原因、这种行为造成了什么问题，以及怎样解决这些问题。

2. 让学生们参与确定在教室里走动的恰当时间的指导原则，例如在铃声响起后的三分钟内，或布置完作业的三分钟内，以便他们能去拿必要的书和学习用具，或者在学生有四处走动的好理由的任何时候，但不能干扰别人，并且不能滥用这种特权。

3. 在单独谈话时，让四处走动的学生与你一起做头脑风暴，想出既能满足他走动的需要，又能满足他坐下来做作业的需要的方法。

4. 在寻找解决方法之前，先试试目的揭示法。下面有对这个过程的解释。

5. 与学生的父母协商并安排一次评估，以确定学生是否需要一种不同的或特殊的学习安排。这可能意味着要对一个有学习问题的孩子进行辅导，或者对一个患有多动症的有注意力缺陷的孩子进行医疗干预。

目的揭示法[①]

学生们不知道自己不良行为背后的目的。目的揭示法，是帮助他们意识到导致他们做出某些行为的信念的一种方式。因为老师的客观和友善对于这一过程非常关键，因此，在发生冲突的当时不应该使用目的揭示法。此外，最好与学生私下单独谈。

首先，要问学生否知道自己为什么会做出某种行为。要说出具体的不良行为："玛丽，你知道自己为什么在教室里四处走动吗？你本来应该坐在座位上的。"

学生们通常会说不知道，从有意识的角度来说，他们的确不知道。在这种情况下，要问他们是否愿意让你来猜一猜。如果你以就事论事且友好的方式，学生就会被激起兴趣让你来猜。（如果这个学生给了你一个理由，你要说："我有一些其他的想法。你可不可以让我来猜猜看？你可以告诉我猜得对不对。"）

要问精神病学家鲁道夫·德雷克斯称之为"会不会是……"的问题，等待学生对每个问题的回答：

1. "你之所以在教室里四处走动，会不会是想要得到我的关注，并且让我为你忙活？"（目的是寻求过度关注。）
2. "你之所以在教室里四处走动，会不会是想向我显示，你

---

① 另见《正面管教》第 4 章，简·尼尔森著，最新中文版由北京联合出版公司于 2016 年出版。——作者注

想怎么做就能怎么做?"(目的是寻求权力。)

3. "你之所以在教室里四处走动,会不会是因为你觉得受到了伤害,并想要跟我或者别人扯平?"(目的是报复。)

4. "你在教室里四处走动,会不会是因为你觉得自己不可能完成作业,所以你根本试都不想试?"(目的是自暴自弃,或者不想让别人介入。)

有两种反应会让你知道自己是否猜对了,以及学生是否知道了自己的目的。第一种是认同反应:这个学生会不由自主地微微一笑。有时候,在笑的同时,回答却是"不对",但这种反应告诉你,这个学生认可了你对其行为目的的猜测。另一种回应是一个简单的"是"。如果你已经得到了一个认同反应或者一个肯定的回答,就不需要问下一个问题了。

你可以运用目的揭示法增进你对一个学生行为的理解,并表明你对这个学生的兴趣,这对学生是很大的鼓励。一旦你知道了学生的目的,你们就有了一个讨论和解决问题的基础。如果学生的目的是寻求过度关注,要向这个学生解释每个人都想要关注。然后,要将学生引导向以建设性的方式来寻求关注。另一种选择是同意给这个学生关注。让他知道你会以眨眼和微笑向他表明他得到了你的关注。要让这成为你们俩之间的一个小秘密。对很多人来说,这看上去是在奖赏不良行为。实际上,这就是德雷克斯所说的"朝汤里吐口水":一旦意识到了,就没有多少胃口了。

如果学生的目的是寻求权力,要承认你没有办法强迫他改变行为。然后,请他帮助你设计一个相互尊重与合作的方案。当你想让学生和你自己都由权力之争转向为共同目标贡献个人的力量时,请求帮助是很重要的。

如果学生的目的是报复,要表达你对于了解你或其他人怎么伤害了他的兴趣。足够关爱的倾听,而不评判,对于这一目的是最有鼓励性的回应。不要辩解、解释或者试图改变他的看法。重述他说的话以确保你们双方都理解，可能会有帮助。当学生感到被理解时，他就会更愿意倾听你的观点，并和你一起解决问题。

如果学生的目的是自暴自弃，要告诉他你认为你可以理解他有怎样的感受，因为有时候你也会感到丧失信心。要表达对他的能力的信任。然后，制订一个能确保他成功的分步骤的小计划。

死　亡

讨　论

死亡在西方社会是一个禁忌话题，尤其是在美国。然而，死亡就像出生一样，只是人生的一部分。我们宁愿忽视其存在，是因为我们对死亡的恐惧，或者不愿意面对我们失去所爱之人的痛苦。

我们通常还会逃避面对其他人的亲人的离去（对一个老师来说，这可能是学生的亲人的离去），因为我们感到没有能力处理这个问题。找到正确的话语和行动看上去几乎是不可能的，这也更容易造成回避问题并希望学生会随着时间的流逝而自己恢复。与此同时，学生通常正在独自挣扎，可能还会怀着内疚，可以理解，他在学习上就会落后。这会给哀伤的过程增添沮丧，并且妨碍他学习，直到他能坦率地面对亲人的离去。如果学生情感上的成长和学业要继续，就需要用下面建议的几种方法之一来面对这种丧失感。

建　议

1. 不要回避这种情形。要感受你的不安，并且无论如何都要做些什么。

2. 要说类似这样的话："我甚至无法想象这对你有多么痛苦，但我希望你知道我为你感到心痛。如果你想要一个可以靠着哭泣的肩膀或者有个人来倾诉，我随时在你身边。"

3. 如果这个学生选择倾诉，不要试图提供解决方案或者回答无法回答的问题，只要共情地倾听。对于感到内疚或自责的孩子则例外，你必须把这个学生转交给一个受过专业训练的心理咨询老师，以防这个学生在考虑自杀。

4. 问这个学生是否愿意听其他经历过亲人离世的人的感受。如果回答是"是的"，要在班会上问经历过亲人离世的学生们是否愿意分享其经历和感受。

5. 问这个学生是否愿意在班级里挑选一个经历过亲人离世的人作为同伴。如果这个学生觉得这样做会有帮助，他可以从一份受过这项工作培训的同学名单中选择一个同伴（见"提前计划，预防未来的问题"中的第5条）。

6. 向这个学生解释，强烈的悲伤感在未来几个月可能会在意想不到的时刻突然出现。要让他知道，如果出现这种情况，他可以选择与同伴一起或者自己一个人安静地离开教室，或者去教室里的一个特别的地方。要向他保证，哭没有什么好羞愧的。

7. 如果一个同学或老师去世，要安排时间——在一次班会上或者其他特别的时间——让你的所有学生表达他们的感受和担忧。班会形式的一个优点是，每个学生都有一次机会在圆圈中的发言棒（或其他物品）传到自己手里时发言或往下传。有一个东西拿在手里，会鼓励那些不这样就可能不会大胆发言的学生。老师可以先让学生们表达自己的感受，顺着圆圈转一圈，然后再顺着圆圈进行第二次发言，以便他们能表达自己的恐惧或担忧。他们可以顺着圆圈进行第三次发言，以便分享安慰自己和他人的主意。（死亡对于学生们来说可能是非常可怕的。要鼓励他们谈论自己的恐惧，而不是把恐惧藏在心里。）

8. 制作一张纪念拼贴画，作为对去世的同学或老师的悼念。要邀请学生们简短地写下他们感激这个人的什么地方，或者他或她对自己的影响。（如果学生们年纪太小还不会写，就邀请高年级的学生帮助他们将想说的话写下来。）你的学生们或许还想用能够让他们回忆起逝者的画或从杂志里找到的图片，来装饰这张拼贴画。

9. 种一棵树，作为对逝者的纪念。

提前计划，以帮助解决未来（和过去）的问题

1. 把对死亡的探讨通过社会研究、历史、地理（文化）或健康科目融入到你们学校的课程中。一次历史上各种不同的文化如何看待和对待死亡的公开讨论，就能开始消除这个通常禁忌的话题所带来的恐惧。《美国医学协会杂志》发表的科学家的报告说，对死亡的恐惧产生的压力，足以对一个人的身体和心理健康造成严重的不利影响。通过探讨死亡，学生们可能会开始更尊重地对待他们自己和他人的生命。

2. 让你班里的学生读一些人们如何对待亲人离世的鼓舞人心的故事。你可以让年龄大一些的学生以学习小组的形式完成一篇读书报告。

3. 让年龄大一些的学生研究历史上人们如何安慰那些亲人离世的人。学生们可能会在书籍、电影和诗歌里发现一些线索。（一位印第安人酋长告诉一个因失去母亲而痛苦的年轻人："我的

话微不足道，但我的心感受着你的痛苦。"）关键是要让你的学生在处理这些无法避免的事情时变得更有力量。

4. 一位老师、心理医生或心理咨询师可以为经历亲人离世的人（学生和老师）促成建立一个支持小组。即便亲人不是刚去世的，经历过这种痛苦的人仍然需要机会表达他们的感情和感受。

5. 社会责任感是有疗愈作用的，所以，要花时间进行"同伴培训"。支持小组里的学生和老师可以学习帮助他人。同伴的任务是问最近失去挚爱之人的学生或老师需要什么——是分享感受，还是倾听有类似经历的人说说自己的故事，或者只是与一个能默默给予支持的人待在一起。这种培训很简单。学生们可以两人一组做角色扮演，轮流问对方需要上面三种选择中的哪一种，然后，给予他所需要的支持。

6. 让你的学生筹划一个给一些老年人的生活带去帮助或快乐的项目，并且安排一次实地考察，以便让学生们去看望他们并送上礼物。（已故的利奥·巴斯卡利亚博士曾经讲过一个精彩的故事：一个富裕的被宠坏的大学生，在被巴斯卡利亚博士说服去参观过一次养老院之后发生了巨大的变化。后来，巴斯卡利亚博士看到他搀扶几个老人穿过校园去参加音乐会或其他活动。）

7. 要将经历死亡和悲伤过程的五个心理阶段教给学生。知道否认、愤怒、讨价还价、抑郁和接纳是人们在经历挚爱的人死亡或悲伤时会有的正常阶段，可能会让人感到安慰。

8. 别指望悲伤的人"突然摆脱出来"，并从容面对生活。强烈的悲伤持续 6 个月到一年的时间是正常的，持续不断的支持会有帮助。如果强烈的痛苦或愤怒，或严重的抑郁持续超过一年，可能就需要进行心理治疗。

用班会解决问题

纪 念

来自佛罗里达州奥兰多市奥兰治县公立学校教育领导中心教学支持老师马汀·怀特（Marti White）的故事

佛罗里达州一所小学的一个小女孩，在一场车祸中丧生了。在一次班会上，她的同学们被邀请赞扬这个小女孩曾怎样感动过他们。每个学生有一次机会来表达对这个去世的女孩的感激。

然后，老师问她的学生们："你们现在有什么担忧吗?"有些学生说他们害怕回家。很多学生以前从来没有面对过死亡，不知道该怎么做。他们做了头脑风暴，并想出了几个建议。一个建议是制作一个电话树①，以便他们即使是在半夜，也能互通电话。他们列出了一个他们可以在白天去与之交谈的人员名单。这些孩子都有自己觉得可以在白天去与之交谈的不同的人：门卫、图书管理员、午餐监督员、心理辅导老师、老师、校长以及同学。班级决定，任何人在感到需要的时候都可以得到允许去找某个人交谈。

他们决定把小女孩的照片贴在圆形发夹上，佩戴一周，作为对她的纪念。他们种下了一棵树并精心照料一整年，以纪念这个小女孩。这些学生们找到了很多处理悲伤的方法，为学校的教职员工做出了榜样。

一次意外的死亡

德克萨斯州的柯柏斯克里斯提，是特哈诺音乐明星赛琳娜突然去世的地方。赛琳娜在柯柏斯克里斯提出生并长大，为很多当

---

① Phone tree，由一人打电话联系多人的办法。——译者注

地人所熟知和喜爱。

她被枪杀的消息，在午餐时间突然传来，像野火一样传遍了整个城市，包括全部五所高中。高中生们在教室里用班会召开紧急会议来面对赛琳娜的去世。在其中一个班的班会上，学生们向他们的同学克劳迪娅——赛琳娜的堂妹——给予安慰并表达同情。

他们的老师毕德尔夫人对学生们表现出的理解和同情感到很惊讶。几个星期后，在班会的致谢环节，克劳迪娅感谢了她的同学们在艰难时刻给予她的支持。她告诉他们，如果没有他们的支持，她不知道自己是否能面对亲人的离去，是否仍然能来学校上学。

激发灵感的故事

有个班级制订了一个计划，让所有的学生向那些其死亡对他们造成影响的人或宠物表达敬意。老师建议她的学生们带一些能让他们想起那个离去的人或动物的物品来教室。

在这个计划实施后，一条发带出现在黑板上的一角。这是班上的一个女孩莎拉的爷爷给她的。只有她和老师知道它意味着什么。如果有人问，老师会让同学们去问莎拉，这是老师和莎拉已经约定好的。如果莎拉觉得愿意解释，她就会解释给同学们听。

埃德加的狗的项圈缠在卷笔刀上。这是同学们在一次班会上建议并由埃德加选择的做法。班里的所有人都认识这条狗，所以，他们以这种方式共同纪念它。几个月后，埃德加把项圈拿回了家，并将其放在了他的衣柜上。当他的老师在两年后见到他时，她问起了项圈的事，埃德加告诉她，他最后把项圈埋在了他的宠物狗旁边。

逃课与旷课

讨 论

逃课几乎不是一个新现象。只要有老师教课，就会有学生逃课。一个学生逃课可能是为了体验一种新经历，躲避一个与自己存在问题的同龄人，和同学一起出去玩，或者逃避面对没有为一堂课或测验做好准备的后果。通常，学生的家里有学生不得不处理的一些严重问题（例如药物依赖的父母、虐待或钱的问题），但不想让别人知道。不要将逃课当作是典型的学生行为而不予理会，老师们应该剖析这种行为背后的信念，作为寻找解决方案的一个依据（见第 10 ~ 19 页 "错误目的"），或者，如果你怀疑学生有家庭问题，就要从社会工作者和学校辅导员那里得到帮助。

建 议

1. 不要将学生逃课当作是针对你的。要记住学生逃课有很多原因。在这个问题上，你能控制的是你自己的回应。要避免讽刺挖苦、羞辱和威胁。要以尊严和尊重的方式坚持到底。

2. 要找时间与旷课的学生谈谈这个问题。问 "什么" 和 "怎样" 的问题："你试图通过逃课达到什么目的?" "什么原因让你旷课的?" "你对旷课的后果有怎样的感受?" "你学到了什么?" "我能怎样帮助你?" "你能怎样把你学到的东西用于将来?"

3. 要考虑一个学生旷课背后的目的是否可能是寻求关注。如果这个行为让你心烦，并且当你向他提醒学校的规定时，他会暂时停止旷课，其错误目的就可能是寻求过度关注。要让学校的规定说了算，并避免更多的介入。

4. 要考虑一个学生旷课背后的目的是否可能是寻求权力。如果你感觉受到了挑战或愤怒，并且旷课的频率似乎增加了，其错误目的的可能就是寻求权力。这个学生是在说："你无法强迫我。"不要试图在这个学生重新出现在你的课堂上的当时就解决问题。要让他知道，你们双方都需要在谈这个问题之前先冷静下来。当你在稍后与他一起解决这个问题时，要将他的精力转向以建设性的方式运用自己的权力。要寻求他的帮助和主意。如果他没有准备好和你一起解决问题，就给他提供一个在学校规定允许范围内的有限制的选择。要承认这个学生的权力以及他做选择的权力："看看你会选择哪一个，不是很有趣吗？"

5. 要考虑一个学生旷课背后的目的是否可能是报复。在这种情况下，你可能会感到伤心，因为你已经那么努力地鼓励这个学生；或者，你可能对这个学生似乎是在伤害自己和他人感到厌恶和难以置信。处理报复需要在态度上有一个艰难的转变——从你自己伤心的感受或厌恶转变为共情。要理解你面对的是一个因为你不知晓的某些原因而感觉受到了伤害的学生。要保持对他的尊重，并让他知道你喜欢他。要说出你担心他可能感觉受到了伤害，并问他是否愿意谈谈让他伤心的事情。如果他不能或不想讨论自己的感受，要问他是否愿意听你做一些猜测。如果他同意，就要谈谈你做过的可能冒犯到他的任何事情，以及你观察到他的同龄人做出的可能伤害到他的情感的任何事情。你可以问是否家里发生了什么让他心烦的事情。（如果他确实谈到了这个问题，并且提到某种形式的虐待，要告诉他，你需要把这件事报告给能帮助他的人。）仅仅知道你关心他，就可能减轻他的伤心并鼓励他，使其行为发生改变。开始对话的另一种方式，是讲讲你有一次感觉情感受到了伤害并因此做了什么事的故事。这会表现出你的共情，并帮助这个学生感到并不是只有自己才有这种感受。

6. 要考虑一个学生旷课背后的目的是否可能是让你放弃他。如果你感到无助，并且发现自己在回避这个旷课的学生，其错误目的可能就是自暴自弃。要寻找一个能吸引他重回校园的小诱惑。要通过让他与同学们分享他的一个技能，或者通过学习辅导低年级学生，让他体验到有意义的参与。你可能需要安排一次测试，以查明他是否有需要特别辅导的学习问题。要采取一些表明你对他有信心并能给他带来鼓励的小步骤。

提前计划，预防未来的问题

1. 与你的学生们谈一谈学校对逃课的最新规定。要让他们参与一次对这些规定的讨论。让他们说说对学校制定这些规则和处理程序的原因，以及他们怎样才能遵守这些规则的想法。

2. 要以尊严和尊重的方式对所有学生执行学校的规定。要始终如一地坚持到底。不要忽视"好"学生的违规行为，而且不要抓住那些你所认为的麻烦制造者的问题不放。

激发灵感的故事

历史老师文特诺女士已经向她的新学生解释了她自己对旷课的处理方法和学校的规定。因为她的课堂的很大一部分内容涉及到体验式活动，她明确表明，课堂参与和出勤是成功的关键。

亚当是一个聪明、有魅力、受欢迎的学生，他习惯了随意地对待出勤。特别是从进入 18 岁开始，他就认为他可以做自己想做的事情了。他听到了文特诺女士的解释，并认定这对他不适用。

亚当逃了一节课，没有任何后果。这给了他一种权力感和自由感。他决定自己星期五可以不上课，他可以早点过周末。当亚当第二次旷文特诺女士的课时，她要求和他单独谈谈。她担心的是亚当不知道她对旷课的处理办法。她让他解释他对旷课后果的理解。他承认，除了学校规定旷课会被留校之外，他知道自己在她这门课的成绩会因为再旷一次课而受到影响。

亚当若无其事地选择了在随后连续两周的星期五下午旷课。文特诺女士坚持到底，降低了他当季的成绩。他很惊讶并来找她，希望有机会做些有额外加分的作业来为旷课做出弥补。文特诺女士坚持自己的处理办法。她告诉他，她知道他在课堂上表现出色，并且他知道旷课的后果。她以一种和善的语气补充说，看看他下个季度决定如何处理这个问题会很有趣。

因为文特诺女士既和善又坦率，亚当没有理由生她的气。他意识到她说话算话，并且他无法哄骗她允许他违反规则。他想要一个更好的成绩，所以，他不再逃文特诺女士的课了。

特殊需求与包容

（另见"虐待""丧失信心［功能失调］的家庭"以及"注意力缺乏症和注意力缺乏多动症"）

讨　论

"爱丽丝午餐后需要进行哮喘治疗。""在带简去校外考察旅行时，一定要带上抗组胺剂。她对蜜蜂叮咬严重过敏。"学生健康问题的各种细节会占去一个老师的大量时间。一个不断地做出妨碍上课行为的学生，可能是有听力问题，或诸如注意力缺乏症之类的疾病。

其他特殊需求包括与健康无关的问题。困难可能主要是情感或学业方面的：山姆的父母昨天晚上分居了，而他感到非常害怕。埃文无法安静地坐着或集中注意力，哪怕在很短一段时间里。马修的脸上有一块淤青，是他的爸爸在周末打他留下的。

老师们不得不处理很多他们在大学里没有接受过相关训练的问题。随着有特殊需求的学生进入正常班级成为主流趋势，老师们现在在自己的教室里有了以前在资源班①或特殊教育班的学生。老师们被所有这些额外的需求耗尽了精力。

当然，如果一个班里全是安静、性情平和、茁壮成长的学生，会容易得多。然而，在当今世界，这种可能性比以前更小了。采用班会的好处在于，老师不再是自己一个人独自处理所有这些问题。班会的过程让班里所有的学生都意识到并尊重差异。学生们可以培养共情和宽容，并且他们能知道需要怎么做才能帮助每个人感到自己是班里的一员。

建　议

1. 要放弃完美班级的幻想。这是不存在的。总有一些需要额外帮助的学生。帮助一个有任何类型的特殊需求的学生，对于你和你的学生们来说，都是个人成长以及以积极的方式影响另一个人的人生的一个机会。特殊需求学生的同班同学，需要学会同情，并有了练习社会责任感的很多机会。

2. 如果取笑特殊需求的孩子是一个问题，要在发生冲突时让涉及到的学生把这个问题放到班会议程上。这对于干预当时的冲突来说就足够了。等到脾气缓和并感到平静下来之后再处理问题，通常是最好的。在班会上，要让学生们角色扮演取笑的情

---

① 资源班（Resoure class），是一种教育措施，接受辅导的特殊学生大部分时间在普通班级学习一般课程，部分时间在资源班内接受资源教师的指导。——译者注

形，并且让多人轮流扮演被取笑的人。在让参与扮演的学生分享过他们的感受之后，要让所有的学生讨论他们通过参与或观看角色扮演学到了什么。然后，要问他们对于将来怎么做才能解决这个问题有什么建议。

3. 大多数问题都能通过"提前计划，预防未来的问题"中的建议得以避免。

提前计划，预防未来的问题

1. 要教学生们了解所有类型的特殊需求。了解之后就不会再害怕了。

2. 要欢迎所有的学生加入班级，无论他们有什么样的需求。班级事务可以包括一个由两人（每周轮流）组成的委员会，每次上课前，都站在门口欢迎问候每个进入教室的学生。

3. 要私下问学生是否发现在学校里有特别的困难。一个刚刚做完手术并需要使用结肠瘘袋的学生，为了隐私，希望允许她使用教师的卫生间。一旦她在这一点上得到保证，她就开心地返回了学校。

4. 在得到有特殊需求学生的许可之后，要与全班同学讨论他的特殊需求，并问同学们可以怎样给他提供支持和鼓励。

5. 有时候，让全班学生讨论一个不在场的学生是合适的。例如，当一个学生因为手术而没来上学时，就可以在他缺勤时进行讨论。要记住，班会的目的之一就是相互帮助。学生们可以制订一个计划来帮助那个回到班级时有特殊需求的学生。

6. 一个学生做出某种行为举止是有原因的。记住这一点非常重要。有时候，你可以通过运用错误目的表（见第 18 ~ 19 页）去发现其行为的原因。在另一些时候，你可以通过从学生的父母那里获得更多信息，或者通过在教室里的认真观察和课堂记录来了解原因。特殊需求还可以通过推荐给专业人士或者邀请校医到教室里观察一个学生的方法来得到确定。

7. 运用角色扮演和特别的活动来帮助学生们了解一个有特殊需求的人的体验。例如，一个老师想要帮助他的班里的学生们以更体贴的方式对一个男孩的母亲做出回应，她因为失明而使用手杖。老师安排了一个活动，让学生们两人一组，然后，一个学生戴上眼罩，并让他的搭档牵着他在教室里四处走。在另一个活动中，为了模仿一个没有手的人的体验，学生们把铅笔绑在压舌板上，并试图用嘴含着压舌板写字。这些活动增进了理解和共情，让学生们能更体贴地回应他人。

8. 让所有学生列出一张他们擅长做的事情的清单。然后，再让他们所有人列出一张他们发现自己很难做的事情的清单。要指出每个人都有优势和弱点。有特殊需求的学生们只是需要帮助的方式与其他学生不一样。他们还能从学会表现自我的技能中受益。

9. 要通过建立一种尊重每个学生的需要的氛围来表现出同情心。不要给学生贴上坏、有病或问题孩子的标签。每个学生只是有不同的需求。

10. 要确保给每个学生提供他所需要的帮助。有时候，识别出一个学生的特殊需求，需要老师付出相当大的努力。这种努力包括接受额外的培训以了解各种各样的特殊需求，运用学校和社区或者私人机构和个人的可利用资源，并保持一种灵活的态度。此外，不要低估你的教室里的优秀资源——你的学生们。他们给予彼此的帮助，可能比来自任何成年人或机构的帮助都更有效。

激发灵感的故事

从玛丽亚进入考克小学的学前班开始，她就是其他学生的笑柄和贬损的对象。他们都躲着她，因为她不讲卫生，身上有虱子，并且每天都穿同样的衣服。她每过一段时间就会因为虱子而被送回家，缺一个星期的课，并剃光了头发再回来。这会让她受到更无情的嘲笑和孤立。

玛丽亚会上学一段时间，直到她再次长虱子（大约每隔三个星期），然后，她就不得不回家。每个人都能听到她在被拖到校长办公室并要被送回家时的尖叫声。玛丽亚就这样缺了很多课，并且她在学校时也很痛苦，因为没有哪个学生或老师想和她在一起。就好像邋遢和寄生虫还不够，玛丽亚的社会能力也很糟糕，并且经常扰乱课堂。

然后，玛丽亚进入了欧文女士的班级。这个老师做的第一件事，是去玛丽亚的家里做家访。学校工作人员告诉过欧文女士，玛丽亚的父母不在乎这个问题，但结果表明并非如此。

玛丽亚的家人住在一所没有热水的小房子里。他们的钱很少。家里有五个孩子，而且玛丽亚的母亲不是美国国籍，所以她不知道如何获得经济救助。这个家庭几乎没有足够的食物，当然也没有钱去买除虱洗发水，或者进行必要的全屋除虱。他们的衣服极少洗，因为没有钱买肥皂和去自助洗衣店。玛丽亚的母亲不堪重负，并且缺乏克服困境的资源。

欧文女士得到了玛丽亚及其家人的许可，在一次班会上给全班同学说了玛丽亚的处境。玛丽亚当时不在场，她又一次因为虱子而缺课了。

欧文女士告诉全班同学，她省下了一些钱给玛丽亚买一些新衣服和除虱洗发水。这位老师还保证允许玛丽亚每天在学校洗澡，并换上干净的衣服。欧文女士问学生们能提供一些什么帮助。孩子们提出了很多建议：一些人说他们将会多和她一起玩游戏，另外一些人说会邀请她在午餐时和他们坐在一起，还有一些女孩提出要带来她们多余的发带和衣服。很快，玛丽亚就不再是被班级抛弃的人了，而成了班里的灰姑娘。

现在，玛丽亚在班会上听到的是热情的致谢和鼓励。随着她感到被更多地接纳并形成一种归属感，她的行为改善了，而她的同学们发现了更多可以用以鼓励她的事情。当她每天早上进入教室时，全班同学都会发出"噢"和"啊"的赞美声，赞美她多么好看，这鼓励着她继续注意个人的卫生。此外，这个消息传遍了学校，其他班级的孩子们也开始提供她们穿小了的衣服。一些年龄大一些的女孩提前来学校给玛丽亚做漂亮的发型。

帮助玛丽亚已经变成了欧文女士班里学生们的共同目标。结果，学生们更体贴地对待彼此，并且行为问题也开始消失，用在学习上的时间增加了。

对待玛丽亚的特殊需求，就这样培养了所有孩子的社会责任感。他们认识到，给予他人鼓励，对于给予者也是鼓励。

体育精神

讨 论

"谁在乎这些愚蠢的球赛？""你们都是一群骗子！"那些感觉自己不重要的学生，通常会表现出欠缺体育精神。所有孩子都想参与，但是，那些受到挫折的孩子可能会以拒人于千里之外的方式处理自己的感受，并最终导致自己被排除在集体活动之外。这可能会变成一种恶性循环。这种学生想要归属感，从而做出令人不愉快的行为，进而被排除在外，并做出更令人讨厌的行为。然而，这不是缺乏体育精神的唯一原因。

在家里排行最大的孩子欠缺体育精神，可能是因为他们如果在群体中不是第一或最好的，就会不高兴。排行中间的孩子欠缺体育精神，可能是因为他们总觉得其他人对他们不公平。排行最小的孩子欠缺体育精神，可能是因为他们的同学不纵容他们。

有些学生只是没有学会社会责任感或者良好体育精神的技能。这可能是因为成年人强调竞争，而不是教学生们尽自己的最大努力并享受比赛。

不要给一个学生贴上"不大度"的标签，要专注于把他的欠缺体育精神作为一种可以改变的行为。斥责、威胁和惩罚处理的只是这个问题的症状，并且对出现问题的人是不尊重的。更有帮助的做法，是运用非惩罚性的方法，教给孩子良好的体育精神的态度和技能，并且让学生培养一种不依赖于获胜或表现的归属感。

建 议

1. 当一个学生抱怨别的队不公平或者自己的队不应该输时，要倾听并认可其感受，而不用解决问题："听上去你对你们输了比赛真的感到很失望。"

2. 不要通过试图让每件事都公平来过度保护学生。要允许他们体验失望，而不要干预。

3. 要表现出对一个学生能学会如何优雅地经历失望的信任。不要要求学生立即改变，但要鼓励改善。

4. 要告诉学生们你成功地处理失望的那些时刻，以及不成功的时刻。这会表现出共情，并给他们提供一个行为榜样。

5. 良好的体育精神的一部分，是要做一名彬彬有礼的赢者。要示范并教给他们如何庆祝好运气，而不贬低其他人。

提前计划，预防未来的问题

1. 一些学生相信，只有当他们是最好的并且得第一时，他们才有归属感并且有价值。这种信念会在一种奖励和赞扬都归于赢家的竞争性氛围中得到加强。老师们可以营造一种努力和快乐比获胜更重要的合作性氛围。

2. 要将班会作为学生们讨论良好的体育精神的一个论坛。要通过问下面这样的问题，鼓励一种有意义的对话："你对于参加比赛有怎样的感受？""如果别人总是输，你认为他们对比赛会有怎样的感受？""你怎样才能享受一场比赛的乐趣，无论你是输是赢？""你认为成为一名输得起的运动员意味着什么？""你对没有体育道德的行为有什么感受？""当你输掉一场比赛时，你对自己做了什么决定？"

3. 要开心地跟你的学生们玩合作性的游戏。合作性游戏没有输赢。（可以到图书馆和书店查阅合作性游戏的相关资源。）

4. 与你的学生们一起观看奥运会和其他赛事。要特别注意那些未获胜的参赛选手的态度。要承认运动员的失望；然后，要让学生们讨论他们输得是否有风度——尊重自己的对手并且没有对自己或队友发怒。

用班会解决问题

来自佐治亚州玛丽埃塔市伯尼小学校长比尔·斯科特（Bill Scott）的故事

当同学们玩手球犯错时，吉米会说一些粗鲁的话并讥讽他们。有人把这个问题放到了班会议程上。

学生们告诉吉米，他说的那些话伤害了他们的情感，让他们不想和他一起玩了。他们向他建议了一些能鼓励大家的话，以代替伤害他们的话。

吉米同意尝试这种新的技能，并最终停止了自己的无礼行为。在后来的班会上，他的同学们开始为他的良好体育精神而向他致谢。

引以为戒的故事

很多年前，《读者文摘》发表了一篇关于一个非常鼓舞人的少年棒球联合会教练的文章。他不强调赢，但鼓励他的队员尽自己的最大努力并享受比赛的乐趣。他确保每个孩子在每次比赛都有上场的机会。他们每次比赛都输，但他们很快乐。父母们感激教练努力帮助他们的孩子对自己和比赛都感觉良好，并且他们经常在比赛后一起去吃披萨或冰激凌。每个人都感觉很好。

然而，教练的鼓励开始得到回报。孩子们有了自信和技能，开始赢得比赛。父母们开始在场边大喊大叫——比赛顺利时给予鼓励，当队员犯错误时感到失望。孩子们开始只有在赢得比赛时才感觉好，而在教练安排技术不太好的队员上场时就会抱怨。

这个教练完成了这个赛季，但之后辞职了。他不喜欢随着比赛变得比合作和鼓励更重要而出现的体育精神的缺乏。

替罪羊

讨 论

每个班级似乎都有一个承担替罪羊角色的学生。（一个有趣的现象是，如果这个学生转到另一所学校，另一个学生将会接过替罪羊的角色。) 有时候, 这个学生会受到其他学生的称赞。更多的时候, 他会成为其他学生或老师和管理人员责备、发怒和挖苦的对象。通常, 学生们会从身边的成年人那里得到他们可以把谁当作替罪羊的暗示。

替罪羊可能已经决定要避免与学业成绩优异的学生竞争, 或者避免冒风险; 因而, 他把自己描绘成一个失败者。替罪羊通过博得负面关注来寻找归属感和价值感。他们可能看上去闷闷不乐或目中无人; 他们可能显得不在乎发生的事情。这个为各种各样的问题背负指责的学生, 会经常出现在校长办公室。成年人通常会用惩罚和羞辱作为对这个孩子的回应, 这增强了他认为自己不讨人喜欢的信念。

要看透一个替罪羊的行为, 真的是一个挑战。但是, 如果你能破解这个学生正在发送的讯息, 你就能从一个更好的位置朝着积极的变化努力。要运用错误目的表 (见第 18 ~ 19 页) 来识别那个扮演班里的替罪羊的学生的可能目的。当你理解了其行为背后的目的, 并且关注这个学生对自己和他人的信念时, 你对这种行为的回应就会改变。

建 议

1. 当学生们将精力集中于责备时, 要通过问班里的学生们下面这样的问题, 来转移他们的行为: "我们是在寻求责备, 还是在寻找解决办法?" 当然, 只有在你教给学生这个概念, 并且可能让他们做了一张写有"我们在寻找解决办法, 而不是责备"的海报挂在教室里时, 这么问才会管用。

2. 当一个学生遭到责备时, 要花时间倾听这个学生表达自己的感受。要给予共情和认可: "从你的面部表情和你的话语中, 我能看出来你感到伤心。有这种感受没关系。如果那种事情发生在我身上，我敢说我也会感到伤心。"要让他知道他有任何感受都是恰当的，但他要对自己选择的行为负责："生气是可以的，但是，打人是不可以的。"要帮助这个学生想出一些其他方式来替代打人或者他选择的任何破坏性的发泄方式。

3. 要把行为和做出行为的人区分开。至关重要的是，要让学生知道，即便你不喜欢他正在做的事情，但你仍然喜欢他并且珍视他本身。

4. 要注意你是否在专注于一个特定学生的行为。不要把那个学生单独挑出来，而要同等地对待所有的学生。你可以说："同学们，我们都同意不在教室里乱扔纸。"而不是说，"拉里，别乱扔纸。"

提前计划，预防未来的问题

1. 要避免使用诸如"罪魁祸首""捣乱分子"和"主谋"这样的标签。这种标签会让学生保持这种角色。

2. 要与任何有可能成为替罪羊的学生建立友谊。每周一次，在放学后花几分钟时间与一个孩子聊一聊其特别的兴趣，能够帮助他体验到归属感和价值感，并因而减少其不良行为。

3. 定期召开班会。当学生们参加班会时，他们把替罪羊作为靶子的倾向就会改变。无论是学生还是老师都会寻求解决方案，而不是进行责备。一个学生的名字可能会一次又一次地出现在班会议程上，但整个班级会真诚地努力帮助他，而不是伤害他。

4. 要鼓励其他学生与经常扮演替罪羊角色的学生建立友谊。（在第157～161页"打扰别人"一节的"用班会解决问题"中，有一个如何做到这一点的极好的例子。）

5. 要注意其他学生或老师因为出现麻烦而责备某一个学生的次数。如果每个人都相信是这个学生造成了大多数的问题，那么，每当出现困难时，每个人都会立即想当然地认为是他的错。

要帮助学生和老师们从指责转变为寻找解决方案。

6. 要帮助这个学生转变他对自己的看法。要通过邀请他参与帮助他人的事情，来鼓励他培养社会责任感。他可以学习成为一个年龄小的孩子的辅导者，一个同龄人的辅导员或者一个新同学的伙伴。

7. 要检查一下你自己对某些学生的偏见。要搞清楚这些偏见是否在促使你的班里出现一个替罪羊。

用班会解决问题

在加利福尼亚州圣贝纳迪诺市一所学校 2 年级一个班级的一次班会上，一位来访者观察到学生们在努力为四个问题找出解决方案，其中有三个问题都集中在一个叫菲利普的学生身上。学生们的态度是尊重的，他们的建议是有帮助的，但是，来访者想了解菲利普的看法。她问道："菲利普，你对此有怎样的感受？你认为同学们是在帮助你，还是在结伙对付你？"菲利普咧开嘴笑着说："他们是在帮助我！"

放学后，这个班的老师告诉这位来访者："菲利普以前是替罪羊。所有的学生都冲他发火，并且想让他受到惩罚。现在，菲利普仍然是出问题最多的学生，但是，孩子们真的在很努力地帮助他。我们班里的氛围完全不同了。菲利普有了一点改善，但是，其他学生对他的态度完全转变了。"

激发灵感的故事

拉尔森小学的新校长洛佩斯夫人相信要给人改变的机会。斯科特是她办公室里的一位常客。经常有人报告他干扰课堂、吐口水、在餐厅造成麻烦、拿走其他学生的学习用品。

斯科特每次去洛佩斯夫人的办公室都会慢吞吞地坐进同一张椅子里，并且怒视着办公室里的钟表。洛佩斯夫人认识到，惩罚、威胁以及冲斯科特大喊大叫没有改变他的行为。

在她与斯科特的一次谈话中，洛佩斯夫人告诉他，她已经决定再也不对他说教了，而且她知道他有能力处理自己的选择所带来的后果。她表达了对他把自己的错误当作是发现新选择的工具的信心。她通过问"什么"和"怎样"的问题，与斯科特建立了一种更友好的关系："发生了什么事？""什么导致了这件事情的发生？""你对发生的事情有怎样的感受？""你学到了什么？""你怎样把自己学到的东西用于将来？"洛佩斯夫人认真倾听他的回答，让斯科特体验到自己的想法和主意得到了认真对待。正如经常发生的那样，她惊讶地发现，他决定的一些解决方案就是她在以说教的方式告诉他时被他忽略的那些解决方案，并且，当由"他来决定"时，他会更加始终如一地执行这些解决方案。

洛佩斯夫人还告诉斯科特她喜欢他。当他非凡的幽默感表现出来时，她常常会哈哈大笑。认识到了斯科特的创造力，她让他和她一起准备即将到来的才艺表演会，并明确地说，她非常重视他帮助这个活动想出的一些主意。每当她在学校里看到斯科特并跟他打招呼时，她都会冲他眨眨眼。渐渐地，斯科特开始把自己看作是集体中有价值的一分子，而不是一个局外人。他不那么经常做出不良行为了，并且合作更多了。

偷东西

讨 论

孩子们偷东西的一个主要原因，是他们感觉受到了伤害。如果一个孩子拿了你的东西，他可能是认为自己没有得到你足够的关注——这让他想从你那里得到一些东西——而感觉受到了伤害。如果一个孩子因为自己没有朋友而感觉受到了伤害，他可能会尝试通过偷东西来填补这种空虚。如果一个孩子因为贫困感到伤心，他可能会响应社会上及时行乐的金钱至上观念而偷东西，不管对方有什么感受。或者，偷东西的孩子可能只是没有培养起能防止他们诉诸盗窃的社会责任感、沟通技能和解决问题的技能。

幼儿园的孩子偷东西则是另一回事。在这个年龄，偷东西通常是发展转变过程的一部分。随着一个孩子失去其自我中心的观念，他知道了并非每样东西都属于自己。他也在试图理解自己观察到的情形。如果在商店里可以吃食物的样品，那么自己拿店里的其他东西吃又有什么问题呢？大人需要用明确的信息对财产所有权做出回应。当孩子拿走东西时，他们需要帮助孩子找到做出赔偿的方法。如果他们以和善而不责备的方式做到这一点，孩子就会在不感到羞辱的情况下学到重要的新技能。

建　议

1. 当有东西被偷时，要将你的感受告诉全班的学生。

2. 要给学生们机会分享他们对偷东西的感受——强调这不是要责备谁，而只是讨论这让你有怎样的感受。

3. 给偷东西的学生一个机会归还他拿走的东西，要说："我们对责备不感兴趣；我们只想东西被归还回来。我们相信到今天放学前东西就会被还回来。"

4. 让学生们做头脑风暴，想出他们可以怎样鼓励一个丧失了信心以至于会偷东西的人。这个人需要朋友吗？他需要做出贡献的机会吗？他需要帮助他搞清楚如何得到自己想要的东西而不是偷吗？这种讨论能启发偷东西的孩子。学生们可以通过找到实施他们的主意的方法，来采取进一步行动，例如他们可以讨论如何做一个对需要鼓励的人有帮助的朋友。

5. 不要问陷阱式问题。问"你偷了这个东西吗"，会招致说谎或者一些其他的防御行为。如果你很肯定你知道谁偷了东西，你可以说："我知道你拿了一块不属于你的手表，我愿意和你一起以尊重的方式找到一些解决办法。"还可以这么说："这个东西不属于你。你愿意把它放到该放的地方吗，还是愿意让我来放？"（这么说，对于年龄很小的孩子尤其有帮助。）

6. 问偷东西的学生或者全班同学"什么"和"怎样"的问题："发生了什么事？""你认为是什么原因导致了其发生？""你对此有怎样的感受？""你从中学到了什么？""你以后可以怎样运用你学到的东西？""你现在能做些什么来解决这个问题？"

7. 让偷东西的学生想出一种既尊重他自己又尊重被偷了东西的人的办法，来归还自己拿走的东西。

提前计划，预防未来的问题

1. 要记住，一个行为不良的孩子是一个丧失信心的孩子。处理一个学生受伤的感受比任何形式的惩罚都更有助于预防未来的问题。

2. 专注于帮助和解决方案，而不是责备、羞辱和痛苦。

3. 通过一次关于偷窃的班级讨论，并通过教学生们表达他们想要什么、教他们表达自己的感受并教给他们相互帮助，你就能预防很多问题。

4. 要记住，偷东西并不会定义一个人，把他变成"一个贼"。偷东西是一个人做的事情，而行为是可以被改变的。

用班会解决问题

一个长久的解决方案

在一个 3 年级的教室里，发生了很多起偷窃事件。在一次班会上，这个问题得到了讨论。在老师的推动下，学生们决定忘掉努力找出谁偷了东西，而专注于他们如何能防止偷东西。他们做了头脑风暴，想出了以下主意：（1）不要带贵重物品来学校。（2）在课间休息和午餐时锁上教室门。（3）轮流做一天安全监督员。

学生们尝试了第一个和第二个建议，偷窃就停止了。他们并不知道这个问题是因为他们选择的解决方案而得到了解决，还是因为他们的讨论使得偷东西的人更充分地认识到了自己的行为对其他人造成的影响。

一个快速的解决办法

在一次班会上，一年级的学生们讨论了老师讲桌上的一个物品被偷的问题。一个小女孩提出了这样的建议："为什么我们不全部离开教室呢？然后，每次让一个人进来再出去。偷东西的人可以把物品放回去，而没有人知道是谁干的。"全班同学决定尝试这个建议，而这个办法管用了。物品被放回了原处。这个问题得到了解决，并保持了对相关所有人的尊严和尊重——而且，那一年再也没有东西被偷过。

吐　　痰

讨　　论

当一个人开始愤怒地大吼时，回应会各不相同：一个孩子会被激怒；另一个孩子会畏缩；第三个孩子会以吼叫作为回应。但是，当一个人吐痰时，其他人本能的反应是后退。关于吐痰，有更原始的东西在里面。在很多文化中，对一个人吐痰是不共戴天的仇恨的象征。鉴于我们对吐痰的强烈情感，在学校的环境里处理它是尤其困难的。

然而，记住吐痰在美国社会有很长一段时间是一种被接受的习惯——特别是在绅士们普遍咀嚼烟草的时期——是很重要的。当时，很多家庭和商业场所都提供痰盂。这里的关键是，需要或想吐痰的人有合适的场合这么做，要使这种情形尊重所有人的需要。

如今，随着时间的推移，男孩们可能会尝试相互向对方吐痰。他们可能会把痰吐到地上，就好像这是一种通向成年的仪式，或者是标记自己领地的一种方式。此外，吐痰可能只是一种坏习惯，是一个孩子通过模仿他崇拜的人——父亲、哥哥、朋友或者一位英雄——学来的。

让一些老师憎恶的经常吐痰的行为，通常一开始都是无意的，并且随着学生被提醒一千次不要这么做，而逐渐变成了一种难以抑制的冲动。学生们没有打算用坏习惯让大人为他们忙得团团转，但是，当大人开始一种博弈时，他们愿意玩下去。如果一个学生喜欢自己从大人的反应中得到的力量感，这个学生就很可能继续自己的行为。我们提醒、唠叨和建议越多，其习惯就会变得越坏。

尽管吐痰可能是一个习惯，但也可能是一个学生表明自己说了算以及自己不必遵守规则的一种方式。一个感觉受到伤害的学生，可能会把吐痰当作表达蔑视并因而伤害其他人的一种方式。一个想放弃并不愿别人介入的学生，可能会用吐痰的方式让别人远离自己。无论个人的目的是什么，这个问题都给学生和老师们提供了一个学习并寻找解决办法的机会。

建　议

1. 承认你自己对吐痰的根深蒂固的反应，并且要有意识地尝试从历史或心理的角度看待这种情形。当 3 年级的玛丽冲 5 年级的学生们吐痰时，她可能只是在试图让他们关注她。（她不太可能是在向他们表示他们是她最看不起的对手。）要记住，对吐痰的过度反应可能只会让吐痰更频繁地出现，而发现其潜在的问题则会创造让学生们参与解决问题并教给他们重要的人生技能的机会。

2. 吐痰可能与身体问题有关。要问学生的父母，他们的孩子是否因为身体原因需要吐痰。

3. 不要摆脱不掉你对这一行为的厌恶，也不要过度关注它。要递给学生一张纸巾，并和善而坚定地说："如果你用纸巾，我会很感激。如果你需要更多纸巾，我桌子上就有。"

4. 要尊重地要求在操场柏油地面或人行道上吐痰的学生，去拿一个水管或一桶水把吐的痰冲洗掉。

5. 要让学生们知道，有些行为在某些环境下是合适的，而在其他环境下是不合适的。将痰吐在马桶里是合适的，吐在地板上或人们行走的地面上是不合适的。

6. 让一个学生的行为在他的同龄人中造成的后果发挥作用。通常，学生们会通过说"真恶心！"并走开，或通过躲避吐痰的学生，让一个同学知道吐痰让他们感到恼怒。

提前计划，预防未来的问题

1. 年龄小的孩子会做出相当原始的反应和行为。如果他们吐痰，尽量不要将其当作是针对你的。要记住，你是成年人，已经过了需要参加"部落战争"的年龄。要做出自我控制的榜样。

2. 运用错误目的表（见第 18 ~ 19 页）来识别学生吐痰的原因。要通过帮助你的学生制订一个计划来鼓励他，这个计划包括当他想吐痰时克制自己，想一想他可以做些什么别的事情来表达自己的感受，然后行为要尊重。

3. 在一次班会上谈谈吐痰问题。你可能想带一个真正的痰盂给学生们看看，或者放一部其中有角色使用痰盂的电影。要让学生们愉快地参与这个话题，让他们谈谈吐痰的那些场景，要让他们讨论吐痰会如何影响别人。

4. 让你的学生们用头脑风暴想出尊重他人和财物的解决办法。在寒冷的季节，很多孩子会咳出痰来，并且可能需要把痰吐到纸巾里。处理这种情况的建议，可能包括提供一个有盖子的垃圾桶来扔纸巾，在孩子的抽屉里挂一个小塑料袋来放使用过的纸巾，或者授权所有的学生在任何时候不用得到许可就可以站起来从纸巾盒里抽取纸巾。

用班会解决问题

一群 3 年级的女孩把吐痰的问题放到了她们的班会议程上。她们认为吐痰很恶心，并且想让她们班里的几个男孩知道他们有多么让人厌恶。她们的老师桑切斯夫人说，解决一个问题的第一步，或许是讨论人们对它的想法和感受。这几个女孩同意了。桑切斯夫人通过问能帮助学生得出对吐痰的态度的问题，来引导讨论。

经过广泛的讨论以及很多次哄堂大笑之后，情况变得很清楚了，尽管学生们认为吐痰在某些情况下可能是合适的，但他们并不认为这在校园里是可以接受的。学生们决定在一周内相互检查一下，看看只是简单地讨论吐痰是否就解决了这个问题。

在随后那个星期的班会上，那几个把问题放到班会议程上的女孩承认，自从上次讨论之后，她们没有看到有人吐痰。她们决定，不需要用头脑风暴想出解决办法了，因为吐痰在她们班已经不再是一个问题。

涂　鸦

讨　论

涂鸦是在墙上或其他能被大家看到的表面上随意地画的画和写的字。但是，大多数成年人不赞成涂鸦，并把画涂鸦等同于破坏行为。另一方面，孩子们用标记（一种用字母或符号做的个人记号）来表达归属感和价值感。成年人需要引导孩子们对自我表达的需要，并设立界限，以便这种艺术形式不变成对人或财产的不尊重。

建　议

1. 不要在没有问题时制造一个问题。当涂鸦不是一个问题时，说"我们的学校不能有任何涂鸦和标记"会招致学生们去尝试。

2. 要提供一种发泄的途径。如果学生们在卫生间里画涂鸦，就在其中一面墙壁上覆盖上大纸，将其作为指定的涂鸦地点。

3. 让学生们在乱画标记成为问题的地方创作壁画。要邀请画标记的学生和其他感兴趣的学生参与这个项目。涂鸦艺术家极少在其他学生画的壁画上乱写乱画。

4. 有时候，有些学校会强调抓住肇事者并让他们付出代价。不要这样做，而要告诉学生们乱画标记正在造成问题。要让他们知道，你不想让他们成为告密者，但你希望他们参与想出一个解决办法。

5. 要让学生们意识到，重新粉刷墙壁或用溶剂清洁水泥墙面是有成本的，有时是巨大的成本。要解释由此产生的费用不会由学校正常预算承担。要和他们一起用头脑风暴想出如何筹款，并让他们参与筹款的过程。

提前计划，预防未来的问题

1. 让学生们做头脑风暴，找到不造成破坏的画涂鸦的方法，例如把大纸贴在指定的墙上，在操场的围墙上画壁画，或者在一个容易被画涂鸦的地方做一个儿童瓷砖的马赛克画。不要徒劳地试图杜绝涂鸦，要接纳这些信息和图画是表达"这就是它应该在的地方"的一种方法。要记住，涂鸦在不同的时间有不同的形式。你自己的类似行为可能也有被看作无礼或有破坏性的时候——或许你是画在了活页夹上，而不是一面墙壁上。

2. 让你的学生做一次关于涂鸦的人类学研究。他们可以从不同的地方搜集涂鸦样本，进行比较，并得出结论。

3. 组织学生们粉刷被乱画了涂鸦的墙壁。这会教给他们社会责任感，并能让他们知道保持一些地方的美丽所需要的成本和努力。

4. 要通过让学生们参与设计和绘制在学生卫生间门上和小隔间里的艺术壁画来防止卫生间涂鸦。

激发灵感的故事

当安·普莱特从加利福尼亚州立大学萨克拉门托分校获得硕士学位时，她在一篇题为"班会在小学中的功效"的论文中，写到一次涂鸦事件：

一个存在严重涂鸦问题的学校，不停地雇佣粉刷匠重新粉刷墙壁。每当一面墙被重新粉刷好，孩子们会再一次在上面涂鸦。一位老师建议问问学生们有什么解决这个问题的主意。学生们决定，当孩子们被抓到在墙上乱写时，他们要在一位学生监督员的监督下粉刷他们涂写的地方。毫不奇怪，涂鸦问题消失了。

拖　延

讨　论

拖延是在用一种社会可接受的、非语言的方式说："我不想做这件事，而且你强迫不了我。"与诚实地说"我不想做我的家庭作业"或"我真的不想做这个项目"相比，当学生们做得慢或者忘记做时，他们不会陷入那么多的麻烦。

拖延的另一个名字是"消极的权力"。如果不加以遏制，拖延可能会变成一种终生的习惯。它还可能是获得过度关注、寻求报复或者逃避看上去太困难的任务的一种下意识的方式。学生们通常不知道他们行为背后的目的。你的察觉（见第 10 ~ 19 页"错误目的"）能够帮助他们找到更富有成效的方法，来让他们的需要得到满足。

建　议

1. 要允许学生们体验他们拖延的后果。不要提醒他们交作业的时间快到了；不要用找借口或延长时间来帮他们摆脱困境。如果他们在体验到成绩差的后果时感到难过，要表达共情，但不要怜悯。

2. 问他们是否需要帮助。如果他们不想要，就不要试图帮助他们。

3. 要避免说教。相反，要问"什么"和"怎样"的问题："你拖延的结果是什么？""你对这些后果有怎样的感受？""你从中学到了什么？""你对得到不同的结果会有怎样的感受？""你怎样做才能得到不同的结果？"这些问题会帮助学生自己思考，而说教会让他们停止倾听。在认真思考过自己行为的长期效果并得出自己的结论后，他们通常会有做出改变的积极性。

4. 要与学生说说你自己拖延的故事，但不要将其变成一次说教。要告诉他，你的拖延对项目和你的自我价值感造成的影响。问他是否经历过类似的情况或有过类似的感受。

提前计划，预防未来的问题

1. 问你的学生拖延对他来说是不是一个问题，以及他是否想得到帮助。如果他需要帮助，在他做一个长期项目时，要协助他设定一些分阶段的截止日期和检查点。要帮助他彻底想清楚一个项目，从截止日期开始倒推到现在。他可以为所有需要完成的步骤确定一个时间线。

2. 花时间训练。要帮助一个学生学会采取一些小步骤。安排一个时间和他一起检查进展情况，比如在星期一和星期五的早上

8 点。在这些时间，要对他的进展给予反馈，并给出下一步的建议。要确保给学生评估自己的进展的机会。

3. 要为任务的完成确立明确的期望。要让你的所有学生参与如何按期完成任务的头脑风暴。让他们制订一个能帮助他们取得成功的计划。

4. 要灵活。如果一个学生真的需要额外的时间来完成自己的作业，在他提出自己的需要时，要尊重地倾听并采取相应的行动。在你的打分办法中，一开始就纳入一个对一两次迟交作业的"自由放行"，或许会帮助一个感到不堪重负的学生。（要记住，拖延有时候是一种放弃的信号。一个死板的班级会让感到能力不足的学生更加丧失信心。）

5. 在一次班会上讨论拖延。要帮助学生理解拖延可能隐藏的目的：寻求过度关注，寻求权力，报复和自暴自弃。要让全班同学回答关于拖延的长期后果的问题，并用头脑风暴想出解决办法。以这种方式得出的建议，通常要比老师们用说教方式提出的相同建议更加有效。

激发灵感的故事

葆拉为自己造成了一个拖延的名声。每个人都知道她会把所有的事情都拖到最后一分钟，然后，让身边的每一个人都陷入疯狂。她用自己可爱的方式，能轻松地争取到最后的帮助，从来没有过任何麻烦。

以前，她的老师们总是通过为她找借口和让她延期交作业和项目来解救她。他们发现自己要不断地加班检查葆拉的进度并注意她未完成的作业。

泰勒女士的理念不同。她决定以坚定而和善的方式帮助葆拉。她很清楚自己的期望以及葆拉的能力。她的班级正在做月底前要提交的营养学报告。她告诉学生们，只有按时提交的作业才会得到分数。

泰勒女士注意到葆拉在确定的进度检查点没有完成相应的作业。但是，葆拉向她保证，到时候一切都会准备好。

到这一天时，葆拉带来了父母解释她无法完成报告的原因的一张便条，但向泰勒女士保证将在下周一完成报告。作为回应，泰勒女士说她很抱歉，但不会接受任何截止日期之后交来的报告。她暗示，葆拉晚交的任何报告都只能得到一部分分数。

当葆拉反对时，泰勒女士提醒了她报告的截止日期，并坚持自己不接受迟交作业的决定。葆拉很不高兴，但是，当作业没有完成时，她再也没有试图找借口。她要么按时交作业，要么接受自己拖延的后果。

卫生间问题

讨 论

学校的卫生间通常是无人监管的，因此，它变成了那些没有培养出社会责任感的学生、那些从未学过对自己的行为做出深思熟虑而独立选择的学生，或那些没有学会以建设性的方式体验到归属感和价值感的学生的藏身之所。这些学生在卫生间里的行为——在小隔间里挂满厕纸，把厕纸弄湿扔到天花板上，恐吓其他同学，或者在里面待的时间远超出他们的需要——是为了寻求过度关注、寻求权力或报复。（对错误目的更多了解见第 10～19 页"错误目的"。）

在美国的任何一所小学、初中或高中，你都能通过观察学生们在卫生间里的行为来了解其自律程度。不要责备学生，我们需要找到帮助他们培养自律的方法。要把这些问题当作教给学生社会责任感和宝贵的人生技能的另一个机会。

建　议

1. 在卫生间里犯的错误，是教给学生们尊重他人、隐私以及公共财物的一个机会。要花时间讨论卫生间里的礼貌以及卫生设施的基本知识。

2. 当学生抱怨卫生间里出现的情形时，要让涉及到的那些学生一起找出一个解决方案并汇报给你，或者把问题放到班会议程上，寻求所有学生的帮助。

3. 如果你想干预，要问"什么"和"怎样"的问题：发生了什么？什么导致了其发生？你有怎样的感受？你认为其他人有怎样的感受？你有什么可能解决这个问题的主意？

4. 要记住努力改善，而不是追求完美。有时候，学生需要反复讨论一个问题，并用头脑风暴想出解决方案。

5. 请卫生间的管理员向班里的学生描述其工作职责。开展一次关于学生们在卫生间里的行为如何影响管理员的工作的讨论。这会激发学生们对他人的共情以及他们的责任感。

提前计划，预防未来的问题

1. 在班会上开展一次讨论，是增强学生们对卫生间的使用的关切意识，并帮助他们看到不良行为如何影响个人和学习环境的最好方法。

2. 对出现的情形做角色扮演，能加深对卫生间问题的认识。

3. 邀请学生们用头脑风暴找出解决方案。当学生们参与制定规则和惯例时，他们就会有遵守这些规则和惯例的积极性。

用班会解决问题

来自加拿大阿尔伯塔省埃德蒙顿市卡那封小学 3 年级老师希瑟·朱班威（Heather Jubenvill）的故事

我们班的一个学生对我们使用卫生间的规定提出了一个担心。在讨论这个问题时，我们发现每个人都有类似的担心。

我们讨论了当学生离开教室去上卫生间时出现的问题，以及在卫生间里的不当行为。学生们用头脑风暴想出了他们可以确保每个学生在卫生间里不参与其他活动的方法。

经过几分钟的讨论，学生们开始意识到老师在一个学生离开教室去上卫生间时所面临的困境，因为老师无法离开所有其他学生去监督那个离开的学生。只过了几分钟，学生们就对发生在卫生间里的问题有了更好的理解。一个学生建议我们要保持现有的规定，即在课间休息和午餐时间去卫生间，上课时去卫生间只限于紧急情况。当学生们投票时，他们一致决定他们要为遵守这个规定承担起责任。

由于这次讨论，全班同学现在对卫生间问题有了更好的理解，并且学生们尽量做到了在课间休息时去卫生间。我们只有很少几次紧急情况，并且当学生们真的在上课中离开教室时，他们只会离开一小会儿，以便他们不干扰学习的氛围。孩子们对自己的决定很高兴，并且感到了他们对班级规则有发言权。

激发灵感的故事

维克多进入了欧文女士的 5 年级班，他在前几个学年往往是各种问题的替罪羊。欧文女士和她的学生们一直定期召开班会。

她的学生们发现，在这个班级，强调的是相互帮助和寻找解决方案，而不是责备。刚开学不久，她的学生们在从卫生间回来后就急切向她告发维克多——他用卫生纸塞住了马桶，让水溢了出来。

欧文女士确认维克多确实这么做了之后，就给管理员利尔先生写了一张便条，问他是否能尽快来参加一次班会，以帮助解决这个问题。（利尔先生之前已经知道了班会的流程，并且同意只要时间允许就过来帮忙。）

当利尔先生来参加欧文女士的班会时，她以致谢作为开始。她让学生们想一想利尔先生给他们的所有帮助，并与他分享这些想法。欧文女士通过提醒她的学生，他们在这里是为了在寻找解决方案的同时相互帮助，而不是为了以责备和惩罚来相互伤害，将班会引入了对当前问题——堵住的溢水马桶——的讨论。

维克多首先被问到是否有任何建议。他问利尔先生他是否能帮忙清理自己造成的混乱。因为利尔先生为防止有人滑倒，已经把脏东西清理干净了，他和维克多选择了另一个让维克多帮忙的清理工作。他们讨论了做这项工作的合适时间，维克多决定自己有空闲时间就去做。然后，欧文女士向维克多致谢，感谢他为自己的行为承担起了责任。当同学们也跟着向他致谢时，维克多满脸放光。这是维克多转变的开始，他从班里的替罪羊变成了一个有归属感和价值感的学生。

在这次事件之后，维克多经常在教室里用自己的空闲时间找机会给同学帮忙。在班会上的致谢时间（学生们为好行为或表现出的好品格而相互致谢），其他学生对他的帮助的认可增强了他在班里的归属感。他的行为和课堂参与在这一年里都得到了改善。

威　胁

（另见"恃强凌弱"和"帮派"）

讨　论

　　我们所有人都知道自己何时感觉受到了威胁，但是，要准确地指出引起这种感受的具体行为是很难的。当一个陌生人站得离一个人太近时，这个人可能就会感觉受到了威胁。当一个人以贬低、恐吓和恶毒的表情看着另一个人时，通常就会造成威胁的感觉。骚扰和暴力行为是明确无误的威胁。

　　另一种威胁发生在一个人特别成功或特别有攻击性时。在学校环境中，这可能是每次突击考试都得 100 分的学生，或者是挑战了所有与其竞争的其他学生的运动员。这些学生的同学常常会感觉受到威胁，因为他们自己的技能要逊色一些，或者因为他们不那么自信。

　　当威胁更多的是一种内心的挣扎时，认真审视这种感受就能找到解决方案。那些感觉受到威胁的学生，会从认真考虑为什么某些行为会对自己产生威胁中受益。这可能导致这些学生学会更多果敢自信的技能，并学会承担更多的风险。例如，鲍勃是 1 年级班里个头最小的男孩，在更衣室里有强烈的受威胁感。学会接纳自己的身高并努力培养自己的运动能力——或许是跑步或者做一名轻量级的摔跤手——会帮助鲍勃培养内在的自信。

　　一个行为威胁到其他人的学生，可能并不知道自己做的事情让其同学们警觉。帮助他识别并分析他如何让其他人感到了不安，会让他得到对自己的行为做出改变所需要的信息。

当然，有些学生知道并且故意做出威胁的行为。但是，无论一个学生是否是故意威胁其他人，查阅错误目的表（见第 18 ~ 19 页）都是明智的。这个学生可能是在试图得到关注、挑起一场意志的较量、因为自己感到被冷落而伤害其他人，或者迫使每个人都别理睬他。识别出他的目的，会引导你找到最有帮助的解决方案。

建　议

1. 澄清问题。这是谁的问题？都涉及到什么行为？要给每个人一个机会审视发生了什么事情。那个威胁到别人的学生意识到自己可能造成了一个问题吗？这个问题是源于这个学生在同伴关系中看待自己的方式吗？仅仅是检查这些细节，通常就能通过提高认识来解决这个问题。

2. 把这个问题放到班会议程上，让所有学生一起解决。

3. 运用错误目的表。威胁引起的是哪种感受？那些受到威胁的学生感到恼怒、愤怒、情感受到了伤害还是无助？识别出感受和行为，会提供导向不同的解决方案的线索。

4. 如果威胁采取的是暴力的形式，要寻求其他教职员工的帮助。有些学校指定了专门的人员，你可以在发生暴力事件时去找他们。

5. 在处理威胁和暴力事件时，重要的是要在满足情形的需要并坚持到底的同时，维护涉及到的每个人的尊严。给任何学生造成更多的羞辱，都是有害的，并且会招致更多的暴力。当你需要让执法人员参与时，记住这一点尤为重要。

提前计划，预防未来的问题

1. 一些学校有受过训练的冲突管理员，可以处理这些问题。另一方面，很多老师发现，当他们定期召开班会时，每个学生都会得到冲突管理的训练。班会的美好之处在于，其过程还教会了预防学生们诉诸暴力或威胁的各种技能。

2. 要用一种更全面的方式了解威胁。让学生们带来从报纸上看到的说明使用威胁的故事。建议学生们留意他们在电视节目或电影中观察到的威胁行为的例子，然后在班里讲给其他学生。这种具有启发意义的作业，可能会导致对更广泛的问题的讨论。歧视——无论是性别歧视、种族歧视，还是其他形式的歧视——经常会从针对那些被认为不那么值得尊重或具有不受欢迎的特点的人的威胁行为中表现出来。

3. 回顾相互尊重的含义。问学生们："威胁从哪些方面来看是不尊重的？""以恐吓或使人惊恐的方式对待他人是不尊重吗？""一个人允许其他人或其他人的行为威胁自己是不尊重吗？""为什么坚定而自信的行为是相互尊重的？"

4. 辨认坚定而自信的行为与威胁行为的区别。用角色扮演来找出坚定自信与威胁看上去和感觉上的不同之处。

5. 在处理参与暴力和骚扰行为的学生时，要超越这种行为本身。要努力发现行为背后的人。要找出你在这个学生身上能够欣赏的特点，并告诉这个学生。要记住，这些学生正在收集表明他们不可爱以及他们不适合这个世界的证据。

6. 要运用学校内部的支持系统；与学校的辅导员和心理咨询老师谈一谈，还要利用你自己社区的支持服务机构。

用班会解决问题

克服恐惧

来自西弗吉尼亚州摩根敦市山景小学 3 年级老师谢丽尔·理查兹（Scheryl Richards）的故事

一些 3 年级的学生害怕一个高年级的学生在操场上的行为。这些学生在班会上讨论了这个问题，并且如释重负地发现并不是只有自己有这种感觉。另一些学生分享了他们处理自己的恐惧的有效办法。他们的解决办法包括：离这个高年级的学生远一点儿，得到一个老师的帮助，以及让一个老师站在附近留心那个高年级学生。

在这次讨论后，学生们的恐惧减轻了，而且没有人再报告有这个问题。

班会的过程

来自华盛顿州博塞尔市巴索峡谷公园初级中学 7 年级和 8 年级的老师凯尔特·朗塞涅（Kert Lenseigne）的故事

这是这一学年的第一学期，凯尔特老师刚刚开始在一群 7 年级学生中运用班会。他决定一个星期只开两次班会，因为他的课堂时间很有限。

在第三次班会上，几个孩子把一个同班同学的名字写到了班会议程上。在让他们解释这个问题时，一个女孩说这个孩子的行为有威胁。她很难解释清楚自己的意思，但她描述了这个男孩经常说一些关于同学的刻薄话的方式。她还说，他故意站得离她很近，让她感觉受到了威胁。另一个学生将这个男孩说的话描述为"不能准确地说是贬损"，但让她"恼怒"，并让她感到"不安"。全班同学讨论了这种不安的感觉，而那个威胁到其他人的孩子清楚地知道这个问题会通过班会得到解决。仅此一点就非常重要。

这些学生们接着想出了一个解决方案的清单。其中的一些建议是：当他再做出这些行为时，应该告诉老师；他应该立即做一次暂停，他应该自动在课后留堂，而且他不应该参加下一次的实验课。这些更像是惩罚性的建议，但是，这些学生对于寻找双赢的解决方案的过程还不熟悉，因而只会用他们知道的方法。凯尔特明智地意识到，这里真正的关键是让学生们知道他们将一起解决这个问题。又有两个解决方案被提了出来：（1）学生们立即告诉他，他们不喜欢这些行为；（2）这次讨论是对他不要再做出看上去会威胁他人的行为的警告。

当这个学生被给予机会选择他认为最有帮助的方案时，他选择了最后一个。

猜猜怎么样？这个问题消失了。如果说对这个学生的行为有任何提醒或提示的话，那都是来自于他的同学们。后来，再也没有出现对这个问题的抱怨。当凯尔特在几个星期后向几个学生核实时，他们向他保证事情进展得很顺利。尽管全班同学没有把识别错误目的作为解决问题过程的一部分，但有几个学生无意中向凯尔特提起，这个学生当初是在寻求关注。孩子们常常自己就把问题看得非常清楚。

结果表明，这是凯尔特老师在其教学生涯中经历过的最好的一个学期。尽管班会占用了课堂的少量时间，但结果是合作的增强使得课堂时间更有成效了。凯尔特能够轻松地专注于教学，而让孩子们去找出这一学年里出现的问题的解决方案。

戏 弄

（另见"贬损［一般性的］""贬损［年龄大的学生］"以及"恃强凌弱"）

讨 论

"你追不上我们。"其解释是："快来和我们玩。来追我们。"

"嘿，想要这本书吗？试试来拿到它！"第一种解释："关注一下我。"第二种解释："我想让你难堪，让你显得很傻。"第三种解释："我要让你有麻烦！"

从小学到高中，学生们都会相互戏弄。很多人认为戏弄是无伤大雅的。你曾多少次听到有人说"我只是在开玩笑"，而同时对他戏弄的对象感觉受到了伤害表现得很吃惊？

有些戏弄是善意的，实际上是为了主动与人交往："喂，慢吞吞的家伙，从这里跑到秋千那儿，我打赌你赢不了我。"有些戏弄可能会造成痛苦，无论其本意是什么："你从哪儿搞到了那些雀斑？被泥溅的吗？""怎么回事——你的父母穷得给你买不起体面的衣服吗？"

有时候，戏弄是对未知事物的一种反应。孩子们可能会戏弄一个口吃的同学，因为他们不知道如何做出反应。他们不想知道他为什么这么说话；他们只知道他说话的方式不一样，并且有点儿吓人。此外，一些学生戏弄别人是因为他们相信可以通过贬损别人来抬高自己。（见第 306 ~ 309 页"说闲话"中对这种信念的讨论）

老师们对待戏弄主要有三种办法。第一种办法，是让学生们意识到戏弄别人所造成的痛苦。这意味着把学生们从以自我为中心或麻木不仁的态度，转变为以共情去看待他人。第二种办法，是教学生们了解有不同的需要或能力的人；当学生们意识到特殊的困难或身体残疾时，他们就不会认为这些差异是令人不安的。第三种办法，是让学生们找到停止伤害他人并开始帮助他人的方法。

建　议

1. 当你听到学生们相互戏弄时，要把这个问题放到班会议程上。如果学生们向你抱怨自己受到了戏弄，要让他们把这个问题放到班会议程上。

2. 当你听到一个学生戏弄他的同学时，要说出你的感受："戏弄让我感到很伤心、很生气，因为我知道这有多么伤人。"你可以加上一句："我不太确定，但我敢说你并不打算伤害别人。我说的对吗？"（很多时候，学生们不是在试图造成痛苦。他们认为自己是在开玩笑，而且他们没有考虑自己的话所造成的影响。）

3. 直接问学生："你愿意把这些话变成鼓励而不是伤害吗？"

4. 如果你认为学生是在寻求报复（见第10～19页"错误目的"），你可以说："我猜你不会伤害别人，除非你感觉受到了伤害。为什么我们不等到我们都有时间冷静下来呢？到那时，我愿意听听你发生了什么事情。"识别并认可一个学生的感受，会极大地鼓励他。

5. 当一个学生受到戏弄的伤害时，要让他向你表达他受到伤害的感受；随后，要用头脑风暴想出他可以处理这个问题的除反击之外的办法。他可以让戏弄他的人知道他怎样以及为什么感觉受到了伤害。他可以在班会上得到同学们在这个问题上的帮助。他可以等到自己恢复冷静，然后，直接与那个伤害他的人讨论解决的办法。

6. 要意识到并帮助你的学生认识到，什么时候戏弄会太过分，以至于变成了欺凌或骚扰。（见第 294～298 页"恃强凌弱"）

提前计划，预防未来的问题

1. 专注于让孩子们学会尊重。要教给孩子们，每个人都值得尊重，他们的本意不能成为不尊重的借口。说"我们不是故意要伤害他的感受。我们只是在玩儿"是不可接受的。如果行为造成了伤害，就是不尊重的，无论本意如何。

2. 要做出尊重行为的榜样。一位老师对自己学生的戏弄，可能是关系密切的一种标志，也可能是不尊重和居高临下。要花时间了解你的学生的看法。当你说"嘿，小卷毛"或者"你还好吗，大个子"时，你可能是想表达你的喜爱，但你的学生可能会感到尴尬，或者甚至感觉受到了冒犯。

3. 跟学生们讨论戏弄的问题，并分享你自己童年的几个例子。要分享几件让你感觉很糟的被戏弄的事情，以及让你感觉很好的被戏弄的事情。

4. 让学生们角色扮演戏弄的事件。之后，让他们说说那些话对他们造成了什么影响。调换角色，以便每个学生都能体验戏弄和被戏弄的感受。

5. 列出一张替代典型的戏弄的清单。不要说："喂，小虾米，我是排在第一个的。"而可以问："想站在我旁边吗?"合作可以从话语开始。

6. 要教给孩子们了解差异。如果一个患有唐氏综合征的孩子每周都和你的学生一起上美术课，要帮助他们发现这个孩子的特殊需求和能力，以及他们怎样才能最好地支持和鼓励他。当学生们学会将对方看成独一无二的人来理解并欣赏时，孩子们对差异——从学习问题到身体特征——就会做出更负责任的回应。

7. 用文学作品让学生们认识并理解人与人之间的差异。这个主题的童书有很多。要建立一个班级图书馆，其中要有描绘各种类型的家庭、情形和能力的图书。

8. 教授、练习并示范有效的沟通技能，以便学生们不用求助于戏弄来表达他们有怎样的感受或者他们想要什么。

9. 要确保你的教室里的图片描绘很多种族和文化的孩子和家庭，还要有坐在轮椅里的孩子或者有其他可见残疾的孩子的图片，以及因为治疗癌症或其他严重疾病而失去头发的孩子的图片。这种图片会让差异看上去不那么可怕。而且，对于进行那些揭示学生的错误观念，并拓宽他们的理解的讨论来说，这些图片是极好的起点。

激发灵感的故事

唐斯夫人发现，4 年级的学生玛丽放学后在走廊里哭。她邀请玛丽过来，和她一起坐到了校园里的长凳上。她问："你想谈谈吗？"玛丽说："我讨厌我的卷发。所有的孩子总是因为卷发戏弄我。他们叫我'卷毛球'，还有很多更难听的外号。"唐斯夫人强调说："我知道这会让人多么伤心。在我像你这么大时，我因为是罗圈腿而受到戏弄。有时候，我甚至都不想上学了。"玛丽惊讶地看着她，说："我已经决定再也不来学校了。"

唐斯夫人问："你是唯一受到戏弄的人吗？"玛丽想了一下，然后惊讶地说："不，几乎每个人都受到过戏弄——甚至是那些很受欢迎的孩子。苏茜是学校里最受欢迎的女孩，她因为'兔牙'而受到戏弄。"

唐斯夫人问："你认为孩子们为什么会相互戏弄？"

玛丽说："我不知道，如果他们受到戏弄，并为此感到伤心，为什么他们还戏弄别人呢?"

唐斯夫人问："你认为这是一件适合在我们的班会上讨论的事情吗? 你愿意把它放到议程上吗?"

玛丽赞成这么做。当全班讨论这件事情时，学生们令人惊讶地一致认为，他们不喜欢受到戏弄但却相互戏弄的做法有多么愚蠢。学生们同意他们将停止戏弄——而且，他们确实做到了。

用班会解决问题

加利福尼亚州伍德兰市的一所小学，给老师们提供关于如何运用班会的岗前培训。一位特殊教育老师提出了她对自己的学生被其他学生戏弄的担心。其他学生叫他们"傻子""笨蛋"，还有其他不尊重的称呼。

老师们同意在他们的第一次班会上把这个问题提出来。通过角色扮演，他们帮助自己的学生知道了受到戏弄是什么感觉。然后，他们用头脑风暴想出了自己可以接纳并鼓励特殊教育学生的方法。

在3个月之后的一次后续培训中，这位特殊教育老师说："我的学生从来没有受到过这么尊重的对待。这真是太棒了!"

校车上的行为

讨 论

校车上的问题似乎在每个年级都会出现，从幼儿园到高中。任何一辆校车上的行为，在世界的任何地方，都是对学生内化的人生技能和社会责任感的一种很好的衡量。

校车司机在忙着开车，这让学生们有了一个机会来表现他们在没有成年人直接监管的情况下会怎么做。当学生们做出不尊重的行为时，我们通常会责备他们，而不是审视成年人的那些基于控制的指导行为方式的无效性。太多的时候，成年人不理解处理行为背后的信念而不是只处理行为的重要性。

有多少校车上的不良行为反映的是一个学生因为感到自己不重要和被孤立而需要得到关注？有多少不良行为是因为一个学生在其生活中对某种权力的需要，并且缺乏如何运用权力的训练？有多少校车上的伤害行为反映的是学生感到伤心和沮丧，因为没有人倾听他们，没有人通过认真对待他们来认可他们的想法。

校车上的不良行为让我们清楚地看到，我们需要通过教给孩子们内在控制和社会责任感来改进我们的方法。我们要欢迎这种观点。而且，我们能认识到，让学生参与制定指导原则和寻找解决方案是处理这些问题的一种有效方式。

建 议

1. 校车司机可以决定他们自己怎么做，而不是迫使学生们怎么做。当孩子们行为不尊重时，司机可以把车停到路边，并且说："我觉得这样开车不安全，不尊重的行为会让我分心或伤害到别人。你们一做好准备，我就继续开车。"如果学生们抱怨说他们上学要迟到了，校车司机可以说："你们可能会。"校车司机应该保持平静，克制住不要说教或羞辱学生。

2. 当一位校车司机抱怨你的班上的一个学生或一些学生时，要邀请他在方便的时候来参加你们的班会。在班会上，司机和学生可以讨论并找出解决办法。

3. 如果你知道出现了一个问题，你需要直接与出现问题的学生或涉及到的学生们碰面。要用一种非评判的方式将你得到的信息告诉他们，并问他们对当时情形的看法。要把这当作一个回顾安全和尊重的校车行为的机会。要表达对他们遵守这些指导原则的信任。有时候，学生们只是需要你提醒他们记住这些规则。要约好一个再次碰面的时间，以核实他们是否有改善。

4. 运用班会时间讨论校车行为的总体状况。你可以鼓励曾经出过事情的学生分享并讨论他们从其错误中学到了什么。

5. 当学生们抱怨校车上的问题时，要让他们把担忧的问题写到班会议程上。这会让你避免充当调停者的角色，以免把你设定为解决所有问题的人。然后，当讨论到班会议程上的这个问题时，要让学生们努力找出解决方案。要让问题涉及到的学生参与选出他们认为用头脑风暴提出的最有帮助的建议（即便几个学生有不同的选择）。

6. 回顾你们学校对校车行为的规定，并和善而坚定地将其坚持到底。有时候，一个学生的行为可能会导致其暂时停止使用校车。你可以通过帮助你的学生看到他的行为与失去使用校车的权利之间的联系来鼓励他。有时候，寻求你的上级主管和这个学生家庭的协助，可能会帮助这个学生处理他的沮丧。如果漏掉这一步，学生们通常可能会找各种办法报复、放弃，或者向其他人表明他们无法控制他。

提前计划，预防未来的问题

1. 要通过倾听学生并邀请他们参与解决校车上出现的问题，来尊重地对待他们。

2. 帮助学生进行一次关于校车安全问题的讨论。要让学生们提出问题。一旦他们列出问题清单，要鼓励他们用头脑风暴想出解决每个问题的办法。

3. 邀请校车司机到班级里分享他们的感受和担忧，以及他们从学区得到的指导原则，并让学生们直接向他们寻求帮助。在此过程中，要做一些针对各种问题的角色扮演，以便学生们能体会校车司机的观点。校车司机可能会喜欢角色扮演一个学生，以便了解受到不尊重的对待会有什么感受。

4. 当学生们参与讨论安全问题、校车司机的责任以及解决问题的可能方法时，他们对合作的认识和积极性，要远远强于听说教或只是被教育要遵守老师制定的规则。

5. 讨论"权力等于责任"的概念。邀请学生们讨论与使用校车的权力相应的责任是什么。让一个志愿者记录下他们的想法。可以在此之后接着讨论"不愿意承担责任就等于失去权力"的概念。要让他们建议一些不承担遵守指导原则的责任的恰当后果。（这是一个相关和合理的逻辑后果的好例子。学生不愿意承担责任，就会失去权力。）

6. 邀请学生们给校车司机写致谢的便条。成立一个委员会，了解并记住这些司机的生日，以便学生们能送去生日贺卡。

用班会解决问题

来自加利福尼亚州埃尔克格罗夫市埃尔克格罗夫小学 5 年级和 6 年级的老师凯茜·宾斯·埃特尔（Cathy Binns Ater）的两个故事

索菲亚和明迪

这个故事发生在德国一所国际学校的 2 年级的一个班上。在一次班会上，索菲亚提出了校车上坐在后面的高年级男孩踢她的座位的问题。学生们为索菲亚想出了下面这些建议：

1. 坐得离他们远一点儿。
2. 坐到他们后面。
3. 不理睬他们。
4. 看他们坐在哪里，然后坐到别的地方。
5. 用一个计策，把你的书包放在一个座位上，然后坐在别的地方。一旦他们上车并坐到你后面，你就换到你放书包的座位上。
6. 要求他们别再踢你的座位。
7. 与其他人换座位。
8. 告诉他们，当他们踢你的座位时你有什么感受。

学生们用头脑风暴能想出这么多好主意，真令人惊讶。索菲亚选择了第二个建议。

同一个班里的明迪提出的问题是，当她下校车时，有学生推她。同学们为她想出了下面这些建议：

1. 让他们不要推。
2. 告诉他们你不喜欢这样，这会伤到你。
3. 最后一个下车。
4. 抓住扶手。
5. 第一个下车。
6. 从后门下车。

明迪选择了最后一个下车。

马 克

这是一个患有唐氏综合征的男孩马克的故事，他在比利时的一所国际学校的特殊教育班上学。在校车行驶中，马克会吊在扶手上，并且有时在过道上来回跑，总是做出不安全的行为。

当我来教这个班时，这种情况已经持续有一年了。大人和学生都为这种行为辩解，说马克不理解规则，并且也学不会。我反对这种观点。我和马克一起坐下来，跟他谈校车上的恰当行为。我告诉他，由于安全的原因，如果他不遵守规则就不能坐校车。

然后，我邀请他的父母来和我以及马克进行一次三方会。他的父母同意，如果马克因为拒绝遵守规则而失去使用校车的权利，他们会开车接送马克上下学。

第二天，马克在校车上做出了不安全的行为。当他到达学校时，有人告诉我他在过道上乱跑，我告诉马克今天不允许他坐校车回家。那天放学时，他妈妈来学校接了他。她妈妈已经接受过辅导，要对他的困境表达共情，并且不要说教或惩罚他。

马克喜欢坐校车。这是他一天中最喜欢的时间，所以，当他妈妈来接他回家时，他一点也不高兴。

第二天，当他被允许坐校车时，他又做出了同样的行为。我们用了坚持到底，并且在这一周剩下的几天里都没让他坐校车。每一天，我们都跟他谈校车上的安全行为。星期一，我们准备好了再试一次。那天早上，马克没有出现不良行为，在去学校的路上始终都坐在座位上。在这一学年之后的时间里，他在校车上再也没有出现任何问题。

消　沉

讨　论

消沉是丧失信心的一种极端形式。当人们失去希望、对自己或他人失望、没有自信心，或者缺乏看到解决自己问题的可能办法的洞察力和技能时，他们就会感到消沉。

完美主义也可能会造成消沉。当一位父母或老师对一个学生期望太多，或者一个学生对自己期望太多时，他可能就会变得消沉。当学生们感到他们已经尽了自己最大的努力，但他们的努力不被重视——只有完美才被重视时——他们可能就会变得消沉。此外，消沉可能出现在学生无法处理严重的个人问题的时候，例如性虐待或身体虐待、父母离婚、意外怀孕，或男朋友或女朋友提出分手。造成消沉的其他原因包括患了一场重病、不得不搬家离开好朋友，或者一位挚爱的人去世。那些感到被同龄人嘲笑或排斥的学生，或者一直害怕被人欺负的学生，也可能变得消沉。

老师们要多么经常地考虑他们的学生要面对的问题啊！那些确实考虑这些问题的老师，如果对这种情形感到无助或无望，他们自己可能也会变得消沉。

建　议

1. 当你注意到学生有消沉的迹象时，要建议寻求专业的帮助（或许是从学校的心理咨询老师或心理医生那里）。

2. 要与丧失信心的学生度过特别时光。让学生知道你关心他们，以便他们在生活中至少有一个地方能够感受到归属感和价值感。

3. 如果一个学生看上去很消沉，要让他选择一个倾听伙伴，一起去暂停区，并说出自己的担忧，这个伙伴只需要静静地倾听。（在已经教过学生倾听而不给出建议的价值，以及说出自己的感受而不寻求建议的价值时，这种方法会管用。）

提前计划，预防未来的问题

1. 要教给学生社会技能，并且给他们提供表达对彼此的关心的机会。班会的致谢环节能同时做到这两点。

2. 帮助学生开展一次关于消沉的讨论。让学生们分享他们对造成消沉的原因以及他们能为此做些什么的想法。要把原因和解决方案列成清单。

3. 要确保教给学生知道，自杀是对暂时的问题的一种永久解决办法。

4. 要教给学生们，艰难的时刻总会过去。要给学生们讲一讲你经历过的消沉的时刻，并描述你是如何克服消沉的——可能只是通过时间的流逝。

5. 给学生们提供大量增强社会能力和解决问题能力的机会。当学生们在这两个重要方面变得很强时，他们就不太可能长时间地感到消沉。

6. 班会是在班级里增进共情并建立一个支持系统的一种极好的工具。

激发灵感的故事

冈德森夫人教的是高中。她注意到她的一个学生艾米似乎很消沉。艾米对学校作业失去了兴趣，并且缺了很多课。冈德森夫人让艾米放学后留下来——"因为我真的关心你。"

当艾米放学后来找冈德森夫人时，她问艾米是否有什么事情感到烦恼。艾米开始哭了起来，冈德森夫人说："艾米，我记得在高中时我有一段时间觉得不值得活下去了。我的男朋友因为我最好的朋友和我分手了，我垮掉了。"艾米捂着脸一直哭。冈德森夫人接着说，"我当时当然不知道，但他其实是帮了我一个大忙。如果他还和我在一起，我可能会错过很多东西。"艾米点点头，冈德森夫人说："我想，和一个人谈一谈会很有帮助，这样，你就不必为任何让你烦恼的事情而独自挣扎了。我们学校的心理咨询老师拉蒂默夫人是个非常好的人。你愿意见见她吗？"艾米又点了点头。冈德森夫人说："好。我现在就和你一起去她的办公室。如果她在忙，你们可以约一个时间。"

学校的心理咨询老师正巧在忙着写东西，但她愉快地把手头的事放到了一旁，以便能和艾米谈一谈。

虽然艾米没有表现出来，但因为冈德森夫人表现出的关注以及告诉她的个人经历，她已经感觉好一点了。艾米准备好了向心理咨询老师敞开心扉。拉蒂默夫人在一张纸上画了一个大圆圈，并用直线将其划分成四等分。然后，她对艾米说："让我们看看你的生活派。每一块都代表你生活的一部分。"她在那四块上分别写上了"朋友""家庭""学校"和"爱"。她让艾米评价一下每一方面的情况。

艾米说她与自己最好的朋友吵架了，她感觉被抛弃了。当问到她的家庭时，她承认她的父母在谈论离婚。她在学校成绩不好，而且，如果她再缺一门课就会面临留级。她生活中唯一让她感觉好的方面是爱情，因为她与固定的男朋友相处得不错。

拉蒂默夫人说："难怪你感到消沉。看一看所有这些现在让你感觉不那么好的方面。我们一次讨论一个方面，并且看看可以做些什么，怎么样？"

她们从和她最好的朋友吵架开始。拉蒂默和艾米做了角色扮演，以便她能练习如何与朋友分享自己的感受。（那天晚上，在角色扮演中，她了解到她的朋友感觉也很糟，后来她们很快就和好了。）接下来，她们着手处理学习问题。艾米已经落后太多了，以至于她看不到做作业的用处。她们谈了艾米暂时自主学习的可能性。（在心理咨询老师的帮助下，艾米探究了这种可能性，并且自主学习了一个学期。她非常勤奋，并获得了全 A。当她在随后的学期重新加入正常班级时，她的成绩也很好。）

当她们讨论到家庭情况时，艾米意识到她对父母的决定无法做任何事情，但是，她开始关注自己家里的很多好的事情。她知道她的父亲和母亲都非常爱她。

后来，艾米告诉了心理咨询老师这次交谈如何帮助她看到了她的问题是暂时的，而且，对于大多数问题，她都可以采取一些措施。她还感激这帮助她注意到了生活中那些美好的事情。她说冈德森夫人那么关心地来找她，并告诉了她自己经历的消沉，告诉她消沉不会持续很久，这对她帮助太大了。其他人的关心和帮助给了艾米希望，并教给了她技能，所以，她能战胜自己的消沉。

校外考察旅行

讨 论

校外考察旅行应该在班级于停车场集合很久之前就开始。提前计划会防止很多问题。准备工作可能看上去单调乏味或者甚至是不必要的，但是，如果学生们一起准备各种细节和安排，就会造成一种合作和包容的氛围。要记住，当学生们能为一件事情的发生做出贡献时，他们对其结果就会有一种强烈的参与感。要让家长志愿者也参与进来。学生和大人从一开始就参与，将会让每个人在活动当天都更快乐。

建 议

1. 在校外考察旅行中，要运用你发现在你的班里有效的正面管教工具，这可能包括提供选择、将你的指令限制为一个词，以及寻求帮助。当学生们忘记旅行的指导原则时，要问这样的问题："我们在这件事上的约定是什么？""我们在班会上决定了什么？"

2. 如果出现困难，而且你感到失望、尴尬或生气，要向你的学生说出这些感受，但不要报复或夸大问题。要告诉他们，"我注意到……"，或"我感到很生气，因为……"，然后，要问谁愿意在你们回到学校后就把这个问题放到班会议程上，以便学生们能为下一次的校外考察旅行找到解决办法。

3. 要避免用校外考察旅行来奖励或惩罚学生。当一个学生在校外考察旅行前的那个星期做出不良行为时，不要忍不住想告诉他不能参加这次旅行，作为其行为的一个后果（或者被掩饰起来的惩罚）。要把这些问题当作单独的问题来处理，可以运用班会议程、解决问题的选择轮、积极的暂停和坚持到底，或本书所讨论的其他任何正面管教工具。

4. 要明确校外考察旅行的目的，以及你对学生们的期望。要告诉他们应该寻找什么以及你希望他们学到什么，并让他们知道你将布置的任何后续作业。

5. 在校外旅行考察的整个过程中，每当学生们能遵循他们帮助制订的计划时，要说出你的喜悦感。

提前计划，预防未来的问题

1. 要在班会上花时间计划即将到来的校外考察旅行。（你可能甚至想让你的学生提供去哪里考察旅行的建议。）要研究旅行当天的日程安排，找出学生们可以帮助计划的部分。例如，如果安排了一个小时的午餐时间，要让学生们用头脑风暴想出应该如何解决午餐的主意：每个学生与一个搭档分享午餐，每个人都自己带午餐，还是安排一次聚餐？如果他们比其他学生提前用完午餐，他们要做什么？在高年级，老师可以让学生们来负责校外考察旅行的大部分安排——他们可以打电话预约行程或者招募父母志愿者。在班会上，学生们可以分成小组来负责计划校外考察旅行的不同环节。在对自己小组负责的环节进行研究后，每个小组可以在另一次班会上向其他同学报告自己的发现。

2. 要花时间训练。要讨论并练习恰当的行为，比如在博物馆里要小声说话。

3. 作为一个班级，要找出校外考察旅行期间可能会发生的潜在问题。要一起用角色扮演和头脑风暴找出解决办法。

4. 要让你的学生们准备一次对父母志愿者的介绍，在介绍中要分享当天的日程安排、可能出现的问题，以及他们挑选出来的相应的解决办法。

5. 要提前计划好让足够多的父母参与进来。要确保这些父母清楚当天的日程安排、你对学生行为的指导原则，以及诸如直接返回学校这样的细节。理想的情况是，每个学生小组都有一位父母志愿者，以便每个学生都能得到自己所需要的关注。

激发灵感的故事

计划带来凝聚力

在德克萨斯州南部的一所高中，有四位老师作为团队一起工作，他们教的学生有很多危险因素，包括课堂表现差、出勤情况差、毒品问题、缺乏社会能力，以及自控和自律能力不足。其中很多学生都是帮派成员。

这四位老师一直把允许参加校外考察旅行当作是对好行为的一种奖励。但是，他们很快就注意到，每次参加校外考察旅行的都是相同的学生。允许参加校外考察旅行，看上去并不是对好行为或行为改善的一种有效激励。

然后，有人向这些老师介绍了教室里的正面管教的概念。他们决定运用班会时间让他们的全部 180 名学生参与计划下一次的校外考察旅行。他们告诉学生们，所有的人都参加，只要他们从家里带来父母签字的同意书。

学生们在班会上对校外考察旅行做了全盘的计划。几位父母志愿者也参与了计划。在校外考察旅行当天，老师们对学生们将如何表现感到非常紧张，尤其是那些以前因为不良行为而被排除在外的学生。让老师们惊讶的是，所有学生都很配合，并以积极的方式为这次实践做贡献。甚至学生们安排的在当地公园进行午餐的计划也进行得很顺利，没有出任何问题。

他们参观的地方的经理告诉老师们，他以前从未见过一群高中学生表现得这么好。他说他计划给学校校长写一封感谢信。

当学生们和老师在接下来的班会上评估这次校外考察旅行时，每个人都给出了高分。很多学生接着说，他们一起度过的这段让彼此以积极的方式连接在一起的时光，使他们想作为一个团队做更多的事情。

老师们注意到，在这次校外考察旅行之后，学生们相互之间不那么容易发脾气了。他们相信，这种变化的发生，是因为学生们一起计划了一次成功的活动，并且有了一个从不同的角度看待彼此的机会。

计划带来安全

枫树学校幼儿园的学生经常去校外考察旅行。他们常常要横穿交通非常繁忙的街道。因为学生们太小，老师们害怕来车的司机会看不到一个独自跟在队伍后面的学生，想确保总有一个成年人最后过马路。他们决定，一个老师在前面带队，第二个老师走在队伍的最后面。

在任何一次校外考察旅行出发之前，学生们都要练习作为一个集体一起过马路。为了做角色扮演，他们把玩具排成两排，代表街道的两侧。一个学生假装是交通信号灯，到可以过马路的时候就大声喊。学生们两人一组，手拉手，走过假装的街道。尽管这样练习了几次，但在教室的安全环境下也犯了一些错误。到了过一条真正的街道时，学生们的脸上洋溢着对自己有多么能干的自豪。他们在校外考察旅行中始终安全地走在一起。

用班会解决问题

一个10年级的班级准备到附近的一个湖泊进行一次校外考察旅行。一个学生想得到帮助，因为她不会游泳，害怕会掉进水里。全班同学用头脑风暴寻找可能的解决办法，并得出了下面这些建议：

1. 和一个朋友待在一起；
2. 带上安全装备；
3. 不参加这次校外考察旅行。

这个学生被邀请选择一个听上去对她最好的解决办法。她确定她喜欢和一个朋友待在一起的主意。只是提出自己的担忧，就让她感到更安全了。

性

讨　论

"现在一定是春天了。"爱丽丝感叹道。爱丽丝当老师已经有6年了，就像水仙一定会绽放出鲜艳的花朵一般，她班上的五六岁的学生会用男孩追逐女孩或者女孩追逐男孩的操场游戏来预示这个季节的到来。

琼斯夫人注意到，她的很多高中生在走路时都手拉手，而女孩们会因为被生活中喜欢的人拒绝而流下眼泪。她怀疑当学生们看上去如此专注于性问题时，他们怎么能学习。

很久以前，生活在农场的孩子们是通过饲养动物并在其分娩过程中帮忙来了解性的。尽管很少说到性，但性被认为是生活中很自然的一部分。现在，关于性教育及其在学校课程中的位置，在美国存在着大量的争论。支持者说，教孩子了解性知识会有助于减少意外怀孕，鼓励禁欲，防止性传播疾病（特别是艾滋病），以及减少滥交。那些认为学校不应该教给学生们性知识的人说，这个话题是父母们的责任，而不是教育体系的责任。理想的解决方案要尊重这个问题的两种立场，并且要把孩子们的幸福作为主要目标。

无论成年人多么希望保护学生们，他们通过杂志广告、户外广告牌、电视节目和电影，以及通过同学之间的谈话和行为，都会接触到性。一个母亲可以把自己的孩子送进以严厉而闻名并且完全符合这位母亲的个人价值观的私立学校。但是，当这个学生离开受保护的环境并进入社会（可能是去上大学），而没有处理不同价值观和行为的冲击的能力时，会发生什么呢？

通过班会，学生们能体验到归属感和贡献感，学习培养良好的品格所需的基本的人生技能，并培养尊重地对待不同的价值观所需要的技能，同时保持他们的信念或者在家里被教给的价值观的完整。不提到"性"这个词——如果你的学校不允许进行性教育的话——也能做到这一点。

让学生们感到自己有归属并且能做出贡献，对于帮助预防未成年少女怀孕是很重要的。儿童保护基金在其对导致未成年少女怀孕的影响因素的研究中发现，这些女孩怀孕是为了感受到一种归属感和在社会中的重要性[①]。太多的时候，一个女孩会认定一个婴儿会让她有一个人去爱，并且会让她有一种方式感到自己像是一个能对自己的生活有某种掌控的成年人。

在班会上，学生们有了拥有权力（通过做决定）的机会，并因而能以有意义的方式控制发生在他们身上的事情。他们还有机会在班里体验到一种健康的归属感。在班会上，学生们被教会了相互尊重，这包括尊重他们自己。当一个学生形成很强的自我尊重时，其他学生就很难让他去做任何可能伤害他或违背他的信念的事情。

在开班会的过程中，学生们还学习做决策和批判性思考的技能，这能让他们有能力处理来自媒体的诱惑和同龄人的压力。在十几岁这几年，学生们正处于形成他们自己的道德准则的过程中。没有上面提到的这些技能，他们可能就会听从别人的怂恿，而不考虑自己的选择所带来的长期后果。

建　议

1. 当一个学生的行为令人反感时，要与这个学生单独谈谈。

---

① 儿童保护基金，美国的儿童状态年鉴（华盛顿，1995 年）。——作者注

要说出你的观点，而不要说教或羞辱。只需要说出哪些行为令人反感以及为什么。要用恰当的班级讨论来跟进具体的问题，以便让所有的学生都得到训练。

2. 如果一个学生向你抱怨一个性方面的问题，要运用你自己的智慧来决定是否应该把这个问题交给一个学校辅导员，是否应该给这个学生一个把问题放到班会议程上的选择，或者这个学生是否愿意运用解决问题的四个步骤（见第 59～65 页），与涉及到的任何其他人一起解决问题。

提前计划，预防未来的问题

1. 在任何时候都要处理性别歧视的问题。当学生在操场上反复唱"女孩靠边站"时，老师需要做的不只是露出一个宽容的微笑。要运用个别谈话、班会和小组讨论，帮助学生们理解排斥别人是不尊重、有辱人格并且是有害的。

2. 要了解儿童成长过程中正常的性发育。要运用这种知识来评估学生之间的交往是否适度。

3. 让父母们、社区组织、医学界以及其他教育工作者参与计划任何性教育的课程。

4. 如果父母们和教学课程允许，要积极地教给学生与性有关的问题（或者邀请心理咨询师或心理学专家来教）。主题应该包括人类繁殖、不恰当的接触和性骚扰。后者对于青春期的初中生和高中生来说尤为重要，他们对性的敏感和兴趣正处在巅峰期。

5. 在班会上，要让学生们讨论对待彼此的恰当方式。

6. 运用角色扮演让学生们体验"男生靠边站"的规则，或与之相关的其他类型的性别歧视对人的排斥。你可能还要通过角色扮演来探讨性骚扰的定义。

7. 不要把性描述为坏的。要以一种让学生们自己得出结论的方式，来探讨不恰当地利用性和性别角色的问题。要与小学高年级的学生、初中生和高中生一起看电视广告或杂志广告，并让他们找出赞助商是否在试图操纵观众。这种练习会让学生能够抵御其他具有操纵性的压力，比如同龄人压力。

8. 发起关于媒体如何描述性的讨论。当一部充斥着色情的电影很流行时，要问学生们在电影里注意到了什么，以及他们对这些事情有怎样的感受。这部电影给了他们关于性行为的什么信息？对于电视节目，也要问同样的问题。这种交谈给了学生们一个机会，深思熟虑地评估他们看到的内容并且在一个安全的环境中问问题，同时给你一个机会来消除错误的观念。

9. 如果要求你给学生上一堂关于性的课，或者引导学生开展一次关于性的讨论，你要与你的同事练习谈论这个话题，以扩展你在这个话题上的舒适区。你会希望能轻松自在地与学生们谈论性的话题。

用班会解决问题

男性朋友和女性朋友

出现在豪斯顿先生 6 年级班会议程上的一个议题是，"嘲笑女性朋友和男性朋友"。那个把该问题放到班会议程上的男孩说，他想有一个女性朋友，真的只是一个朋友，而不会被取笑除友谊之外的其他任何事情。当发言棒围着圆圈传递时，大多数学生说他们有同样的感受。这个班级决定，他们要鼓励异性之间的友谊，并且他们将不再为此相互取笑。

同龄人压力

一所公立高中的人生技能班正在开班会，这些学生来自于对性行为有不同价值观的家庭。班里的一个女孩伊芳在班会议程上写了她的朋友正在劝她失去贞操。她的女性和男性朋友都一直取笑她。如果她告诉朋友们自己这一天过得不开心，他们会回答说，你需要做的就是和一个人上床，然后，感觉就会好起来。伊芳告诉老师和同学们，不向"像其他人那样"的压力屈服，变得越来越难了。

老师问学生们，他们中是否有人曾允许自己被迫做一些自己并不真正想做的事情。所有的学生都说自己有过。然后，老师讲了一个破茧成蝶的故事。如果任何人在蝴蝶在茧里长好之前就打开茧，蝴蝶就会死去，再也飞不起来。老师用这个例子说明，对于一个人来说，只有在他或她准备好的时候再去做有多么重要。老师继续说，如果外部的压力导致人们去做他们相信是错的或他们不想做的事情，那么，这些人就已经阻碍了他们自己的成长。

当老师说完之后，学生们静静地坐了一会儿。伊芳的眼睛里含着泪。

没有人再在这个问题上多说什么，直到几个星期后这个班的致谢时间。伊芳感谢了老师讲的蝴蝶的例子，因为这给了她勇气来抵御外部的压力。她还感谢了她的同学们不再提起她的贞操的话题。

遗　忘

讨　论

每个人时不时都会忘记一些事情，但是，有些学生把忘事儿变成了一门艺术。这些学生发现，他们的老师会为他们再找一个自己忘带的东西，会因为他们的遗忘而给他们大量的关注，或者承担起让他们记住的责任。

遗忘还可能是取得权力的一种被动方式。那些永远不会通过说"我不想……"来公开对抗老师的学生们，可能会发现说"我本来要……但我忘记了"更容易一些。这个问题给学生和老师都提供了很多学习的机会。

建　议

1. 要用一个约定的非语言信号，来帮助习惯性地忘记班级规则的学生。一个友好的手势或表情，可能就是一个学生所需要的唯一提醒。

2. 跟学生谈一谈运用找一个伙伴的办法，这样，当他需要一支铅笔、布置的作业或他忘记的其他东西时，他可以直接去找自己的伙伴，而不会干扰整个班级。

3. 不要进行长篇大论的说教，要用一个词或一句简短的话来提醒学生："该数学了。""分享。""打扫时间。""尊重。""你是在帮助人还是伤害人？"

4. 要避免运用个人奖励来激励一个好忘事儿的学生。相反，要通过让他学会如何记住，并对一个具体情形做出恰当回应来帮助他。要问："我们现在应该做什么？""在这种情形中，我们怎样才能表现出尊重？""谁有解决这个问题的主意？""如果有人选择不负责任地对待这个器材，他们将失去什么特权？"

5. 要承认学生的努力和取得的成功："我注意到你今天带了学习用品，干得不错！""你今天发脾气了，但是，我们要承认你有很多次控制住没发脾气。"

提前计划，预防未来的问题

1. 要记住考虑行为背后的信念（见第 18～19 页"错误目的

表")。那些对一个试图让别人围着自己转的学生有效的干预方法，对一个寻求权力或报复或想自己待着的学生来说，可能就不会有效。

2. 你可以决定储备一些学习用品，当学生们忘记某些东西时可以向你借。当你要求学生在你这里放一个抵押品，或者让他们在借出单上签字时，这个办法会更有效。

3. 无论是在班会上还是在你与一个学生单独打交道时，要向学生征求一些有帮助的提醒办法的主意。

4. 对于一个总是忘事儿的学生，要让他知道你已经注意到他做的和说的不一致。他不断地承诺要带着他的课本来上课，但总是习惯性地忘记。要和他一起探究他的行为的可能目的，以及他需要哪种鼓励："你解决这个问题的主意是什么？""注意到你记住了多少次吗？""向一个伙伴寻求帮助没关系。"

5. 要承认每个人都会忘记事情，并会因此感到尴尬或害怕。要分享你自己的一些经历。

6. 要通过问"什么"和"怎样"的问题，帮助学生看到遗忘的后果："这会对你的成绩造成怎样的影响？""如果你不完成你的项目，将会发生什么？""忘记这件事情对你和胡安的友谊可能造成怎样的影响（胡安是否可能会生气或失望）？"但是，永远别问那些可能让学生更尴尬的问题。

7. 要考虑你是否倾向于解救好忘事儿的学生。要当心你通过找借口、补偿或不坚持约定而宽恕遗忘行为的那些方式。

激发灵感的故事

拉里是一个 3 年级的学生，好几天早上来学校都忘记了带午餐。他的老师感到心疼，借给他钱买午餐，但是，当这个问题一再发生时，老师发现自己很恼怒。她说："拉里，我好像把很多时间用来处理你忘带午餐的事。我已经决定不再为你提供买午餐的钱了。我相信你能自己解决这个问题。"

这个星期后来的几天，拉里每天都忘记带午餐。老师将自己的决定坚持到底，没有解救他。拉里设法说服他的同学把他们的午餐分给他一些，尽管他们给他的是他们最不喜欢的食物。在接下来的一个星期，老师注意到拉里承担起了记住带午餐的责任。

友谊问题

讨论

老师们常常发现自己被牵扯进学生们在友谊方面遇到的麻烦中。当老师介入其中并试图解决一种关系中的问题或使其改变时，情况可能只会变得更糟。对学生们更有帮助并且更尊重的做法，是尊重他们的不同风格和个性。要给他们提供一个安全的环境来讨论和运用交朋友的技能。班会对于帮助学生们理解同学的感受并学会解决问题和对相互都有帮助的方法，是一种极好的工具。一次关于友谊问题的讨论，还会培养学生们对他人的认识和关心，这会促进他们的社会责任感的发展。

要记住，年幼的学生们是在人生中第一次学习如何交朋友和保持友谊。这些早期的友谊提供了无数的学习机会，而且在其中会犯很多错误。要记住，社会能力是习得的，而不是天生的。

建 议

1. 要共情地倾听一位遇到友谊难题的学生，但不要介入。倾听会给学生一个发泄的机会，并且常常会带来对事情的洞察和解决方案。要表现出对学生发展、保持或修复一段友谊的能力的信任。要避免为学生感到难过。

2. 要让遇到问题的学生运用班会议程，以便全班同学能帮助他寻找解决方案。

3. 要帮助遇到友谊问题的学生想一想他还有哪些朋友，以及是什么让他与他们的友谊得到了保持。

4. 要留意一个学生交朋友的积极尝试，并把你观察到的情况告诉他。要帮助这个学生看到共同的兴趣可以成为友谊的一个基础。要问问他有什么特别的兴趣、天赋和爱好。要建议他寻找有相似兴趣的人，或者准备一个对具有这种兴趣的学生都有帮助的活动。

提前计划，预防未来的问题

1. 要记住，班会的形式为学生们提供了培养交朋友技能的一个极好的机会。通过班会，学生们会发现其他人也有类似的经历和感受。他们能在一个安全的环境中练习沟通并体验合作。此外，他们彼此之间会很开心。

2. 要避免对小圈子和冷落别人进行说教。要用角色扮演来促进一次讨论：当有人受到冷落以及当他们冷落别人时，他们会有什么感受，会对自己和他人做出什么决定。要帮助他们看到一个群体与一个小圈子的区别，一个群体允许有人进来有人出去，而小圈子是一个封闭的系统。

3. 要体贴那些在一项活动中总是最后被选中，或者经常被遗漏的学生。有时候，不要让学生们挑选他们的搭档或自己分组，而要由你来安排，或者让学生们报数，按数字来分组。

4. 将学生分组，以便他们与其他同学合作，一起获得成功，并拥有共同的积极经历。

5. 要相信学生们会解决困难，尤其是当他们在班会上学会尊重和社会责任感的情况下。

6. 制定一个在班会上进行伙伴致谢的办法。每个学生每个星期抽一个名字。然后，学生们要做的是留意自己的伙伴在这一个星期里值得致谢的态度和努力。这样，每个人都会得到致谢。

7. 训练学生进行同伴辅导或辅导低年级的学生，以便他们学会关心他人并培养帮助他人的技能。

8. 要帮助没有朋友的学生培养交朋友的技能——与别的学生出去玩、参与活动、关注他人而不是只关注自己。友谊小组通常能给学生们提供一个学习增进友谊的必要技能并有机会与其他学生建立情感连接的场合。有些学校给低年级的所有学生提供这样的小组，作为其社会交往课程的一部分。另一些学校将其作为一种资源，提供给那些交朋友有困难的学生或者刚来到本校的学生。

9. 要赢得学生父母们的支持，将孩子们的友谊扩展到校园之外。要鼓励父母们采取一些小步骤：每次邀请一个孩子来自己家，为来访安排出一定的时间，并为这种初次来访安排一个活动。

用班会解决问题

一个让每个学生都参与的计划

来自加拿大阿尔伯塔省埃德蒙顿市卡那封小学 3 年级老师希瑟·朱班威（Heather Jubenvill）的故事

我的班里的一个学生在班会议程本上写了班里没有人喜欢她。这个问题在班会上被提了出来，我问她是否仍然有这种感觉。她回答说是的，因此，我让她详细说说发生的哪些事情让她有这样的感受。在她说出她的原因后，同学们讨论了他们对这个问题的看法。

然后，学生们用头脑风暴想出了怎样帮助这个学生感觉到归属感，以及他们能做些什么来帮助她。学生们决定，他们将确保在下个星期的课间休息时间班里没有人是独自玩耍的。他们将邀请独自待着的学生一起玩。

在随后那个星期，全班同学对情况做了评估，这个女孩说每个人都和她一起玩了，她感到很开心。然而，这只是开始。学生们已经非常喜欢执行他们的计划了，以至于他们决定再执行一个星期。

现在，所有的学生相互之间的关系都更好了，并且每个人都感觉到了被接纳。学生们在课间休息时与不同的人玩耍，并且他们变得更加接纳彼此了。

群体，而不是小圈子

来自加利福尼亚州圣罗莎市圣尤金小学 6 年级老师贝蒂·费里斯（Betty Ferris）的故事

小圈子已经变成了我们班里的一个问题，这引起了我的注意。我在班会上提出这个问题让大家讨论，并且很高兴学生们相互之间那么坦率。他们谈了感到孤独的时刻，以及当他们自己的一群朋友不在身边时感觉到的孤单。他们提出，尽管他们不认为排斥别人是对的，但他们确实认为，对他们来说，和一些人在一起并形成一个朋友圈——通常是以共同兴趣为基础——感觉很舒服，是很自然的事情。让我感到意外的是，他们观察到，小圈子中的人感到自己无法与其他人交朋友是因为这会让自己失去在这个小圈子中的位置。

我提出了要审视一下小圈子和群体的区别的想法。我们认定，一个小圈子有严格的边界——没有人进来也没有人出去。

另一方面，一个群体是更开放的，会有人进来有人出去，并且每个人都能成为不同群体的一分子。我要求他们在接下来的几个星期里注意这一点，并告诉他们，我们会在未来的班会上核实这个问题。一个学生说他感觉情况有希望得到改变，而其他人都表示同意。当我们后来核实这个问题时，我高兴地听到，他们现在把自己的班级看作是一个"群体已经取代了小圈子"的班级。

杂乱无章

讨 论

整理技能对一些人来说可能很容易，但对另一些人来说是可以教会的。排行最大的孩子往往自然而然就会把东西放得井井有条。排行最小的孩子常常会手忙脚乱，并期望别人能替他们把东西整理好。排行中间的孩子可能在某些方面井井有条，但在其他方面则不行。独生子女可能会有独一无二的整理方式。这些可能性的提出既不是绝对化的，也不是一种刻板的成见，而是要表明个人不同的优先事项不存在对或错的问题，只是人们一直在采用的方式。记住这一点，也许可以帮助你不带评判地教给孩子们（或你自己学习）做到井井有条。

建 议

1. 要意识到做出井井有条的榜样的重要性。你的做法和你的教室是否井然有序，会为井井有条的重要性以及整理的过程提供直接的例子。

2. 要花时间训练。无论是组织一篇作文、整理一张课桌、组织一个小组项目、安排日常事务或组织操场上的一个游戏，学生们都需要向其演示他们为达成目标所需采取的步骤。（见第 52 ~ 55 页"花时间训练"）

3. 如果一个学生在这方面有困难，你可以说："我注意到你在做到井井有条方面遇到了一些麻烦。我有些主意想与你分享。星期三放学后我有时间，你那时能来找我，以便得到一些帮助吗？"

4. 不要把保持教室井然有序的全部责任都由你承担起来。每个学生都应当为此承担一项事务。（见第 47 ~ 50 页"给每个人分派班级事务"）

提前计划，预防未来的问题

1. 张贴一张日程安排表，以帮助学生们养成看全天以及一天中的不同时段要做哪些事情的习惯。他们会把这个技能用到需要看自己要完成哪些事情以及要采取哪些步骤的时候。

2. 每周安排一个整理时间。有些学生可能需要整理自己的课桌；有些学生可能需要整理自己的笔记；有些学生可能需要检查自己的长期报告的进度。

3. 要允许学生们选择是自己整理课桌，还是需要一个伙伴和他一起做并帮他出主意。年龄大一些的学生可能会选择在组织项目或安排研究时间时接受另一个学生或自己老师的帮助。

4. 在班会上，帮助学生们开展一次有关杂乱问题的讨论。让学生们提出解决造成杂乱问题的建议。

5. 在讨论杂乱问题时，要让学生们用头脑风暴列出一张如何变得井然有序并得以保持的小窍门的清单。让一个志愿者把这些小窍门做成一张海报。

激发灵感的故事

有时候，一个简单的办法就能大有帮助。雷诺克斯夫人对自己班上的一个学生有些担心。她注意到，尽管菲尔的课堂作业令人满意，并且他的考试成绩很优秀，但他有很多家庭作业没交。当雷诺克斯夫人跟菲尔说起这件事时，他回答说他肯定这些作业都做了。雷诺克斯夫人与菲尔以及他的父母开了一个短会，讨论如何解决这个神秘的问题。

当他们见面时，雷诺克斯夫人先说了菲尔的一些优点，并让他的父母也补充一些他们的想法。她让菲尔说说他对他自己在班里做得如何的感觉。他说他认为自己做得很好，并且不明白他们为什么要开这个会。雷诺克斯夫人向菲尔及其父母解释了这个问题，并解释了不交作业会怎样影响他的成绩。尽管他的父母证实作业确实已经完成了，但他们都注意到作业没有交。雷诺克斯夫人问菲尔，是否尝试过使用带独立夹层的文件夹来保持作业存放整齐。菲尔没有用过，但他知道班里有几个学生在用。他妈妈说今天晚上就给他买一个，并且会帮助菲尔给夹层贴上课程名称。

第二天早上，菲尔兴奋地带着他的新文件夹来到了学校。他让雷诺克斯夫人看了他怎样按照字母顺序整理文件夹。当他拿出作业并自豪地放进篮子里时，脸上堆满了笑容。

噪　音

（另见"吵闹"）

讨　论

你是否曾在树林里露营，听着风声、鸟的鸣叫以及其他动物的叫声？你是否记得自己躺在沙滩上，听着海浪拍打海岸的声音？当你听交响乐时，你能否感觉到座位上的振动？你会陶醉于嘹亮的小号声、打击乐器的击打声，以及小提琴的低诉声吗？有些人喜欢这些声音，而有些人并不喜欢。

你的教室里是哪种"交响乐"？你喜欢这些声音吗？还是说它们会让你心烦？

像本书所讨论的每一种情形一样，噪音问题也提供了学习的机会。这一小节与其他小节的形式不同，讲了一个美妙的故事。这个故事是由华盛顿州莱克伍德市莱克伍德小学的一个 2 年级班级中的 11 名学生写成的。这个班级有 50 名学生，马伦夫人和拉里克夫人是他们的老师。

一个有很多学生的 2 年级班级太吵了

来自安迪·考克斯（Andy Cox）、山姆·休斯顿（Sam Houston）、梅丽莎·胡贝尔（Milissa Huber）、丹尼尔·凯丽（Daniel Kelly）、雅各布·科恩（Jacob Kon）、史蒂文·格菲尔德（Steven Lengenfelder）、谢娜·梅森（Shaina Mason）、杰西卡·梅哈特（Jessica Melhart）、玛丽亚·佩琪（Mariah Page）、杰特·沃克（Jeatt Walker）、以及莎拉·维尔姆斯（Sarah Wilms）的故事

从前，有两个 2 年级的老师，一个叫拉里克夫人，一个叫马伦夫人。在她们班里有 50 名学生。

椅子刮地。刮、刮、刮。

铅笔刀削铅笔。嘎吱、嘎吱、嘎吱。

水龙头滴水。滴答、滴答、滴答。

"太吵了！"拉里克夫人和马伦夫人说。

老师们去见一个叫安迪·考克斯的智者。

"我们该怎么办？"两个老师问智者安迪，"我们班太吵了。

"椅子刮地。刮、刮、刮。

"铅笔刀削铅笔。嘎吱、嘎吱、嘎吱。

"水龙头滴水。滴答、滴答、滴答。"

"我能帮助你们，"智者安迪说，"我知道你们该怎么办。"

"怎么办？"老师们问。

"让杰特·沃克到你们班上。"智者安迪说。

"杰特能带来什么好处？"两个老师问。但是，她们还是让杰特来到了她们的班。

杰特的铅笔掉了。砰、砰、砰。

椅子刮地。刮、刮、刮。

铅笔刀削铅笔。嘎吱、嘎吱、嘎吱。

水龙头滴水。滴答、滴答、滴答。

"太吵了。"两个老师说。她们回去找智者安迪。

"让山姆·休斯顿加入你们班。"智者安迪说。

"山姆会带来什么好处？"两个老师问。但是，她们还是让山姆加入了她们班。

山姆总是在笑。哈、哈、哈、哈、哈。

杰特的铅笔掉了。砰、砰、砰。

椅子刮地。刮、刮、刮。

铅笔刀削铅笔。嘎吱、嘎吱、嘎吱。

水龙头滴水。滴答、滴答、滴答。

"还是太吵了。"两个老师说。她们回去找智者安迪。

"让玛丽亚·佩琪和莎拉·维尔姆斯加入你们的班。"安迪说。

"她们会给我们班带来什么好处?"老师们问。但是,她们还是让两个女孩加入了她们班。

玛丽亚把纸揉成一团。哧、哧、哧。

莎拉敲她的铅笔。啪、啪、啪。

山姆总是在笑。哈、哈、哈、哈、哈。

杰特的铅笔掉了。砰、砰、砰。

椅子刮地。刮、刮、刮。

铅笔刀削铅笔。嘎吱、嘎吱、嘎吱。

水龙头滴水。滴答、滴答、滴答。

"还是太吵了。"两个老师说。她们回去找智者安迪。

"让丹尼尔·凯丽和史蒂文·格菲尔德加入你们的班。"智者说。

"史蒂文和丹尼尔对我们班有什么好处?"两个老师问。但是,她们还是让史蒂文和丹尼尔加入了她们的班。

史蒂文在桌子上滚动铅笔。啪嗒、啪嗒、啪嗒。

丹尼尔围着教室跺脚。噔、噔、噔。

玛丽亚把她的纸揉成一团。哧、哧、哧。

莎拉敲她的铅笔。啪、啪、啪。

山姆总是在笑。哈、哈、哈、哈、哈。

杰特的铅笔掉了。砰、砰、砰。

椅子刮地。刮、刮、刮。

铅笔刀削铅笔。嘎吱、嘎吱、嘎吱。

水龙头滴水。滴答、滴答、滴答。

这一次,拉里克夫人和马伦夫人的耳朵都痛了!"还是太吵了！"她们大喊。于是，两个老师又回去找智者安迪。

"让雅各布·科恩和谢娜·梅森加入你们的班。"安迪说。

"雅各布和谢娜能带来什么好处？"疲惫不堪的两个老师问。但是，她们还是让雅各布和谢娜加入了她们班。

雅各布扳他的手指关节。咔吧、咔吧、咔吧。

谢娜整天乱涂乱画。沙、沙、沙。

史蒂文在桌子上滚动铅笔。啪嗒、啪嗒、啪嗒。

丹尼尔围着教室跺步。噔、噔、噔。

玛丽把她的纸揉成一团。哧、哧、哧。

莎拉敲她的铅笔。啪、啪、啪。

山姆总是在笑。哈、哈、哈、哈、哈。

杰特的铅笔掉了。砰、砰、砰。

椅子刮地。刮、刮、刮。

铅笔刀削铅笔。嘎吱、嘎吱、嘎吱。

水龙头滴水。滴答、滴答、滴答。

拉里克夫人和马伦夫人已经无计可施了！"还是太吵了！"然后，她们还是去找了智者安迪。她们很绝望。孩子们不学习。

"让梅丽莎·胡贝尔和杰西卡·梅哈特加入你们的班。"智者安迪说。

"梅丽莎和杰西卡能带来什么好处？"两个老师问。但是，她们还是让梅丽莎和杰西卡加入了她们班。

梅丽莎和杰西卡整天说话。叽叽喳喳、叽叽喳喳、叽叽喳喳。

雅各布扳他的手指关节。咔吧、咔吧、咔吧。

谢娜整天乱涂乱画。沙、沙、沙。

史蒂文在桌子上滚动铅笔。啪嗒、啪嗒、啪嗒。

丹尼尔围着教室跺步。噔、噔、噔。

玛丽亚把她的纸揉成一团。哧、哧、哧。

莎拉敲她的铅笔。啪、啪、啪。

山姆总是在笑。哈、哈、哈、哈、哈。

杰特的铅笔掉了。砰、砰、砰。

椅子刮地。刮、刮、刮。

铅笔刀削铅笔。嘎吱、嘎吱、嘎吱。

水龙头滴水。滴答、滴答、滴答。

"智者安迪，我们受够了！一整天都是吵闹声！"

梅丽莎和杰西卡整天说话。叽叽喳喳、叽叽喳喳、叽叽喳喳。

雅各布扳他的手指关节。咔吧、咔吧、咔吧。

谢娜整天乱涂乱画。沙、沙、沙。

史蒂文在桌子上滚动铅笔。啪嗒、啪嗒、啪嗒。

丹尼尔围着教室跺步。噔、噔、噔。

玛丽亚把她的纸揉成一团。哧、哧、哧。

莎拉敲她的铅笔。啪、啪、啪。

山姆总是在笑。哈、哈、哈、哈、哈。

杰特的铅笔掉了。砰、砰、砰。

椅子刮地。刮、刮、刮。

铅笔刀削铅笔。嘎吱、嘎吱、嘎吱。

水龙头滴水。滴答、滴答、滴答。

"把你们班里的所有学生都赶走。"智者安迪说。

"但是，我们爱我们的学生，"拉里克夫人和马伦夫人哭着说，"我们不会让任何人离开我们班。我们必须在班会上提出来！他们会想出一个更好的主意。他们已经学会了解决他们自己的问题。"

孩子们对降低教室里的噪音提出了下面这些建议：

1. 要求说话的学生安静下来。

2. 用手语说："请安静。"

3. 用手语说："请稍等一下。"

4. 承担起自己不说话的责任。

5. 写一个关于采用其他做法的计划。

6. 让说话的学生在课间休息时留在教室。

7. 小声说话，不打扰别人。

8. 在外面大声说话。

9. 问智者安迪。

10. 让大家安静地坐着。

11. 让恩佐（管理员）修好水龙头。

12. 让孩子们使用手动的铅笔刀。

13. 提醒他们别说话。

14. 告诉他们你对大声说话有什么感受。

15. 为声音太吵道歉。

16. 自己做到不打扰别人。

17. 要听老师的指令。

18. 挪椅子时要搬起来。

19. 在说话前先想一想。

20. 脚不要乱动。

拉里克夫人和马伦夫人为学生们自己解决了问题感到很骄傲！

责　备

讨　论

学生们学到什么，就会在生活中怎么做。他们常常会受到责备，给他们造成痛苦的羞耻感。在这种氛围中，孩子们很快就会知道，避免羞耻的一种方法就是通过责备他人或环境来逃避责任。他们还会学会把贬低别人或贬低别人的成就当作抬高自己的一种手段。这是我们这个竞争社会的一个不幸的副产品。老师们可以通过营造一种让学生们不害怕承担责任的氛围，来帮助他们改掉责备和诋毁他人的习惯。

建 议

1. 在与一个学生说话时，要避免责备、羞辱或让学生丢脸。当学生遭遇这样的态度时，他们常常会以防御来回应，然后，他们自己也会责备别人。要意识到你的话语和语气的力量。

2. 要把责备转向个人的责任。要问学生："你在这件事里起到了什么作用？"要将其当作与责备完全无关的一个承担责任的机会。

3. 要表明你理解承担责任有时候会有多么困难。要分享你自己可能有过的责备别人或被别人责备的经历。

4. 邀请学生把问题放到班会议程上，以便全班同学能专注于寻找解决方案，而不是诉诸责备。

5. 当出现一个问题时，让学生们填写一张"什么与怎样"的表格。下面是一张样表：

"什么与怎样"表格

你在努力做什么或完成什么？

发生了什么？

什么导致了它的发生？

你对发生的事情有怎样的感受？

你从发生的事情中学到了什么？

你有什么解决这个问题的建议？

你怎样才能把你学到的东西用于将来？

提前计划，预防未来的问题

1. 要运用你得到的每一个机会，教给学生错误是学习的大好机会。

2. 作为一个美术项目，让学生做寻找解决方案而不是责备的主题海报和横幅。他们可以在上面写："你是在寻求责备，还是在寻找解决方案？"或者"我们对责备不感兴趣，只对解决方案感兴趣。"或者"我们不需要通过责备来相互伤害，因为我们知道如何通过解决方案来相互帮助。"

3. 要始终为你的学生做出你期望他们做出的行为的榜样。他们从你的行为中学到的，要比从你的话语中学到的多。在每次开班会之前，或者在有学生试图责备别人时，要提醒学生们看班级制作的寻找解决方案的海报。当你忘记寻找解决方案而是责备学生时，要有勇气让你的学生提醒你看海报。

4. 要教给学生们把"什么与怎样"表格作为帮助他们从自己经历中学习的一个宝贵工具，并将其作为一个正面而有价值的活动。（如果你的态度或语调是惩罚性的，它听上去就会像一种惩罚。）要让他们知道填写这个表格只是为了了解他们的情况并且是为了他们好，或者班级以后可以用这个表格作为解决问题的指引。

用班会解决问题

当凌帆在班会议程上潦草地写上"男孩子们"，并用大写字母写下自己的名字时，她的老师威尔逊太太意识到这是一个有争议的问题。当凌帆在第二天的班会上解释她的问题时，她非常愤怒。男孩子们让她上课迟到了，因为他们藏起了她的午餐盒，她现在有了一次迟到记录。

威尔逊太太问男孩子们是如何设法拿到她的午餐盒的，因为班里的规定是学生们在去操场之前应该把吃午餐的所有用品都收进自己的课桌里。凌帆噘着嘴说她没时间把午餐盒放进课桌里，因为另一个女孩想马上和她一起去玩绳球。

威尔逊太太同意任何人都不应该把其他同学的午餐盒藏起来，但她问凌帆在午餐后把午餐盒放进自己的课桌里是谁的责任。凌帆承认把午餐盒收起来是她自己的责任。威尔逊太太没有因为她的迟到而责备男孩子们，而是问凌帆是否能想一想她本来可以采取什么不同的做法来防止这个问题以及由此导致的迟到。凌帆承认，收起午餐盒应该比和朋友一起出去玩更重要，而且她本来能够防止这个问题的发生。她同意她应该为准时进教室上课承担起责任，因为自己迟到而责备男孩子们是不公平的。

威尔逊太太感谢了凌帆对这个问题的认真思考。威尔逊太太还希望找到学生们拿走不属于自己的物品的问题的解决方案。全班一起讨论了把别人的物品藏起来的问题。很多孩子都指出，这对他们来说也是一个问题。随着孩子们讨论如何尊重地对待他人的物品，关注点从因为凌帆的迟到而责备男孩子们的问题上转移了。这次没有用头脑风暴寻找解决方案，全班同学确定，这次讨论就足以帮助他们记住尊重他人的物品了。

争　吵

讨　论

无论是学生之间还是学生与老师之间的争吵，都有三个基本原因：（1）掩盖没有归属感的一种需要（一种防御机制）；（2）缺乏沟通技能；（3）缺乏解决问题的技能。比想象中的由争吵造成的问题更重要的，是由此带来的帮助学生感觉到他们有归属并教给他们沟通和解决问题的方法的机会。

建　议

1. 邀请学生去做积极的暂停。向学生指出，需要先冷静下来才能尊重地讨论一个问题。

2. 帮助争吵的学生们进行一次讨论。指导他们运用有效的沟通工具，比如用言语表达自己的感受和需要，并且当场用头脑风暴寻找解决方案。

3. 如果学生们无法自己解决争端，就让他们把问题放到班会议程上。

4. 如果是与你发生争吵：

A. 要认真倾听，并且把学生的话语和感受映射给他，以便你们两人都能理解让他烦恼的是什么。

B. 如果你太生气，无法马上尊重地讨论这件事，就要说出你的感受。要告诉学生，你需要花时间冷静下来，并让自己的感觉好起来："我现在感到很生气，不知道该怎么办。我希望能以尊重的方式处理这件事情，所以，我会在放学后与你见面。"

C. 告诉学生你想把这件事放到班会议程上，以便你们两个人能得到全班同学的帮助。

D. 为了避免权力之争或报复，要让学生说最后一句话。

提前计划，预防未来的问题

1. 学年的一开始，在你的教室里贴两张海报，一张写："我们在这里是为了帮助，而不是为了伤害！"另一张写："寻找解决方案，而不是责备。"要向你的学生们解释，你们所有的人将作为一个团队，努力在你们的教室里实践这些心态。

2. 定期召开班会，以便所有的学生都能体验到一种归属感，并练习他们的沟通和解决问题的技能。

3. 在班会上开展一次关于争吵的讨论——人们为什么争吵，人们是怎样吵起来的，人们在争吵时会有什么想法和感受，以及他们可能会怎样反应。要向学生强调他们常见的反应是攻击、辩解或退缩。然后，要让学生们练习更尊重和健康的反应方式，比如运用"我"式句。

4. 要教给学生们不良行为的四个错误目的（见第 10 ~ 19 页"错误目的"）。和他们一起用头脑风暴想出获得关注、以积极的方式运用权力、如何处理受伤害的感受以及在感到想放弃时如何获得帮助的有效办法。

激发灵感的故事

汤姆和马克在上午课间休息时因为篮球的事情争吵起来。在午间休息前，奥利里老师提出帮助两个男孩搞清楚当天上午哪里出了问题。他让两个孩子用一两句话说出问题所在。汤姆说："我先拿到篮球的，我想打球。"马克说："4 年级和 5 年级要打比赛，我们需要用这个球来打比赛。"

然后，奥利里老师要求两个孩子通过重述对方说的话来练习反射式倾听。马克说："汤姆想要那个球，因为是他先拿到的。"老师向汤姆核实他是否同意这个看法："汤姆，你想要这个球是因为你先拿到它吗？"汤姆点了点头。

接下来，汤姆复述了马克想要这个球的原因。（考虑对方的观点是清晰地沟通的一个部分，也是向和平地解决问题迈出的第一步。）马克和汤姆接着想出了一个一起玩球的计划——让汤姆加入到 4 年级和 5 年级的比赛中来。合作，取代了争吵。

用班会解决问题

卡尔和杰米因为一支钢笔争吵了起来，两个男孩都说钢笔是自己的。在一次班会上，这两个男孩都得到机会讲了自己的理由（两人都声称是妈妈给自己买的这支笔），然后，两个人都有一次机会想出一个解决方案。

当两个男孩都想不出一个公平的解决办法时，这个问题被交给了全班同学。全班同学很难找到一个双方都认为公平的办法。这个问题在班会议程上保留了好几期，尽管学生们每次都讨论并用头脑风暴寻找解决方案。在此期间，全班同学决定把笔拿走，让杰米和卡尔每人先从老师那里借一支笔。（老师同意了这个主意。）

在第三天，当学生们又开始讨论这个问题时，卡尔说他要坦白。他承认自己拿走了杰米的笔，并且哭着为自己的说谎和偷东西道了歉。卡尔告诉其他同学，他们专注于寻找解决方案而不是责备他或杰米的做法，给了他说出实情的勇气。

注意力缺乏症与注意力缺乏多动症

讨 论

很少有哪个教室里没有一个几乎无处不在，但很少在自己座位上的学生。他是永远停不下来的孩子；他说话、坐立不安，并不断地造成混乱。有时候，老师们真希望自己能按一下停止开关，或者至少能将音量调小。读到这里，大多数老师都会点头，并说："是的，这就是马尔科姆（或杰西卡，或比尔，或玛丽亚）。"

在某种程度上，患有注意力缺乏症（ADD）的孩子——无论是否伴有多动症——遭受着类似于虚幻的疾病的折磨。没有哪个老师会想，劝告一个失明的孩子更努力一些，他就能看见东西，然而，老师们却以试图一再压制某种具体的捣乱行为来回应有注意力缺乏症的孩子。

一个患有注意力缺乏症的孩子，几乎肯定知道他和自己的同学有些地方不一样。因为他经常陷入麻烦，这个孩子会根据自己的经历，得出合乎逻辑的结论——自己是个坏孩子。孩子们是很好的觉察者，但却是糟糕的解释者。对于一个患有这种疾病的孩子来说，首先也是最有帮助的一步，是承认注意力缺乏症对他的影响。孩子们需要对自己有更多的了解。一个有注意力缺乏症的孩子需要知道他的虚幻的疾病有一个名称，并且他能学会一些办法将其影响降至最低。知道自己有一些特别的挑战，而不是一直在想自己是坏孩子或愚蠢，是多么大的一种安慰啊。作为一名老师，你可以变成生活中常常充满挣扎和冲突的孩子的盟友，而不是他的又一个对手。

运用脑电波成像技术所做的最新研究表明，在各种不同的活动中，有注意力缺乏症的孩子大脑中化学物质的分布和没有这种疾病的孩子的是不同的。注意力缺乏症应当由专业人员进行诊断。这能确保所做的评估考虑到相似的疾病，其治疗方法可能是不同的。老师们需要付出特别的努力，并花时间了解有注意力缺乏症的孩子的需要和特点。

关于注意力缺乏症的信息是很容易获得的。一个很好的资源是患有注意力缺乏症的儿童与成年人（Children and Adults with

Attention Deficit Disorder，CHADD）全国总部，其网站是：www.CHAD.org。

建 议

1. 要与患注意力缺乏症的孩子建立一种工作伙伴关系。要和他私下见面，问他觉得在这个班里最困难的事情是什么。如果他说没有什么困难，就问他是否愿意听一听你观察到的事情。如果他同意听你的看法，就说一两件你注意到的他做起来很难的事情，例如，"我注意到你通常很难好好地站在队列里而不撞或推别人。你也注意到这一点了吗？"当一个问题以这种尊重的方式提出时，这个孩子不太可能感觉受到了威胁或指责。这时，你可以说："我怎样才能在这件事情上帮助你呢？让我们看看是否能想出对你来说排队的真正困难是什么，并且找到一些让它更容易的方法。"

要主动给他提供帮助。要跟他谈一谈，而不是试图施加一个后果或进行指责。要记住，你的目标是帮助一个在教室里遇到困难的孩子找到迎接其特殊挑战的方法。或许，你们可能会一起决定由他负责关教室的门，以便他不必站在队列里。他将站在队列的最后并且有一个特殊的角色。这个解决方案能把他根本无法安静地站着的困难，转变为他可以为班级做出积极贡献的一种方式。

2. 要为反复出现的问题寻找解决方案，每次致力于一个问题。以下是减少这些孩子分心的一些方法：

A. 在教室里隔出一个安静的空间（一个档案盒，或者甚至是一个放在桌子上的纸箱，就能形成一个小单间）。要把这里称为"办公室"，让患有注意力缺乏症的孩子在做作业时待在这里，以帮助屏蔽使其分心的事物。（要让这个孩子参与这块区域的设立，并且要确保他将其看作是一个有帮助的庇护所，而不是惩罚。使用这个"办公室"可以是允许其他孩子分享的一个特权。)

B. 在做数学作业时，要向这个孩子演示如何把书上的其他部分遮起来，而只漏出当前的问题。

C. 尽量减少教室里的杂乱。要简化环境，以便提供一种宜人而安静的背景。

3. 提供释放过剩精力的发泄方式。下面是两种可能的办法：

A. 让年龄大一些的孩子带来一个挤压球，或者，在这个孩子课桌的桌腿上绑上一条弹力绳。这个孩子可以拿球在膝盖上或课桌里玩，或者用腿去顶弹力绳。这样，他在上课时就有了一个可接受的、不干扰他人的活动方式。

B. 给这个孩子安排经常站起来四处走动一下的机会。你可能想事先同意他可以去一个特定的地方，例如，如果他真的不好受，他可以去黏土桌。要确定一个暗号，以便他能安静地离开座位。你可能担心其他孩子会说什么。当然，他们也想这么做。但是，要记住，你作为老师的职责是要帮助每个孩子都得到他最需要的。有注意力缺乏症的孩子可能需要不时地走动，才能在课堂上做得更好。孩子们完全能够理解每个人都有能够并且应当以不同的方式得到满足的独特需求，尤其是当他们在班会上一起讨论这个问题的时候。然而，如果这种安排变成了一个问题，你可能就需要评估你的整个班级的学生实际上是否需要更多活动的机会。

4. 要注意这个孩子在做作业的前 10 分钟做得怎么样。如果他一开始答的都对，但 30 分钟后交上的作业上有很多错误，这是表明他保持专注的能力在迅速恶化的一个重要线索。如果你的目标是让每个孩子都学到东西，那么，对于一个有注意力缺乏症的孩子来说，做额外或更长时间的作业可能会让你的目标落空。只要他保持高准确率，就要同意他少做一些题。这会营造一种更具鼓励性的学习氛围，并且，他会以其长处——他的智力——得到评价，而不是以其短处——注意力持续的时间。一个有注意力缺乏症的孩子说，作业头三页之后的文字就开始变得模糊不清了。他因而学会了一点一点地完成作业，中间会做一些身体活动。无论你必须做出什么样的安排，最重要的是学生在真正学习。

5. 要发现并着眼于孩子的兴趣或长处。专注于长处会鼓励健康的自尊和行为的改善。

提前计划，预防未来的问题

1. 要欢迎孩子的父母加入到孩子的支持团队中。大多数有注意力缺乏症孩子的父母都因为孩子的行为受到过责难，并且会责备自己，或许甚至会感觉自己作为父母是失败的。此外，他们每天和这个孩子一起生活，在爱他的同时也被他逼得心烦意乱。

2. 注意力缺乏症通常不是养育不当或教学方式不当的结果。要从尊重差异开始，而不是寻求责备你自己、这个孩子或其家庭。这种虚幻的疾病是真实的。

3. 要把自己想象成患有注意力缺乏症的孩子在团队中的教练。对各种学习的安排，要保持开放和灵活的态度。不是所有的解决方案对所有患有注意力缺乏症或注意力缺乏多动症的孩子都管用。要一起努力找到最佳的资源组合。

4. 运用班会来讨论班级里每个人的不同需要。要帮助孩子们认识到差异的存在，认识到这不是嘲笑别人和自己的原因。要运用角色扮演来探究坐着轮椅或听不见声音可能是什么感受。要培养孩子们正确地看待其他人的观点和需要。

5. 要好好照顾你自己。很多孩子和家庭都依靠你。每个老师在某个时候都会遇到一个有注意力缺乏症的孩子（据估计，美国的儿童中有5%～10%出现过与注意力缺乏症相关的特点）。教室里日常的繁重任务已经耗尽了你的精力，而一个注意力缺乏症的孩子常常需要你花费更多的精力。

6. 要庆祝你有机会认识这些极有天赋并且常常很有创造力的孩子。当关注点转向他们能做什么而不是他们不应当做什么时，班级的氛围会有一种真正的改变。将教给孩子对自身能力的良好感觉和培养其适应自己的冲动的技能作为目标，远比教他如何服从、遵守纪律和安静地坐着更有价值。

7. 正如你会给失明的孩子提供盲文书籍一样，要努力提供一种考虑到有注意力缺乏症的孩子的需要的环境。不要只是因为他的学习障碍不像失明那么明显，就忽视这些需要。

8. 要支持父母们探究能更好地满足自己孩子的需要的非传统的环境。

激发灵感的故事

来自加利福尼亚州索诺玛县绚丽小学 2 年级和 3 年级老师唐娜·普雷斯蒂（Donna Presti）的故事

在我教小学的 11 年职业生涯中，我教过很多不同的年级。我教过不同文化、学业水平以及情感状态的学生，包括那些被诊断患有注意力缺乏症的学生。

在教有注意力缺乏症学生的过程中，让他们保持专注并为学习做好准备可能会有相当的挑战。在尝试一些常用的办法——例如挤压球、黏土、豆子袋和特别的座位——多年之后，我发现了一个办法，不仅对有注意力缺乏症的学生管用，而且对所有特殊需求的学生都管用。我用了一个可用微波炉加热的湿颈圈。当把它套到脖子上时，这个颈圈会让你感觉到重量、温度和触觉的刺激。我的那些有注意力缺乏症、注意力缺乏多动症和自闭症的学生们，都反应这个方法有良好的镇静和减压的效果。当他们放松并平静下来时，他们的注意力就会转向他们能做的事情，而不是开小差。所有的学生都被这个漂亮的颈圈吸引并因其受益，因此，使用这个项圈不会造成任何耻辱感。事实上，我自己的脖子上不戴颈圈的时候就非常少。

作　弊

讨　论

像大多数问题一样，如果老师处理作弊行为背后的错误目的或信念，而不是只处理行为，他们就会更有成效。为什么一个学生会作弊？明显的答案是他想在测验中考好并获得好的成绩，但是，他还有更深层的愿望。有些学生可能害怕如果自己考得不好就没有价值。另一些学生可能害怕如果达不到父母的期望就会受到惩罚。一个学生可能相信，让自己的父母和老师失望，就意味着自己是一个令人失望的人。很多学生是受到奖励的刺激（来自父母的金钱奖励，来自于老师的其他奖励），并且为得到奖励会做任何事情。成年人需要意识到自己那些可能激起学生作弊的态度和行为；然后，成年人就能进行干预，帮助学生学会能激励他们实现长期目标的责任感和人生技能。

建　议

1. 如果一个学生作弊，要在私下直接跟他谈。要以说出你看到的行为作为讨论的开始（"我注意到你在这次考试中作弊了"），而不要试图诱使他自己承认。然后，要邀请他和你一起找出解决办法，以便他不作弊也能成功。

2. 当你看到学生作弊时，不要等到过后再干预。要悄悄地跟学生说，并且让他知道你会在下课后跟他讨论这件事情。要让他在当时就知道你看到的情况。如果这个学生否认作弊，要平静地重复一遍你看到的情况。要记住通过你的行为表现出尊重。一个作弊的学生，是一个正感到害怕的学生。

3. 要有好奇心。要让学生知道，你有兴趣帮助他找出其行为的目的。你可以对一个学生说："学生作弊有很多不同的原因。例如，有时候，一些学生会在他们没有准备好而又不想让任何人知道的时候作弊；有时候，他们相信自己根本没有办法知道答案。我很想知道你是什么情况。"

4. 对于制定的处理作弊学生的办法，要坚持到底。要确保你的办法是合理的、尊重的，并且是与其行为相关的。很多老师只是降低学生的分数，并让学生知道老师相信他们下一次会做得更好。要记住，当你处理作弊行为时，还要帮助学生维护其尊严。

提前计划，预防未来的问题

1. 不要再为测验或作业得高分而给学生奖励。要帮助学生理解他们学习的内在价值。

2. 要考虑有助于减少竞争的办法。要让学生们相互测验（在准备好的时候）需要记住的科目，比如乘法表。进行开卷测验。提前把测验的问题发给学生，以便学生知道要学什么。

3. 教给学生良好的学习习惯，并让学生两两一组或分小组练习。

4. 让学生们讨论一下（主要是让学生们说）他们正在学习的内容与自己的关联或给他们带来的长期好处。

5. 在班会上开展一次关于作弊的讨论。让学生们谈一谈作弊的长期后果。要问一些关于作弊的"什么"和"怎样"的问题：

"你认为是什么造成了人们作弊？""你对作弊有怎样的感受？"
"当你作弊时，你学到了什么？""你从父母和老师那里体验到的
什么压力可能促使你作弊？""什么样的性格特点或技能，能够帮
助你变得强过来自父母和老师的压力？"

6. 让学生们就如何解决作弊问题做头脑风暴。列出三个清
单：给学生的建议、给父母的建议，以及给老师的建议。让志愿
者把给父母和老师的建议以请愿书的形式打印出来，以便所有的
学生都能在上面签名，并把复印件拿给自己的父母和老师。

7. 在你的班上要有一个如何处理作弊行为的明确办法。或
许，你可能想咨询其他老师的主意和办法，要记住你的目标是制
定一个尊重的、合理的，并且直接相关的办法。要将你的办法告
诉学生们。

用班会解决问题

来自加利福尼亚州埃尔克格罗夫市埃尔克格罗夫小学 5 年级
和 6 年级老师凯茜·宾斯·埃特尔（Cathy Binns Ater）的故事

有人把"作弊"写到了我们的班会议程上。这个学生没有写
出作弊者的名字，是为了不让他感到难堪。

当我们绕着圆圈轮流说出各自的想法或建议时，学生们说的
话和成年人在孩子作弊时的说教非常像：当你作弊时，你学不到
任何东西。你抄的别人的答案可能是错误的。这对于花时间学习
的人不公平。

讨论转向了寻找解决方案。学生们提出了几个建议，但班级
最后决定，对作弊的学生最有帮助的主意是：当没有人在旁边
时，作弊的学生重新做一遍试卷。

一件令人吃惊的事情发生了。那个作弊的男孩说："我就是
那个作弊的人，我愿意在课间休息时重新做试卷。"

我们又一次顺着圆圈轮流发言。几个学生祝贺了这个男孩承认自己做过的事情并愿意承担责任的勇气。

做鬼脸

讨　论

当一个 18 个月大的婴儿做一个有趣的鬼脸时，他的世界中每个人都会停下来高兴地鼓掌。他知道了这是一种获得关注并感到自己特别的方式。当这个孩子上了学，并在学校里做出他认为有趣的鬼脸时，他的同学可能仍然会鼓掌，但他的老师却一点也高兴不起来。这个孩子仍然想要得到关注并感到特别，而老师的回应方式，将能帮助他在做出适合学校的行为的同时，感受到自我价值。

建　议

1. 让这个学生在纸上画出那张鬼脸，并让他知道你对他画的画和他的想法很感兴趣。要安排一个具体时间，和他一起看看并聊聊这张画。

2. 立即停止讲课。要求你的学生们在 30 秒的时间内做尽可能多的鬼脸。时间一到，让全班学生一起鼓掌。然后，继续上课。只有抱着好玩——而不是贬损——的态度，这么做才会有效。

3. 通过把这个问题放到班会议程上，在开班会时寻求帮助。有时候，只需说出你对学生们在你讲课时做鬼脸有怎样的感受，并让学生们参与讨论，就足以终结这种行为了。

4. 你可以选择在学生做鬼脸时对其不予理会。通过不理会不恰当的行为并在合适的时间给予关注，老师们通常就能将寻求关注的学生的精力转到其他事情上。

提前计划，预防未来的问题

1. 运用班会来探讨这个问题。问学生们做鬼脸会怎样影响班级。对讨论不要做出评判，以便你能搜集到更多的信息。为了进行更深入的讨论，要让学生们猜测这种行为是为了寻求关注、想要说了算、伤害别人，还是不知道还能怎么办。

2. 对于一个总是做鬼脸的学生，要尝试目的揭示法。（见第309~314页"四处走动"。）你可以问："你认为你做鬼脸是因为想让人注意你吗？""或者，会不会是因为你想表明你想做什么就做什么？""或者，你做鬼脸会不会是因为你感觉受到了伤害，并且想伤害别人吗？""或者，做鬼脸会不会是因为你不知道还能做些什么？"要寻找认同反应——一个表明"是"的微笑，即便这个学生嘴上说"不是"。当目的揭示用一种友好的方式完成后，这个学生往往会感到被理解了，并会受到鼓励。

3. 与学生进行私下讨论，并寻求他的帮助，制订一个改变这种行为的计划。

4. 要考虑到面部表情可能与医学方面的原因有关的可能性。如果你有这种担忧，要告诉学生的父母。

激发灵感的故事

马修是罗柏先生 1 年级班里的一个学生，他有一个天赋——同时翻白眼、鼓起两个腮帮子、让耳朵动。上课时，其他学生更愿意看马修"表演",而不是听罗柏先生讲课。

罗柏先生跟其他老师商量怎样处理马修上课时的"表演"。他们建议他让马修把自己做的鬼脸画下来,并跟他说说这个鬼脸。罗柏先生这么做了,然后,他问马修是否愿意听一听他对马修在课堂上做这个鬼脸有什么感受。

在专心地听老师说过之后,马修意识到了他的老师有多么喜欢他。他们谈了什么时候适合做鬼脸,并且一致同意课间休息和吃午餐时是很好的时间,但上课时不是一个好时间。罗柏先生把马修画的画挂在了老师的讲桌旁。马修在上课时不再做鬼脸了。

《正面管教》

如何不惩罚、不娇纵地有效管教孩子

畅销美国 400 多万册　被翻译为 16 种语言畅销全球

自 1981 年本书第一版出版以来，《正面管教》已经成为管教孩子的"黄金准则"。正面管教是一种既不惩罚也不娇纵的管教方法……孩子只有在一种和善而坚定的气氛中，才能培养出自律、责任感、合作以及自己解决问题的能力，才能学会使他们受益终生的社会技能和人生技能，才能取得良好的学业成绩……如何运用正面管教方法使孩子获得这种能力，就是这本书的主要内容。

简·尼尔森，教育学博士，杰出的心理学家、教育家，加利福尼亚婚姻和家庭执业心理治疗师，美国"正面管教协会"的创始人。曾经担任过 10 年的有关儿童发展的小学、大学心理咨询教师，是众多育儿及养育杂志的顾问。

本书根据英文原版的第三次修订版翻译，该版首印数为 70 多万册。

[美] 简·尼尔森　著
玉冰　译
北京联合出版公司
定价：38.00 元

《正面管教养育工具》

赋予孩子力量、培养孩子能力的 49 种有效方法

家庭教育畅销书《正面管教》作者力作
不惩罚、不娇纵养育孩子的有效工具

正面管教是一种不惩罚、不娇纵的管教孩子的方式，是为了培养孩子们的自律、责任感、合作能力，以及自己解决问题的能力，让他们学会受益终生的社会技能和人生技能，并取得良好的学业成绩。

1981 年，简·尼尔森博士出版《正面管教》一书，使正面管教的理念逐渐为越来越多的人接受并奉行。如今，正面管教已经成了管教孩子的"黄金准则"。其理念和方法已经传播到将近 70 个国家和地区，包括美国、英国、冰岛、荷兰、德国、瑞士、法国、摩洛哥、西班牙、墨西哥、厄瓜多尔、哥伦比亚、秘鲁、智利、巴西、加拿大、中国、埃及、韩国。由简·尼尔森博士作为创始人的"正面管教协会"，如今已经有了法国分会和中国分会。

本书对经过多年实际检验的 49 个最有效的正面管教养育工具作了详细介绍。

[美] 简·尼尔森
玛丽·尼尔森·坦博斯基
布拉德·安吉　著
花莹莹 杨森 张丛林 林展　译
北京联合出版公司出版
定价：42.00 元

《教室里的正面管教》

培养孩子们学习的勇气、激情和人生技能

家庭教育畅销书《正面管教》作者力作
造就理想班级氛围的"黄金准则"
本书入选中国教育新闻网、中国教师报联合推荐
2014年度"影响教师100本书"TOP10

很多人认为学校的目的就是学习功课，而各种纪律规定应该以学生取得优异的学习成绩为目的。因此，老师们普遍实行的是以奖励和惩罚为基础的管教方法，其目的是为了控制学生。然而，研究表明，除非教给孩子们社会和情感技能，否则他们学习起来会很艰难，并且纪律问题会越来越多。

正面管教是一种不同的方式，它把重点放在创建一个相互尊重和支持的班集体，激发学生们的内在动力去追求学业和社会的成功，使教室成为一个培养人、愉悦和快乐的学习和成长的场所。

这是一种经过数十年实践检验，使全世界数以百万计的教师和学生受益的黄金准则。

[美]简·尼尔森 琳·洛特
斯蒂芬·格伦 著
梁帅 译
北京联合出版公司出版
定价：30.00元

《正面管教教师工具卡》

教室管理的52个工具

家庭教育畅销书《正面管教》作者力作

该套卡片是将《正面管教》在教室里的运用，以卡片的形式呈现出来。在每张卡片上有对相应工具的简要介绍，以及具体的使用办法和相关示例，在卡片后还配有一幅形象而生动的插图。

该套卡片既适合教师单独集中时间学习，也适合与其他教师共同讨论。既可以放置于办公桌上，也可以随身携带，随时使用。它是尼尔森博士为教师量身定制的"工具百宝箱"。

[美]简·尼尔森
凯莉·格夫洛埃尔
阿伦·巴考尔
比尔·肖尔 著
张宏武 译
北京联合出版公司出版
定价：35.00元

《正面管教 A–Z》

日常养育难题的 1001 个解决方案

家庭教育畅销书《正面管教》作者力作
以实例讲解不惩罚、不娇纵管教孩子的"黄金准则"

无论你多么爱自己的孩子，在日常养育中，都会有一些让你愤怒、沮丧的时刻，也会有让你绝望的时候。

你是怎么做的？

本书译自英文原版的第 3 版（2007 年出版），包括了最新的信息。你会从中找到不惩罚、不娇纵地解决各种日常养育挑战的实用办法。主题目录，按照 A–Z 的汉语拼音顺序排列，方便查找。你可以迅速找到自己面临的问题，挑出来阅读；也可以通读整本书，为将来可能遇到的问题及其预防做好准备。每个养育难题，都包括 6 步详细的指导：理解你的孩子、你自己和情形，建议，预防问题的出现，孩子们能够学到的生活技能，养育要点，开阔思路。

［美］简·尼尔森 琳·洛特
斯蒂芬·格伦 著
花莹莹 译
北京联合出版公司
定价：45.00 元

《十几岁孩子的正面管教》

教给十几岁的孩子人生技能

家庭教育畅销书《正面管教》作者力作
养育十几岁孩子的"黄金准则"

度过十几岁的阶段，对你和你的青春期的孩子来说，可能会像经过一个"战区"。青春期是成长中的一个重要过程。在这个阶段，十几岁的孩子会努力探究自己是谁，并要独立于父母。你的责任，是让自己十几岁的孩子为人生做好准备。

问题是，大多数父母在这个阶段对孩子采用的养育方法，使得情况不是更好，而是更糟了……

本书将帮助你在一种肯定你自己的价值、肯定孩子价值的相互尊重的环境中，教育、支持你的十几岁的孩子，并接受这个过程中的挑战，帮助你的十几岁孩子最大限度地成为具有高度适应能力的成年人。

［美］简·尼尔森
琳·洛特 著
尹莉莉 译
北京联合出版公司出版
定价：35.00 元

《单亲家庭的正面管教》

让单亲家庭的孩子健康、快乐、茁壮成长

家庭教育畅销书《正面管教》作者力作
单亲父母养育孩子的"黄金准则"

单亲家庭不是"破碎的家庭"，单亲家庭的孩子也不是注定会失败和令人失望的，有了努力、爱和正面管教养育技能，单亲父母们就能够把自己的孩子培养成有能力的、满足的、成功的人，让单亲家庭成为平静、安全、充满爱的家，而单亲父母自己也会成为一位更健康、平静的父母——以及一个更快乐的人。

《单亲家庭的正面管教》是家庭教育畅销书《正面管教》作者简·尼尔森的又一力作。自从《正面管教》于1981年出版以来，正面管教理念已经成为养育孩子的"黄金准则"，让全球数以百万计的父母、孩子、老师获益。

《单亲家庭的正面管教》是简·尼尔森博士与另外两位作者详细介绍如何将正面管教的理念和工具用于单亲家庭的一部杰作。

[美] 简·尼尔森 谢丽尔·欧文
卡萝尔·德尔泽尔 著
杨森 张丛林 林展 译
北京联合出版公司出版
定价：37.00元

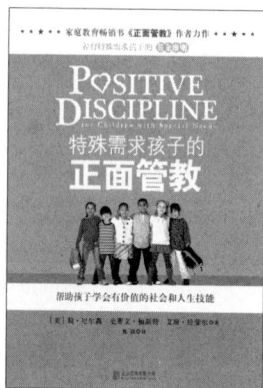

《特殊需求孩子的正面管教》

帮助孩子学会有价值的社会和人生技能

家庭教育畅销书《正面管教》作者力作

每一个孩子都应该有一个幸福而充实的人生。特殊需求的孩子们有能力积极成长和改变。

运用正面管教的理念和工具，特殊需求的孩子们就能够培养出一种越来越强的能力，为自己的人生承担起责任。在这个过程中，他们会与自己的家里、学校里和群体里的重要的人建立起深入的、令人满意的、合作的关系，从而实现自己的潜能。

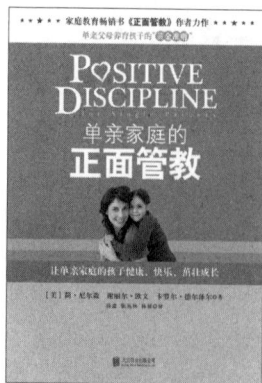

[美] 简·尼尔森 史蒂文·福斯特
艾琳·拉斐尔 著
甄颖 译
北京联合出版公司
定价：32.00元

《0～3岁孩子的正面管教》

养育 0～3 岁孩子的"黄金准则"

家庭教育畅销书《正面管教》作者力作

从出生到 3 岁，是对孩子的一生具有极其重要影响的 3 年，是孩子的身体、大脑、情感发育和发展的一个至关重要的阶段，也是会让父母们感到疑惑、劳神费力、充满挑战，甚至艰难的一段时期。

正面管教是一种有效而充满关爱、支持的养育方式，自 1981 年问世以来，已经成为了养育孩子的"黄金准则"，其理论、理念和方法在全世界各地都被越来越多的父母和老师们接受，受到了越来越多父母和老师们的欢迎。

本书全面、详细地介绍了 0～3 岁孩子的身体、大脑、情感发育和发展的特点，以及如何将正面管教的理念和工具应用于 0～3 岁孩子的养育中。它将给你提供一种有效而充满关爱、支持的方式，指导你和孩子一起度过这忙碌而令人兴奋的三年。

无论你是一位父母、幼儿园老师，还是一位照料孩子的人，本书都会使你和孩子受益终生。

[美] 简·尼尔森
谢丽尔·欧文
罗丝琳·安·达菲 著
花莹莹 译
北京联合出版公司
定价：42.00 元

《3～6岁孩子的正面管教》

养育 3~6 岁孩子的"黄金准则"

家庭教育畅销书《正面管教》作者力作

3~6 岁的孩子是迷人、可爱的小人儿。他们能分享想法、显示出好奇心、运用崭露头角的幽默感、建立自己的人际关系，并向他们身边的人敞开喜爱和快乐的怀抱。他们还会固执、违抗、令人困惑并让人毫无办法。

正面管教会教给你提供有效而关爱的方式，来指导你的孩子度过这忙碌并且充满挑战的几年。

无论你是一位父母、一位老师或一位照料孩子的人，你都能从本书中发现那些你能真正运用，并且能帮助你给予孩子最好的人生起点的理念和技巧。

[美] 简·尼尔森
谢丽尔·欧文
罗丝琳·安·达菲 著
娟子 译
北京联合出版公司
定价：42.00 元

《孩子，把你的手给我》

与孩子实现真正有效沟通的方法

畅销美国 500 多万册的教子经典，以 31 种语言畅销全世界
彻底改变父母与孩子沟通方式的巨著

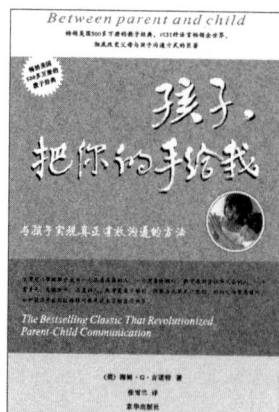

本书自 2004 年 9 月由京华出版社自美国引进以来，仅依靠父母和老师的口口相传，就一直高居当当网、卓越网的排行榜。

吉诺特先生是心理学博士、临床心理学家、儿童心理学家、儿科医生；纽约大学研究生院兼职心理学教授、艾德尔菲大学博士后。吉诺特博士的一生并不长，他将其短短的一生致力于儿童心理的研究以及对父母和教师的教育。

父母和孩子之间充满了无休止的小麻烦、阶段性的冲突，以及突如其来的危机……我们相信，只有心理不正常的父母才会做出伤害孩子的反应。但是，不幸的是，即使是那些爱孩子的、为了孩子好的父母也会责备、羞辱、谴责、嘲笑、威胁、收买、惩罚孩子，给孩子定性，或者对孩子唠叨说教……当父母遇到需要具体方法解决具体问题时，那些陈词滥调，像"给孩子更多的爱"、"给她更多关注"或者"给他更多时间"是毫无帮助的。

多年来，我们一直在与父母和孩子打交道，有时是以个人的形式，有时是以指导小组的形式，有时以养育讲习班的形式。这本书就是这些经验的结晶。这是一个实用的指南，给所有面临日常状况和精神难题的父母提供具体的建议和可取的解决方法。

——摘自《孩子，把你的手给我》一书的"引言"

[美] 海姆·G·吉诺特 著
京华出版社出版
定价：24.00 元

《孩子，把你的手给我（Ⅱ）》

与十几岁孩子实现真正有效沟通的方法

《孩子，把你的手给我》作者的又一部巨著
彻底改变父母与十几岁孩子的沟通方式

本书是海姆·G·吉诺特博士的又一部经典著作，连续高踞《纽约时报》畅销书排行榜 25 周，并被翻译成 31 种语言畅销全球，是父母与十几岁孩子实现真正有效沟通的圣经。

十几岁是一个骚动而混乱、充满压力和风暴的时期，孩子注定会反抗权威和习俗——父母的帮助会被怨恨，指导会被拒绝，关注会被当做攻击。海姆·G·吉诺特博士就如何对十几岁的孩子提供帮助、指导、与孩子沟通提供了详细、有效、具体、可行的方法。

[美] 海姆·G·吉诺特 著
张雪兰 译
京华出版社　中央编译出版社
定价：21.00 元

《孩子，把你的手给我（Ⅲ）》

老师与学生实现真正有效沟通的方法

《孩子，把你的手给我》作者最后一部经典巨著
以 31 种语言畅销全球
彻底改变老师与学生的沟通方式
美国父母和教师协会推荐读物

本书是海姆·G·吉诺特博士的最后一部经典著作，彻底改变了老师与学生的沟通方式，是美国父母和教师协会推荐给全美教师和父母的读物。

老师如何与学生沟通，具有决定性的重要意义。老师们需要具体的技巧，以便有效而人性化地处理教学中随时都会出现的事情——令人烦恼的小事、日常的冲突和突然的危机。在出现问题时，理论是没有用的，有用的只有技巧，如何获得这些技巧来改善教学状况和课堂生活就是本书的主要内容。

书中所讲述的沟通技巧，不仅适用于老师与学生、家长与孩子之间的交流，而且也可以灵活运用于所有的人际交往中，是一种普遍适用的沟通技巧。

[美] 海姆·G·吉诺特　著
张雪兰　译
京华出版社　　中央编译出版社
定价：27.00 元

《帮助你的孩子爱上阅读》

0~16 岁亲子阅读指导手册

没有阅读的童年是贫乏的——孩子将错过人生中最大的乐趣之一，以及阅读带来的巨大好处。

阅读不但是学习和教育的基础，而且是孩子未来可能取得成功的一个最重要的标志——比父母的教育背景或社会地位重要得多。这也是父母与自己的孩子建立亲情心理联结的一种神奇方式。

帮助你的孩子爱上阅读，是父母能给予自己孩子的一份最伟大的礼物，一份将伴随孩子一生的爱的礼物。

这是一本简单易懂而且非常实用的亲子阅读指导手册。作者根据不同年龄的孩子的发展特征，将 0~16 岁划分为 0~4 岁、5~7 岁、8~11 岁、12~16 岁四个阶段，告诉父母们在各个年龄阶段应该如何培养孩子的阅读习惯，如何让孩子爱上阅读。

[美] 爱丽森·戴维　著
宋苗　译
北京联合出版公司
定价：26.00 元

《如何培养孩子的社会能力》

教孩子学会解决冲突和与人相处的技巧

简单小游戏　成就一生大能力
美国全国畅销书（The National Bestseller）
荣获四项美国国家级大奖的经典之作
美国"家长的选择（Parents'Choice Award）"图书奖

社会能力就是孩子解决冲突和与人相处的能力，人是社会动物，没有社会能力的孩子很难取得成功。舒尔博士提出的"我能解决问题"法，以教给孩子解决冲突和与人相处的思考技巧为核心，在长达30多年的时间里，在全美各地以及许多其他国家，让家长和孩子们获益匪浅。与其他的养育办法不同，"我能解决问题"法不是由家长或老师告诉孩子怎么想或者怎么做，而是通过对话、游戏和活动等独特的方式教给孩子自己学会怎样解决问题，如何处理与朋友、老师和家人之间的日常冲突，以及寻找各种解决办法并考虑后果，并且能够理解别人的感受。让孩子学会与人和谐相处，成长为一个社会能力强、充满自信的人。

默娜·B·舒尔博士，儿童发展心理学家，美国亚拉尼大学心理学教授。她为家长和老师们设计的一套"我能解决问题"训练计划，以及她和乔治·斯派维克（George Spivack）一起所做出的开创性研究，荣获了一项美国心理健康协会大奖、三项美国心理学协会大奖。

[美] 默娜·B·舒尔 特里萨·弗伊·迪吉若尼莫　著
张雪兰　译
京华出版社出版
定价：22.00 元

《如何培养孩子的社会能力（II）》

教 8～12 岁孩子学会解决冲突和与人相处的技巧

全美畅销书《如何培养孩子的社会能力》作者的又一部力作！
让怯懦、内向的孩子变得勇敢、开朗！
让脾气大、攻击性强的孩子变得平和、可亲！
培养一个快乐、自信、社会适应能力强、情商高的孩子

8～12 岁，是孩子进入青春期反叛之前的一个重要时期，是孩子身体、行为、情感和社会能力发展的一个重要分水岭。同时，这也是父母的一个极好的契机——教会孩子自己做出正确决定，自己解决与同龄人、老师、父母的冲突，培养一个快乐、自信、社会适应能力强、情商高的孩子——以便孩子把精力更多地集中在学习上，为他们期待而又担心的中学生活做好准备。

本书详细、具体地介绍了将"我能解决问题"法运用于 8～12 岁孩子的方法和效果。

[美] 默娜·B·舒尔　著
刘荣杰　译
北京联合出版公司出版
定价：28.00 元

《孩子爱发脾气，父母怎么办》

孩子发脾气的 11 种潜在原因及解决办法

美国"妈妈的选择"图书金奖

[美] 道格拉斯·莱利博士 著
王旭 译
北京联合出版公司
定价：28.00 元

　　没有哪个孩子会无缘无故地发脾气，也没有哪个孩子在每一件事情上都发脾气。孩子的每一次脾气爆发，都是有原因的，是孩子在试图告诉父母或其他成年人一些什么……有时候，孩子无法用口头方式表达自己的烦恼或不快，而情绪和行为才是他们的语言，为了倾听他们，你必须学会破解这种语言……孩子在小时候改掉发脾气的毛病，在青春期和成年后才能快乐、平和，并有所成就。

　　道格拉斯·莱利博士，临床心理治疗师，擅长于治疗 3~19 的孩子。他还投入大量精力对父母们进行培训，教给他们改正自己孩子行为的方法和技巧。

《莫扎特效应》

用音乐唤醒孩子的头脑、健康和创造力

从胎儿到 10 岁，用音乐的力量帮助孩子成长！
享誉全球的权威指导，被翻译成 13 种语言！

[美] 唐·坎贝尔 著
高慧雯 王玲月 娟子 译
北京联合出版公司出版
定价：32.00 元

　　在本书中，作者全面介绍了音乐对于从胎儿至 10 岁左右儿童的大脑、身体、情感、社会交往等各方面能力的影响。

　　本书详细介绍了如何用古典音乐，特别是莫扎特的音乐，以及儿歌的节奏和韵律来促进孩子从出生前到童年中期乃至更大年龄阶段的发展，提高他们的各种学习能力、情感能力和社会交往能力。对于孩子在每个年龄段（出生前到出生，从出生到 6 个月，从 6 个月到 18 个月，从 18 个月到 3 岁，从 4 岁到 6 岁，从 6 岁到 8 岁，从 8 岁到 10 岁）的发展适合哪些音乐以及这些音乐的作用都进行了详细的说明。

　　唐·坎贝尔，古典音乐家、教育家、作家、教师，数十年来致力于研究音乐及其在教育和健康方面的作用，用音乐帮助全世界 30 多个国家的孩子提高了学习能力和创造性，并体验到了音乐给生活带来的快乐。他是该领域闻名全球、首屈一指的权威。

《从出生到 3 岁》

婴幼儿能力发展与早期教育权威指南

畅销全球数百万册，被翻译成 11 种语言

[美] 伯顿·L·怀特 著
宋苗 译
北京联合出版公司
定价：39.00 元

没有任何问题比人的素质问题更加重要，而一个孩子出生后头三年的经历对于其基本人格的形成有着无可替代的影响……本书是唯一一本完全基于对家庭环境中的婴幼儿及其父母的直接研究而写成的，也是惟一一本经过大量实践检验的经典。本书将 0~3 岁分为了 7 个阶段，对婴幼儿在每一个阶段的发展特点和父母应该怎样做以及不应该做什么进行了详细的介绍。

本书第一版问世于 1975 年，一经出版，就立即成为了一部经典之作。伯顿·L·怀特基于自己 37 年的观察和研究，在这本详细的指导手册中描述了 0~3 岁婴幼儿在每个月的心理、生理、社会能力和情感发展，为数千万名家长提供了支持和指导。现在，这本经过了全面修订和更新的著作包含了关于养育的最准确的信息与建议。

伯顿·L·怀特，哈佛大学"哈佛学前项目"总负责人，"父母教育中心"（位于美国马萨诸塞州牛顿市）主管，"密苏里'父母是孩子的老师'项目"的设计人。

《实用程序育儿法》

宝宝耳语专家教你解决宝宝喂养、睡眠、情感、教育难题

《妈妈宝宝》、《年轻妈妈之友》、《父母必读》、"北京汇智源教育"联合推荐

[美] 特蕾西·霍格
梅林达·布劳 著
北京联合出版公司
定价：42.00 元

本书倡导从宝宝的角度考虑问题，要观察、尊重宝宝，和宝宝沟通——即使宝宝还不会说话。在本书中，作者集自己近 30 年的经验，详细解释了 0～3 岁宝宝的喂养、睡眠、情感、教育等各方面问题的有效解决方法。

特蕾西·霍格(Tracy Hogg)世界闻名的实战型育儿专家，被称为"宝宝耳语专家"——她能"听懂"婴儿说话，理解婴儿的感受，看懂婴儿的真正需要。她致力于从婴幼儿的角度考虑问题，在帮助不计其数的新父母和婴幼儿解决问题的过程中，发展了一套独特而有效的育儿和护理方法。

梅林达·布劳，美国《孩子》杂志"新家庭（New Family）专栏"的专栏作家，记者。

《孩子顶嘴，父母怎么办？》

简单4步法，终结孩子的顶嘴行为

全美畅销书

　　顶嘴是一种不尊重人的行为，它会毁掉孩子拥有成功、幸福的一生的机会，会使孩子失去父母、朋友、老师等的尊重。

　　本书是一本专门针对孩子顶嘴问题的畅销家教经典。作者里克尔博士和克劳德博士以著名心理学家阿尔弗雷德·阿德勒的行为学理论为基础，结合自己在家庭教育领域数十年的心理咨询经验，总结出了一套简单、对各个年龄段孩子都能产生最佳效果，而且不会对孩子造成伤害的"四步法"，可以让家长在消耗最少精力的情况下，轻松终结孩子粗鲁的顶嘴行为，为孩子学会正确地与人交流和交往的方式——不仅仅是和家长，也包括他的朋友、老师和未来的上级——奠定良好的基础。

　　本书包含大量真实案例，可以让读者在最直观而贴近生活的情境中学习如何使用四步法。

　　奥黛丽·里克尔博士，美国著名心理学家，既是一名经验丰富的教师，也是一名母亲，终生与孩子打交道。卡洛琳·克劳德博士，管理咨询专家，美国白宫儿童与父母会议主席，全国志愿者中心理事。

[美] 奥黛丽·里克尔
卡洛琳·克劳德　著
长悦　译
北京联合出版公司
定价：20.00元

《如何读懂孩子的行为》

理解并解决孩子各种行为问题的方法

　　孩子为什么不好好吃、不好好睡？为什么尿床、随地大便？为什么说脏话？为什么撒谎、偷东西、欺负人？为什么不学习？……这些行为，都是孩子在以一种特殊的方式与父母沟通。

　　当孩子遇到问题时，他们的表达方式十分有限，往往用行为作为与大人沟通的一种方式……如何读懂孩子这些看似异常行为背后真实的感受和需求，如何解决孩子的这些问题，以及何时应该寻求专业帮助，就是本书的主要内容。

　　安吉拉·克利福德－波斯顿（Andrea Clifford–Poston），教育心理治疗师、儿童和家庭心理健康专家，在学校、医院和心理诊所与孩子和父母们打交道30多年；她曾在查林十字医院（Charing Cross Hospital，建立于1818年）的儿童发展中心担任过16年的主任教师，在罗汉普顿学院（Roehampton Institute）担任过多年音乐疗法的客座讲师，她还是《泰晤士报》"父母论坛"的长期客座专家，为众多儿童养育畅销杂志撰写专栏和文章，包括为"幼儿园世界（Nursery World）"撰写了4年专栏。

[美] 安吉拉·克利福德－波斯顿　著
王俊兰　译
北京联合出版公司出版
定价：32.00元

《如何培养情感健康的孩子》

孩子必须被满足的 5 大情感需求

畅销美国 250000 多册的家教经典

　　孩子的情感健康，取决于情感需求是否得到满足。每个孩子都有贯穿一生的 5 大情感需求，满足了这些需求，会为把孩子培养成为自信、理智、有同情心和有公德心的人提供一个良好的基础，让他们更有可能在学业、职场、婚姻和生活中取得成功。

　　杰拉尔德·纽马克博士既是一位父亲，又是一位教育家、研究员，从事与学校和孩子相关的咨询已经超过 30 年，他在教育领域所取得的卓越成就曾得到美国总统嘉奖。

[美] 杰拉尔德·纽马克　著
叶红婷　译
北京联合出版公司
定价：20.00 元

《4 年级决定孩子的一生》

（修订版）

　　我国著名诗人艾青说过：人的一生很漫长，但最关键的却只有那么几步……小学 4 年级就是孩子成长中最关键几步中的一步。

　　孩子的生长和发育存在若干关键时期，4 年级就是一个重要的时期。4 年级是培养学习能力和情感能力的重要时期，是养成良好的学习习惯和改变不良习惯的最后关键时机。4 年级是培养孩子学习恒心的关键时期。4 年级是小学低年级向高年级的过渡期，孩子开始从被动的学习主体向主动的学习主体转变，学校教育的内容和方式发生的一些明显变化、孩子自身心理和能力的发展都会表现为比较明显的学习分化现象，有些孩子甚至开始出现学习偏科的端倪。

张伟　徐宏江　著
京华出版社出版
定价：24.00 元

　　孩子的成长要求父母对孩子教育的内容和方式也要随之改变，正确的教育将会起到事半功倍的作用，为孩子一生的成功打下坚实的基础。

　　本书自 2005 年 5 月出版以来，受到了广大学生家长和教师的热烈欢迎，深圳市将其列为"第六届深圳读书月推荐书目"。

　　以上图书各大书店、书城、网上书店有售。

　　团购请垂询：010-65868687

　　Email：tianluebook@263.net

　　更多畅销经典家教图书，请关注新浪微博"家教经典"（http://weibo.com/jiajiaojingdian）及淘宝网"天略图书"（http://shop33970567.taobao.com）